KB217541

천국을 누리라

김양재 목사의 큐티강해
마태복음 3

천국을 누리라

지은이 **김양재**

QTM

이 책을 펴내며

남편이 떠나고 천국 가는 장례식을 치렀던 집에서 20여 년을 더 살다가 얼마 전 이사를 했습니다. 서울 근교로 이사하니 공기도 좋고 창밖으로 산이 보여서 가슴이 트이는 것 같습니다. 엘리베이터도 없는 5층 아파트에서 살다가 신식(?) 아파트로 이사 와서는 습관처럼 계단을 뛰어올라 가다가 "아차!" 하곤 했습니다. 그러더니 '내가 그동안 숨이 차서 어떻게 5층을 오르내렸을까?' 생각이 들 정도로 금세 엘리베이터의 편안함에 적응됐습니다.

운전하고 교회에 오는 길도 그렇습니다. 안 막히면 신호에도 안 걸리고 시원스럽게 오는 길이 한번 막히기 시작하면 계속 가다 서다 하면서 힘겹게 옵니다. 막상 도착해 보면 전체적으로 걸리는 시간은 큰 차이가 없습니다. 그럼에도 차가 막히는 걸 도저히 못 견디는 우리는 10분 걸리는 것과 30분 걸리는 것을 하늘과 땅 차이로 여깁니다.

예수님을 믿고 구원받은 성도들의 인생에도 여러 모양이 있습니다. 어떤 사람은 숨을 헐떡이며 가파른 계단을 오르고, 어떤 사람은 엘리베이터를 타고 쉽게 올라갑니다. 어떤 사람은 논스톱으로 막힘없이 달려가는데, 어떤 사람은 가는 곳곳 걸림돌이 있고 되는 일이 없어 보입니다. 그러나 이렇게 가건 저렇게 가건, 조금 더디 가고 일찍 가고의 차이일 뿐 천국이란 종착역에 가는 것은 똑같습니다.

"믿음은 바라는 것들의 실상이요 보이지 않는 것들의 증거니"
(히 11:1).

　　믿음은 막힘없는 길에서 편안하게 달리는 것이 아닙니다. 악하고 음란한 이 세상에 발을 딛고 살면서, 날마다 숨이 차오르는 영적 전투를 치르며 아래에서부터 올라가는 것이 믿음입니다. 힘겹게 오른 만큼 내 땀과 눈물의 간증으로 불을 밝히는 것, 사방이 꽉 막힌 내 환경에서 하나님의 메시지를 듣는 것이 믿음입니다. 이 믿음을 가진 자에게는 오늘이 천국입니다. 믿음을 버팀목 삼아 바라는 것을 실상으로 놓고 보이지 않는 것들을 증거하며 가는 우리에게 지금 이 순간이 천국입니다.

　　2005년 시작한 마태복음 강해 설교가 어느덧 세 번째 책에 실렸습니다. 마태복음 큐티강해 3권인 이 책은 천국의 이야기가 주된 내용입니다. 감추인 보화를 발견한 소작농은 형편없는 환경 속에서도 모든 소유를 팔아 천국을 샀습니다. 천국은 우리에게 은혜로 임하지만 한편으로는 값을 주고 사는 것이기도 합니다. 보화만 취하지 않고 밭을 사는 수고가 우리에게 있어야 합니다.
　　우리 삶의 현장에는 광풍이 불어오는 때가 많습니다. 저는 평신도 사역자로, 목사로 사역하면서 많은 가정의 이야기를 들었습니다. 그런데 가정마다 사연 없는 가정, 문제없는 가정이 없었습니다. 포기하고 싶은 남편, 형제, 자녀들까지 도대체 나에게 닥친 환난이 해석이 안 되어 눈물로 밤을 지새우며 괴로워하는 분들이 많았습니다. 하지만 이 모든 환경이 나의 가라지를 뽑아내시려는 하나님의 장치임을 인정할 때 나로 인해 수고한 그들을 축복하며 수고를 감내할 수 있습니다. 어떤 환경에서도 하나님의 주권을 인정하고 하나님 나라를 누리며 다른 이들에게도 증거할 수 있습니다. 이런 사람이 천국을 누리고 전파하는 사람입니다.

천국을 막연히 죽어서 가는 곳으로만 생각하는 사람들이 많습니다. 이미 하나님 나라는 임하였건만 그 사실을 잘 모르고 세상에 속한 사람처럼 삶의 무게에 눌려 사는 사람들이 많습니다. 예수를 믿는 우리에게 이미 하나님 나라, 즉 천국이 임해 있음을 아는 것이 우리의 힘입니다. 고난 가운데 신음하고 있다면 고난의 풀무 불에서 원망하지 말고 그 고난을 열쇠로 삼아 하나님의 천국 창고를 열기 바랍니다.

책에 실린 '우리들 묵상과 적용'은 우리들교회 성도들의 큐티 나눔입니다. 신학을 한 사역자가 아니라 평범한 성도들이 어떻게 성경을 묵상하고 삶에 적용하는지 진솔하게 담았습니다. 큐티를 어렵게 생각하는 분들, 말씀을 어떻게 적용해야 할지 고민하는 분들에게 도전이 되기를 바랍니다.

그러고 보면 제 책의 대부분은 성경 말씀이고, 또 나머지 대부분은 우리들교회 성도들의 간증과 적용입니다. 정말 제 힘으로 하는 것이 없습니다. 하나님께서 주신 말씀이 있고, 하나님이 묶어 주신 공동체가 있기에 오늘도 말씀을 전하며 하나님 나라를 선포하고 있습니다.

책이 나오기까지 함께 수고한 많은 분에게 감사를 전합니다. 혈육보다 더 많은 것을 나누며 같이 울고 같이 웃는 우리들교회 식구들, 예수 그리스도 안에서 천국을 소망하는 모든 이들에게 사랑과 평안을 전합니다. 샬롬!

2011년 2월
우리들교회 담임목사 김양재

CONTENTS

Part 1

우리를 쉬게 하는
말씀

복이 있는 인생

마태복음 11:1~6

하나님 아버지, 앉으나 서나
복을 받고 싶어 하는 우리입니다.
그렇게 바라는 복이 세상의 복이 아닌
영적인 복이 되게 하시고, 그 복을 누리기 원하오니
말씀하여 주옵소서. 듣겠습니다.

우리들교회 성도 중에는 초신자도 많고, 교회를 다니다 온 분도 있고, 신학을 공부하고 사역하다가 온 분도 있습니다. 저마다 삶에 닥친 고난으로 직분과 사역을 내려놓고 우리들교회에 오셨습니다. 그런데 여기서도 뭔가 인정받으려는 마음이 생기면 그것 때문에 또 다른 고난이 시작됩니다.

예수님은 모든 병자와 약한 자를 고치시고, 죽은 자를 살려 주십니다. 그런데 세례 요한이 옥에 갇힌 사건에 대해서는 침묵하십니다. 예수님이 요한을 인정하지 않으시는 것일까요? 차별 없이 주시는 치유와 회복의 은혜를 요한에게는 안 주시는 것일까요? 그렇다면 병자와 약한 자와 세례 요한 중에 누가 복 있는 인생일까요?

복 있는 당신, 떠나라

예수께서 열두 제자에게 명하기를 마치시고 이에 그들의 여러 동네에

서 가르치시며 전도하시려고 거기를 떠나 가시니라_마 11:1

제자들을 양육하신 예수님이 이제 가르치며 전도하려고 떠나십니다. 양육은 제자들에게 집중적으로 하시지만, 전도는 여러 동네에서 여러 사람들에게 하십니다.

사실 이때쯤이면 치유의 소문이 많이 나서 가만히 있어도 큰 무리가 모일 텐데, 왜 주님이 떠나시는 것일까요? 세계 곳곳에 성경이 들어가지 않은 곳이 없다고 해도 전도하려면 선교사들이 찾아가야 합니다. 성경책보다 선교사의 삶을 통해 복음이 전해지기 때문입니다. 예수님도 제자들에게 전한 가르침을 삶으로 보여 주려고 직접 전도의 길을 떠나십니다.

전도를 위해 나도 예수님처럼 '떠나야 할 곳'이 있습니다. 전도를 위해 이사도 가고, 취업도 해야 하는 것입니다. 먼저 전도를 방해하는 생각과 가치관에서 떠나야 합니다.

제가 목사로서 설교하는 것도 전도를 위한 것인데, 저에게도 떠나지 못하는 것이 있습니다.

우리들교회 휘문 채플은 학교 체육관에서 예배드리다 보니 냉난방 시설을 잘 갖추지 못했습니다. 그래서 여름에는 되도록 시원한 옷을, 겨울에는 따뜻한 옷을 입고 강단에 올랐습니다.

그런데 기독교방송에 설교가 나가면서 옷차림에 신경이 쓰이기 시작했습니다. 큰맘 먹고 동네 옷가게에 가서 이것저것 옷을 사 입었습니다. 전도하러 가면서 두벌 옷과 신도 가지지 말라고 하셨는데, 아직도 비본질적인 것에 마음이 뺏기는 것을 고백합니다.

전도는 옷차림으로, 지식으로 하는 것이 아니라 삶으로 하는 것입니다. '명하기를 마치시고' 직접 떠나가시는 예수님처럼 말로만 하는 전도가 아니라 삶으로 보여 주는 복음이 필요합니다.

삶으로 복음을 전하려면 날마다 떠나야 할 육신의 정욕과 안목의 정욕과 이생의 자랑이 있습니다. 내 힘으로는 떠날 수 없는 것이 너무나 많습니다. 하지만 내가 복음을 위해 떠나기로 결심하기만 하면 주님이 힘을 주십니다.

* 전도를 위해 내가 떠나야 할 가치관은 무엇입니까? 물질주의와 성공주의와 미신의 가치관에서 떠났습니까? 결혼과 취업과 진학과 이사 등 인생에 중요한 결정을 할 때 전도를 최우선으로 두고 있습니까?

다른 그리스도는 없다

2 요한이 옥에서 그리스도께서 하신 일을 듣고 제자들을 보내어 3 예수께 여짜오되 오실 그이가 당신이오니이까 우리가 다른 이를 기다리오리이까 _마 11:2~3

광야에서 예수님을 소개하며 회개와 심판의 메시지를 전하던 세례 요한이 옥에 갇혔습니다. 당시 총독이었던 헤롯 안디바가 동생의 아내를 취해 결혼했는데, 용감하게 그것을 비판하다가 감옥에 간 것입니다.

외치는 것을 잘하던 세례 요한이 갇히는 것은 잘하지 못합니다. 요한은 광야에서 청렴한 생활을 하면서 기득권층인 바리새인과 사두개인들에게 '독사의 자식'이라며 강력한 심판을 경고했습니다. 하지만 예수님은 심판 대신 치유와 긍휼의 사역을 베푸십니다. 그러니 세례 요한이 헷갈리기 시작합니다. "우리가 다른 이를 기다리오리이까?" 하며 예수님이 메시아이신 것을 의심하는 것입니다.

초림의 예수님은 심판이 아닌 구속의 주님이십니다. 요한은 그것을 모르고 잘못된 메시아관 때문에 영적 암흑기를 보내고 있습니다. 예수님을 소개하면서 "그의 신을 들기도 감당하지 못하겠다"고 했습니다. 하지만 말만 그렇게 하고 예수님을 따르지는 않았습니다. 스스로 제자를 따로 두고, 따로 사역하고 있었습니다. 자신도 예수님을 믿고 구원받아야 할 존재인데, 너무 거물이 되어서 예수님께로 갈 수 없는 세례 요한이었습니다.

누구보다 귀한 주님의 일을 하고는 감옥에 갇혀 있습니다. 그러니 요한에게는 병든 자가 고침을 받고 죽은 자가 살아난 소식이 기쁘지 않습니다. 다른 사람들은 고쳐 주시면서 자신은 감옥에서 꺼내 주지 않으시는 것도 용납이 안 됩니다. 그래서 예수님이 내 앞에서 사역하고 계신데도 의심하고 있습니다. 자기 생각과 자기 의로움에 몰두해서, 자신의 기대에 응답하지 않으신다고 다른 그리스도를 구하는 것입니다.

"또 내가 하나님의 모든 행사를 살펴보니 해 아래에서 행해지는 일을 사람이 능히 알아낼 수 없도다 사람이 아무리 애써 알아보려고 할지라도 능히 알지 못하나니 비록 지혜자가 아노라 할지라도 능히 알아내지 못하리로다"(전 8:17). 우리는 하나님이 하시는 일을 완전히 이해할 수 없습니다. 주님의 길을 예비하며 광야에서 외치게 하신 것이 하나님의 뜻이었다면 지금 감옥에 갇힌 것도, 결국 감옥에서 죽게 하신 것도 하나님의 뜻입니다.

하나님의 응답이 내 뜻과 다르다고 나를 만족시켜 줄 다른 그리스도를 찾아서는 안 됩니다. 다른 그리스도는 없습니다. 외모의 그리스도와

입시의 그리스도와 재물의 그리스도를 기다려도 그것들은 나를 구원하지 못합니다. 다른 그리스도는 없습니다.

그래도 요한이 잘한 것은 예수님께 물었다는 것입니다. 가룟 유다는 예수님께 묻지 않고 대제사장에게 갔기 때문에 구원의 기회를 놓쳤습니다. 해결되지 않는 사건을 보면서 의심하고 실족하기도 하는 것이 우리의 모습입니다. 그럼에도 예수님께 묻는 사람은 소망이 있습니다. 내 질문이 어리석어서 야단을 맞더라도 예수님께 물어야 합니다.

◆ 전도와 구제와 봉사로 주님의 일을 했는데 가난의 감옥에 갇혔습니까? 질병의 감옥에 있습니까? 거기에서 꺼내 주지 않으신다고 돈과 건강의 그리스도를 찾고 있습니까? 아니면 예수님만이 나를 구해 주실 분임을 신뢰하며 잠잠히 기다리고 있습니까?

복 있는 인생은 실족하지 않으니

4 예수께서 대답하여 이르시되 너희가 가서 듣고 보는 것을 요한에게 알리되 5 맹인이 보며 못 걷는 사람이 걸으며 나병환자가 깨끗함을 받으며 못 듣는 자가 들으며 죽은 자가 살아나며 가난한 자에게 복음이 전파된다 하라_마 11:4~5

다른 그리스도를 기다려야 하느냐고 묻는 세례 요한에게 예수님은 "내가 그리스도다"라고 하지 않으십니다. 대신 메시아의 치유와 회복 사역을 예언한 이사야서 말씀으로 대답하십니다(사 29:18). 성경 지식으로만 알고 있는 메시아와 이사야서에 나오는 구속의 메시아를 일치시키지 못한 요한을 말씀으로 양육하십니다.

하나님을 의심하는 사람들에게 우리가 대답할 것은 '예수천당 불신지옥'이 아니라 나를 살리신 하나님의 말씀입니다. 맹인이었던 내가 보게 되고 죽은 자 같았던 내가 살아났다고, 듣고 보고 체험한 것을 그대로 전하면 됩니다.

누구든지 나로 말미암아 실족하지 아니하는 자는 복이 있도다 하시니라_마 11:6

마지막까지 심판이 아닌 구속의 메시지를 전하는 예수님을 보면서 요한은 실족할 수도 있었습니다. 심판받아 마땅한 헤롯 안디바는 심판하지 않으십니다. 맹인과 못 걷는 사람과 못 듣는 자는 고쳐 주시면서 감옥에 갇힌 자신은 꺼내 주지 않으십니다. 그러니 하나님이 하시는 일을 이해하기가 어려웠을 것입니다.

우리 생각에도 심판받아 마땅한 사람들이 있습니다. 바람피운 남편과 비리를 저지르는 상사를 심판하셔야 하는데 그렇게 하지 않으십니다. 다른 힘든 사람들이 살아나는 것을 보면 온전히 기뻐하기가 어렵습니다. 더욱이 심판받아 마땅한 그 사람 때문에 내가 감옥에 갇혔다면, 하나님이 나를 미워하신다고 생각하고 충분히 실족할 수 있습니다.

안 믿는 시댁 식구들에게 핍박당하면서도 끊임없이 전도한 집사님이 있습니다. 그분의 수고 덕분에 시댁 식구들이 하나둘 교회에 나왔습니다. 집사님을 가장 힘들게 했던 시누이와 동서도 주님을 영접했습니다. 그랬더니 하는 일마다 잘되기 시작했습니다. 이제는 시누이와 동서가

"하나님을 믿었더니 축복을 주신다"고 입을 모아 증거하고 있습니다.

문제는 그렇게 열심히 전도했던 집사님에게는 늘 안되는 일만 있다는 것입니다. 자기 하고 싶은 대로 하고 살다가 이제 막 예수님을 믿은 동서네 아이는 대학에 척척 붙는데, 집사님 아이들은 마구 떨어지는 것입니다. 그럴 때는 "하나님, 제가 그렇게 열심히 기도하고 복음을 전했는데 어떻게 이러실 수가 있어요? 그동안 저를 힘들게 했던 동서와 시누이는 저렇게 잘되는데 저는 하는 일마다 안돼요. 이러니 전도한 제 꼴이 뭐가 되겠어요? 저도 좀 살려 주셔야죠!"라는 말이 나오지 않겠습니까?

상대방을 위해서 전도했으면서도 내가 전도한 사람이 잘되고 나는 안되는 것 때문에 믿음이 없어질 지경까지 가는 것입니다. 이것이 세례 요한의 모습이고, 우리의 모습입니다.

예수님은 "실족하지 않는 자가 복이 있다"고 하십니다. 복 있는 사람은 하나님이 하시는 일로 실족하지 않는 사람입니다. 내 생각과 하나님의 생각이 다르다는 것을 인정하고, 하나님의 뜻을 깨달을 때까지 기다리는 사람입니다. 회개하라고, 심판이 가까이 왔다고 외치는 것만 잘하는 사람이 아니라, 의를 위하여 박해받으며 감옥에 갇히는 것도 잘하는 사람입니다.

광야에서 메뚜기와 석청을 먹고 낙타 털옷을 입으며 청렴결백하게 살았던 세례 요한도 자신의 윤리와 도덕으로는 구원에 이를 수 없었습니다. 내가 삶으로 모범을 보이며 열심히 전도해도 눈에 보이는 열매가 없을 수 있습니다. 누구보다 예배와 큐티와 십일조와 구제를 열심히 해도 하는 일마다 안 될 수 있습니다. 세례 요한처럼 모든 것을 다 잘해도 안 되는 사람이 수준 높은 사람입니다. 그런 가운데서도 실족하지 않는 것을 보여 주는 것이 그의 사명입니다. 그래서 세례 요한을 '여자가 낳은 자 중에 가장 큰 자'라고 하신 것입니다(마 11:11).

저희 언니는 명문 대학에서 성악을 전공하고 대학원까지 마쳤습니다. 하지만 후두염으로 목소리가 변하면서 모든 것을 내려놓고 선교지로 떠났습니다. 20여 년 동안 필리핀 빈민촌에서 선교 활동을 했습니다.

그렇게 20년을 빈민가에서 똑같이 빈민의 모습을 하고 복음을 전했습니다. 그러면 주님이 뭔가 '짠' 하고 보여 주어야 할 것 같은데 그러지 않으셨습니다.

지금 형부는 소천하셨지만 언니는 인생의 말년에 선교를 그만두고 남편을 간병하는 일에 오래 매여 있었습니다.

동생인 제가 보기에도 멋있고 똑똑한 언니였습니다. 모범생에 효녀였던 언니가 선교사로 헌신까지 했는데, 왜 이런 말년을 보내게 하실까요. 눈에 보이는 응답만 바라고 주님의 일을 했다면 실족에 실족을 거듭할 만한 인생입니다.

그러나 하나님의 생각은 우리의 생각과 다릅니다. 세례 요한이 주님의 일을 하고 옥에 갇혔어도, 끝내 나오지 못하고 죽음을 당했어도 실족하지 말아야 합니다. 주님이 '여자가 낳은 자 중에 가장 큰 자'라고 인정하셨기 때문입니다(마 11:11).

복 있는 사람은 실족하지 않는 사람입니다. 하나님이 주시는 응답이 내가 기대했던 것과 달라도, 하나님의 뜻을 다 알 수 없어도 하나님이 나를 아시기에 실족하지 말아야 합니다. 말할 수 없는 상처와 옥에 갇힌 나의 고통을 주님이 아십니다. 그 주님만이 나의 그리스도이십니다.

다른 그리스도는 없습니다. 예수님만이 나의 구세주이신 것을 알고 그분을 신뢰할 때, 실족하지 않는 복 있는 인생을 살 수 있습니다.

◆ 뭘 해도 안 되는 것 때문에 하나님 앞에서 울화를 터뜨립니까? 물질의 고난과 가족의 고난으로 옥에 갇혔어도 실족하지 않고, 나의 환경에서 복음을 증거하고 있습니까?

말씀으로 기도하기

예수께서 전도를 위해 떠나시듯 우리도 전도를 위해 내 오랜 가치관에서, 기복 신앙에서 떠나야 합니다. 해결되지 않는 사건 가운데서도 실족하지 않고 하나님의 뜻을 물으며 세상 복이 아닌 영적인 복을 구하는 인생이 복 있는 인생입니다.

전도를 위해 나의 세상 가치관에서 떠나야 합니다(마 11:1).

전도를 방해하는 나의 생각과 가치관에서 떠나기를 원합니다. 육신의 정욕과 안목의 정욕, 이생의 자랑에서 떠나 삶으로 복음을 전할 수 있게 하옵소서.

다른 그리스도는 없습니다(마 11:2~3).

하나님의 뜻과 내 뜻이 다를 때마다 '다른 그리스도를 기다리오리이까' 의심하는 저의 완악함을 용서해 주시옵소서. 하나님이 하시는 일을 완전히 이해할 수 없지만 주님을 신뢰함으로 제게 허락하신 이 고난을 끝까지 인내할 수 있게 해 주시옵소서. 되는 일이 없어도, 문제가 해결되지 않아도 다른 그리스도를 찾지 않고 예수님만이 나의 길 되심을 잊지 않게 해 주시옵소서.

복 있는 인생은 실족하지 않는 인생입니다(마 11:4~6).

내 생각과 하나님의 생각이 다르다는 것을 인정하고 하나님의 뜻을 깨달을 때까지 잘 기다리기를 원합니다. 예수 믿고 잘되는 것만 보이려 하지 않고 고난 가운데서도 실족하지 않는 사명을 잘 감당하게 해 주시옵소서. 하나님이 주시는 응답이 내가 기대한 것과는 달라도 실족하지 않고 주님을 끝까지 따르는 자가 되게 해 주시옵소서.

우리들 묵상과 적용

저는 4년 전부터 교회에서 주일 오전 8시부터 11시까지 주차봉사를 하고 있습니다. 저를 포함한 주차봉사팀은 아침 일찍 모여 다 같이 손잡고 '한 분이라도 더 예배에 참석해서 은혜받고, 구원받는 성도가 늘어나기를' 기도합니다. 그리고 1부 예배 시작 후 잠시 쉬는 시간이 오면 다 같이 모여 간식을 먹기도 하고, 깊은 나눔과 죄 고백도 하며 서로 처방하고 위로받는 은혜로운 시간을 보내기도 합니다.

여름에는 땀범벅, 겨울에는 손발이 꽁꽁 어는 것도 감수하며 주차봉사를 마친 뒤 지친 상태에서 예배당에 앉으면 그때부터 노곤하여 예배에 집중이 잘 안 될 때도 있습니다. 하지만 한 대의 차라도 더 주차해서 예배 드릴 수 있도록 티 안 내고, 생색 안 내며 섬기려고 무척 노력하고 있습니다. 공간이 부족해서 주차하지 못하고 근처 유료 주차장을 이용하거나 그냥 돌아가는 차를 보면 너무 죄송하고 마음이 아프지만, 한편으로는 '조금 서둘러 나오면 될 텐데……' 하는 아쉬움도 있습니다.

그런데 언제부터인가 주차장에 들어오면서 속도를 줄이지 않는 차, 안내한 곳으로 가지 않고 마음대로 주차하는 차, 역주행해서 올라오는 차, 큰길에서 불법 좌회전과 중앙선 침범을 감행하는 차, 늦게 와서 바리케이드를 열고 막무가내로 들어오는 차를 보면 화가 나고 정죄되기 시작했습니다. '우리 성도들은 차에서 내리기 전까지는 성도가 아니라 그냥 운전자다. 그래서 운전할 때는 하이드와 같고 차에서 내리면 지킬박사가 된다'고 생각하니 주차 봉사에 회의를 느끼며 기쁨이 사라졌습니다.

그런데 말씀을 보며, 그 이중인격자가 다름 아닌 저라는 것을 깨달 았습니다. 주중에는 과속, 신호위반은 물론이고 사무실에서 통화 끝마다 '아이씨'를 외쳐 공포 분위기를 조성하면서도, 주일에는 자상하고 친절한 모습으로 봉사를 하기 때문입니다. 주님이 전도를 위해 떠나신 것처럼, 저도 이제 이런 생활로부터 떠나야 함을 깨닫습니다(마 11:1).

이미 와 계신 예수님을 인정하지 못하고 "오실 그이가 당신이오니이 까?"라고 묻는 요한처럼(마 11:3), 돈과 인정과 자존심의 구세주를 찾고 있 었기에 '봉사한다'는 생색으로 실족할 뻔했던 저에게(마 11:6) 팔복(八福)의 은혜를 알려 주시고자 말씀을 주심에 감사드립니다.

말씀을 여러 번 묵상하다 보니, 늘 체면을 중시하고 내 이익만 챙기 면서도 겉으로는 아닌 척하며 속이려는 제 모습을 깊이 깨닫게 하십니다. 영적 맹인이 말씀을 보고, 영적 나병환자가 깨끗함을 받아 영적으로 민감 해지고, 말씀을 못 듣던 사람이 말씀을 들으며, 영적으로 죽은 자가 살아 나고, 가난한 자에게 복음이 전파되는 교회의 문지기 역할을 기쁨으로 감 당하다 보면 장차 하늘나라의 문지기로 삼아 주실 것을 믿으며 계속 기쁨 으로 섬기기를 소망합니다(마 11:5).

영혼의 기도

하나님 아버지, 복 있는 인생이 되려면 제가 떠나야 할 곳이 있습니다. 전도를 위해 찾아가야 할 곳이 있습니다.

이생의 자랑과 안목의 정욕과 육신의 정욕에서 떠나야 하는데, 아직도 떠나지 못하는 저를 불쌍히 여겨 주시옵소서.

다른 그리스도가 없는지 기웃거리며, 하나님이 나의 고난을 알아주지 않으신다고 흔들리는 모습이 있습니다. 감히 주님께 다른 그리스도를 기다려야 하겠느냐고 불평하는 완악함이 있습니다. 그렇게 내 문제가 해결되기만 바라고 있으니, 병자가 고침을 받고 죽은 자가 살아나는 것을 기뻐하지 못합니다. 주님, 그것이 지옥인 것을 알기 원합니다. 감옥에 갇혀서가 아니라 내가 하나님의 일에 기뻐하지 못하기 때문에 인생이 힘들다는 것을 깨닫기 원합니다.

실족하지 않는 인생이 복 있다고 하십니다. 실족하지 않기 위해서 하나님 나라의 복, 팔복의 가치관을 갖게 하옵소서. 하나님의 복은 심령이 가난하고 애통하고 의를 위해 박해를 받을 때 누리는 것입니다. 이 땅에서 팔복을 누리는 것이 비교할 수 없는 축복인 것을 알게 하옵소서. 세상 가치관으로 비교하며 낙심하는 마음을 없애 주시옵소서.

다른 그리스도는 없습니다. 오직 예수님만이 나의 그리스도이심을 고백합니다. 예수님 이름으로 기도하옵나이다. 아멘.

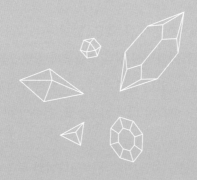

천국에서 큰 자

마태복음 11:7~15

하나님 아버지, 말씀을 통해
천국에서 큰 자가 누구인지 알기 원합니다.
말씀하여 주옵소서. 듣겠습니다.

문 집사님의 딸 혜진이가 많이 아프다고 합니다. 똑똑하고 예쁜 아이였던 혜진이는 중학교에 들어가면서 심한 우울증과 강박증을 앓고 있습니다. 집사님에게 우상과도 같았던 딸에게 아픔이 오니 두렵고 힘들다고 합니다. 저도 소식을 듣고 마음이 너무 아팠는데, 엄마의 마음이야 오죽하겠습니까.

우리가 만나는 힘든 일들 가운데는 하나님의 뜻을 헤아리기 어려운 일이 참으로 많습니다. 그래서 마음이 두렵고 흔들린다고 천국에서 작은 자가 되는 것일까요? 천국에서 큰 자는 어떤 사람일까요?

끝까지 듣는 자

그들이 떠나매 예수께서 무리에게 요한에 대하여 말씀하시되 너희가 무엇을 보려고 광야에 나갔더냐 바람에 흔들리는 갈대냐_마 11:7

"다른 그리스도를 기다릴까요?"라고 묻는 세례 요한의 질문에 예수님은 그렇다, 아니다 말하지 않으십니다. 이사야서 말씀으로만 대답하셨습니다(마 11:5). 그것이 이해가 안 되니 '그들이 떠나매'로 말씀이 이어집니다. 요한도 그의 제자들도 예수님의 말씀이 해석이 안 되니 다 떠나 버립니다.

'그들이 떠나매' 예수님이 무리에게 세례 요한을 칭찬하십니다. 조금만 기다렸으면 칭찬을 듣고 이어지는 주옥같은 설교도 들었을 텐데, 중요한 것을 놓치고 떠나 버렸습니다.

스스로 믿음이 좋다고 생각하는 사람, 요한처럼 의로운 사람일수록 끝까지 듣는 무리가 되기보다는 '떠나는 그들'이 되기 쉽습니다. 신념과 의로움 때문에 하나님의 뜻을 끝까지 묻지 못하고 아리송해하면서 떠나는 것입니다.

혜진이의 강박증으로 마음이 무너졌다는 문 집사님은 평소 완벽주의에 자기 세계가 강한 분이었습니다. 집사님은 프랑스 유학을 다녀와서 유능한 남편을 만났습니다. 자식도 일류로 키우려고 했습니다. 아이가 일등을 해도 더 잘하기를 바랐습니다. 다른 아이라면 반항이라도 했을 텐데, 혜진이는 반항도 하지 않고 꾹꾹 참았습니다. 그러다 강박증이 나타났습니다. 뇌의 균형을 잃은 치명적인 상태라는 진단을 받았습니다.

치료를 받고 금세 나으면 좋겠는데, 이미 혜진이도 공부의 기준이 높아져서 시험을 좀 못 보면 강박증과 우울증이 재발했습니다. 학교에 잘 다니다가도 시험 보는 날이 되면 도저히 학교에 갈 수 없을 정도로 증세가 심해졌습니다.

문 집사님에게는 너무나 힘든 시간이었습니다. 딸이 잠들어 있을 때가 가장 편했습니다. 이대로 죽고 싶다는 생각도 했습니다. 교회도 싫고 소그룹 모임에도 나가기 싫었다고 합니다. 저는 이런 일이 집사님에게만 있는 것이 아니라고, 딸의 문제를 꺼내 놓고 중보기도를 부탁하라고 권면했습니다. 그러나 집사님은 세상의 모든 문제를 혼자 떠안은 사람처럼 홀로 떠나 있었습니다.

그렇게 집사님까지 우울증에 빠져 있을 때, 유명한 여배우가 자살하는 사건이 일어났습니다. 집사님은 그때 정신이 들었다고 합니다. 이대로는 안 되겠다, 치료를 받고 살아나야겠다는 생각으로 다시 말씀을 보기 시작했습니다. 시작하신 분이 하나님이니 끝내실 수 있는 분도 하나님이라는 믿음으로, 자신이 무엇을 깨달아야 할지 성경을 붙잡고 하나님께 물었습니다. 교회 홈페이지에도 딸을 위한 기도 제목을 올렸습니다.

말씀이 들리는 때는 각자에게 따로 있는 것 같습니다. 그런 때가 고난으로 올 수도 있고, 눈에 보이는 축복으로 올 수도 있습니다. 어떤 모습으로 오든지 떠나지 않고 머물러 듣는 사람에게 칭찬이 있습니다. 당장은 알 수 없어도 끝까지 하나님께 물으며 그 말씀을 듣고자 할 때, 내가 처한 상황의 의미를 해석해 주십니다.

◆ 아파도, 바빠도, 우울해도 언제나 머물러서 말씀을 듣고 있습니까? 나를 알아주지 않는다고, 수준이 맞지 않다고 소그룹 예배와 큐티 모임을 떠났습니까? 끝까지 머물러 듣는 자가 될 때 칭찬하시고 말씀으로 양육하시는 주님을 기대합니까?

볼 것을 보는 자

> 그러면 너희가 무엇을 보려고 나갔더냐 부드러운 옷 입은 사람이냐 부드러운 옷을 입은 사람들은 왕궁에 있느니라 _마 11:8

요한의 제자들이 떠나고 주님은 무리를 양육하십니다. 무리의 믿음이 대단해서가 아니라, 기회가 있을 때마다 가르치고 전하려고 하신 것입니다.

당시에 세례 요한은 참 대단한 사람이었습니다. 광야에서 말씀을 선포하고, 메뚜기와 석청을 먹으면서 청렴한 삶을 살았습니다. 백성들은 이 사람이 엘리야인가 메시아인가 하면서 그를 존경하고 따랐습니다. 그런 사람이 감옥에 갇혀서 다른 그리스도를 찾고 있으니, 백성들도 헷갈리기 시작합니다. 그래서 예수님이 "너희가 세례 요한을 보러 광야에 나갔지? 그는 이런 사람이다" 하고 가르쳐 주시는 것입니다.

세례 요한이 어떤 사람입니까?

첫째, 바람에 흔들리는 갈대가 아니라고 하십니다. 의식주도 청렴하고, 조롱과 멸시를 당해도 굴하지 않습니다. 이랬다저랬다 흔들리는 법이 없습니다. 최고 지도자 헤롯의 불륜을 지적했다가 순교한 사람입니다.

둘째, 부드러운 옷을 입은 사람이 아니라고 하십니다. 요한은 광야에서 모든 것을 절제하며 낙타 털옷을 입고 살았습니다. 실크 명품을 좋아하는 사람이 아니었습니다.

예수님이 요한을 칭찬하신다고, 이 말씀을 남의 이야기로 들어서는 안 됩니다. 예수님은 요한에 대해 말씀하시면서, 갈대처럼 흔들리는 우리의 연약함과 부드러운 옷을 좋아하는 우리의 욕심을 지적하십니다.

광야의 세례 요한에게 말씀을 들으러 가면서도 부드러운 옷을 기대한 것처럼, 우리도 교회에 가면서 왕궁에나 있을 대단한 사람, 부드러운 명품 옷을 입은 사람을 보려고 합니다. 그래서 교회가 사교 클럽으로 전락하고, 기복 신앙으로 병들어 갑니다. 왕궁에서 찾을 것을 교회에서 찾으려 하니까 문제가 생기는 것입니다.

9 그러면 너희가 어찌하여 나갔더냐 선지자를 보기 위함이었더냐 옳다 내가 너희에게 이르노니 선지자보다 더 나은 자니라 10 기록된 바 보라 내가 내 사자를 네 앞에 보내노니 그가 네 길을 네 앞에 준비하리라 하신 것이 이 사람에 대한 말씀이니라_마 11:9~10

셋째, 요한은 '선지자보다 더 나은 자'입니다. 선지자는 말씀을 전하는 사람입니다. 존경받는 사람이고, 하나님의 음성을 세상에 들려줄 수 있는 사람입니다. 구약의 말라기 이후 400년 동안 이스라엘에는 하나님의 음성을 들려줄 선지자가 없었습니다. 그런데 세례 요한은 "회개하라. 독사의 자식들아!" 하고 외쳤습니다. 불같은 하나님의 메시지가 그에게 있었습니다.

예수님의 오심을 예비하면서 회개의 메시지를 외치는 것이 선지자의 역할입니다. 예수님을 믿으면 무조건 "좋아요. 좋아요" 하는 것이 아니라, 회개하라고 외쳐야 할 때가 있습니다. 물론 예수님을 믿으면 기쁘고 좋은 것이 당연합니다. 그런데 그 좋은 것은 내 죄를 회개하고 사함을 받기 때문에 좋은 것입니다. 그것이 구원의 진리입니다. 죄 이야기는 하지 않으면서 성경 구절을 좔좔 외운다고 선지자가 아닙니다.

현대를 사는 우리는 옛날 사람들이 상상도 못 할 문명의 혜택을 누리고 있습니다. 예전에는 지구가 둥글다는 것을 아무도 상상하지 못했는데, 지금은 어린아이도 다 압니다. 잘나서 아는 것이 아니라 현대에 태어났기 때문에 압니다.

요한이 다른 선지자들보다 나은 것은 모든 선지자가 예언한 예수님을 직접 만났기 때문입니다. 세례받으러 나오신 예수님을 알아보고 "세상 죄를 지고 가는 하나님의 어린 양"이라고 정확하게 외쳤습니다(요 1:29). 그러나 요한은 시기적으로 '예수님이 오시기 직전에 활동한 선지자'입니다. 다른 선지자들보다 우월한 것은 아닙니다.

많은 분이 우리들교회에 와서 말씀을 듣고 주님을 영접합니다. 그것은 제가 우월해서가 아닙니다. 그동안 여러 사람의 기도가 쌓여 마지막으로 열매만 거둔 것입니다.

구약의 끝은 말라기가 아니라 세례 요한입니다. 예수님을 전하며 가르치는 사람이 어떤 혁명가나 사회 개혁가보다 위대합니다. 예수님이 가시는 곳에는 무지와 편견과 가난과 어두움이 깨지고, 근본적인 회복의 역사가 일어납니다. 그래서 암흑의 시대에 예수님을 찾으라고 외친 세례 요한이 구약의 다른 선지자보다 나은 자라고 하십니다.

내가 진실로 너희에게 말하노니 여자가 낳은 자 중에 세례 요한보다 큰
이가 일어남이 없도다 그러나 천국에서는 극히 작은 자라도 그보다 크
니라_마 11:11

"여자가 낳은 자 중에 세례 요한보다 큰 자가 없다"고 최고의 칭찬으로 높여 주셨습니다. 그런데 마지막에 '그러나'가 나왔습니다. 성경을 읽을 때 '그러나'가 참 중요합니다.

천국에서는 극히 작은 자라도 세례 요한보다 크다고 하십니다. 왜 그렇습니까? 인간의 위대함은 구원의 확신에 있습니다. 예수 그리스도를 믿고 구원받은 사람이 세례 요한보다 큰 자입니다. '여자가 낳은 자'와는 비교할 수 없는 위대함이 '하나님이 낳은 자,' 믿음으로 구원받은 자에게 있습니다.

세례 요한은 십자가와 오순절 성령 사건을 경험하지 못하고 먼저 갔습니다. 우리는 그 모든 일을 경험한 뒤에 "가서 제자 삼으라"는 지상 명령까지 받은 몸입니다. 그 명령을 성취하며 재림의 예수님을 예비하는 자, 세례 요한보다 큰 자가 된 것입니다.

영국의 엘리자베스 여왕은 생전에 생일마다 국민으로부터 수만 통의 축하 카드와 이메일을 받았다고 합니다. 영국 사람들의 평생소원이 여왕과 차 한 잔 마시는 것이었습니다. 70년간 영국 국교회 수장 자리를 지키다 96세로 서거하기까지 그녀는 늘 우아함을 잃지 않았습니다.

여러분은 이런 여왕이 부럽습니까? 정답을 말하려고 하지 말고, 솔직한 대답을 해 보십시오. 영국 여왕은 꿈도 못 꾸더라도, 유럽 어느 나라의 왕비라도 되고 싶지 않습니까?

세상에 부러울 것 없는 여왕인 것 같지만, 영국 여왕도 자식의 이혼은 막지 못했습니다. 자녀에게 문제가 있어도 그것을 다스릴 영적 권위가 없습니다. 그런데 저는 수많은 사람의 이혼을 막고 있으니 여왕보다 대단하지 않습니까? 착각은 자유라고 할지 모르지만, 한 사람이라도 더 전도하고 구원으로 인도한 저를 하나님이 더 크게 보지 않으시겠습니까?

우리는 행위로만 보면 감히 세례 요한과 비교할 수 없는 작은 자입니다. 이 땅에서 큰 자와 천국에서 큰 자는 그 기준과 가치가 전혀 다릅니다. 행위도 부족하고 지식도 없고 돈도 없고, 이 땅에서 꼴찌의 모습으로 산다고 해도 하나님의 가치관으로 보면 일등일 수 있습니다. 천국 가치관이 아닌 세상 가치관으로 나와 남을 비교하며 매사에 크다, 작다 비교하기 때문에 열등감에 빠지는 것입니다.

사실 영국 여왕은 우리의 비교 대상이 아닙니다. 똑같이 살림하면서도 인테리어도 잘하고, 요리도 잘하고, 몸매 관리까지 잘하는 이웃을 보면 괜히 주눅이 듭니다. 멋있게 운전하고 다니면서 여가를 보내는 친구를 보면 남편한테 "저기, 나 만 원만 더 줘요" 하는 내가 한없이 작게 느껴집니다. 교회에 가도 믿음 좋은 남편을 둔 김 집사 때문에 주눅이 들고, 소그룹 모임에 가도 애들이 공부 잘하는 이 집사 때문에 주눅이 듭니다.

그런 나에게 예수님은 대단한 세례 요한 앞에서도 주눅 들 것이 없다고 말씀하십니다. 어떤 위대한 사람보다 내가 더 큰 자라고, 어디서도 위축되지 말라고 하십니다. 천국은 착해서, 잘나서 가는 곳이 아닙니다. 하나님이 나를 낳아 주셔서 가는 곳입니다. 아무 자격과 공로가 없어도, 예수 그리스도의 복음으로 나를 낳아 주셔서 큰 자가 되었습니다.

요한은 "회개하라. 천국이 가까이 왔다!"고 외쳤지만, 나는 그 천국을 누리는 자입니다. 어떤 학벌과 외모와 재산과도 비교할 수 없는 천국을 유업으로 받은 자입니다.

똑똑하고 남부러울 것 없던 문 집사님도 딸의 강박증을 겪으면서 천국의 가치관을 갖게 되었습니다. 하나님이 깨닫게 하신 자신의 죄를 목록으로 만들어 가며 회개하고, 며칠을 울며 통곡했다고 합니다. 아무리 공부를 많이 해도 하나님이 쓰지 않으시면 소용이 없는데, 혜진이를 쓰려고 고난을 주셨다고, 그것이 감사하다고 했습니다.

이제는 혜진이가 학교에 못 다녀도 감사하다고 고백한 순간, 문 집사님의 남편에게 연락이 왔습니다. 외국 지사로 발령이 났다는 것입니다.

여기서는 혜진이의 병을 치료하면서 학교에 보낼 환경이 안 되었는데, 그곳에는 보낼 만한 학교가 있다고 합니다.

문 집사님은 하나님의 뜻을 알 수 없는 힘든 고난 가운데서도 끝까지 말씀을 들었습니다. 그랬더니 하나님이 구원의 사건임을 알게 하시고 환경도 열어 주셨습니다. 딸이 전교 일등을 해서 큰 자가 아니라, 아프고 힘들어도 하나님을 의지했기에 천국에서 큰 자가 되었습니다.

✦ 교회에서 내가 찾는 사람은 어떤 사람들입니까? 말씀이 있고 기도가 있는 사람입니까, 아니면 나를 도와줄 정보와 지위를 가진 사람입니까? 아직도 가치관이 바뀌지 않아서 화려하고 아름다운 사람 앞에서 주눅 들고 있습니까?

침노해서 빼앗는 자

세례 요한의 때부터 지금까지 천국은 침노를 당하나니 침노하는 자는 빼앗느니라_마 11:12

'침노하다'는 말은 보통 좋은 의미로 쓰이지 않습니다. 원어로는 '강제로 들어가다' '폭력을 쓰다'라는 뜻이고, 수동태로 쓰면 '맹렬한 방해를 받는다'는 뜻입니다. '침노하는 자' 역시 긍정적인 뜻으로는 '용기 있는 자'이지만, 부정적인 뜻으로는 '폭력적인 자'라는 뜻입니다. 그러니 '침노를 당한다'는 것도 '폭력적인 자들에게 대적을 당한다'는 뜻입니다.

어떤 신학자는 마태복음이 핍박받는 자들을 위한 복음서라고 합니다. 말씀에서 '침노를 당한다'는 것은 자격 없는 사람들이 강제로 가져갔다는 뜻입니다. 바리새인과 사두개인들은 자격이 넘쳐서 굳이 침노하지 않습니다. 세리와 창기처럼 자기 죄를 보면서 천국에 갈 자격이 없다고 생각하는 사람들이 천국을 강하게 침노합니다.

교회의 직분과 온갖 수료증과 자격이 넘쳐서 침노하지 않는 사람이 많습니다. 그런 사람은 목숨 걸고 예배에 참석하지 못합니다. 힘들고 어려운 사람은 목숨 걸고 예배드리고 소그룹 모임에 참석합니다.

> 13 모든 선지자와 율법이 예언한 것은 요한까지니 14 만일 너희가 즐겨 받을진대 오리라 한 엘리야가 곧 이 사람이니라 15 귀 있는 자는 들을지어다 _마 11:13~15

엘리야는 구약 시대의 선지자로 아합 왕 때 활동했습니다. 아합은 이스라엘 역사에서 가장 악한 왕입니다. 지도자가 하나님을 섬기지 않고 악을 행하니, 백성들 사이에도 우상숭배가 판을 쳤습니다. 그런 시대에 엘리야가 메시아를 예언하고 회개를 외치다 승천했습니다.

엘리야가 육신의 죽음을 보이지 않고 승천해서 이스라엘 사람들은 언젠가 그가 다시 올 것이라고 믿었습니다. 그래서 세례 요한을 보고 "당신이 엘리야냐?"라고 물었고, 요한은 아니라고 했습니다.

예수님은 세례 요한이 육적으로 다시 온 엘리야가 아니라 암흑의 시대에 회개의 메시지를 외치는 영적 엘리야라고 소개하십니다. 엘리야가 그랬던 것처럼 사람들의 마음을 예수님께 돌리는 역할을 했기 때문입니다.

사람의 마음을 천국으로 돌리는 것은 세상과 분리시키는 일입니다. 매일 말씀으로 세상 것을 내려놓으면서 점점 가벼워져서 천국을 향해 떠올라가는 것입니다. 그래서 가진 것이 없는 사람일수록 세상과 분리되어 천국을 침노합니다.

댄 브라운은 『다빈치 코드』라는 소설로 세계적인 베스트셀러 작가가 되었습니다. 예수님은 인간일 뿐이고, 막달라 마리아와 결혼했다는 것이 소설의 내용입니다. 전 세계에 수천만 부가 팔렸고, 유명 배우를 캐스팅해서 영화로도 만들었습니다.

저의 책은 수천 부밖에 안 나갑니다. 그렇다고 댄 브라운이 큰 자이고 저는 작은 자입니까? 아무리 세계에서 인정받고 크게 이름을 떨쳐도 하나님을 대적하는 사람은 큰 자가 될 수 없습니다. 천국에서 큰 자는 사소한 일에서도 살아 계신 하나님을 발견하고 인정하는 자입니다. 지식과 돈과 명예가 나를 낳아 준 것이 아닙니다. 하나님이 나를 낳아 주셨습니다. 이 땅에서 꼴찌의 모습으로 있어도 천국에서는 누구보다 큰 자입니다. 누구보다 사랑받는 하나님의 자녀입니다.

◆ 자격이 없는 내 모습을 인정하며 적극적인 예배와 기도로 천국을 침노합니까? 회개의 메시지를 즐겨 받으며, 날마다 죄와 욕심을 버리고 있습니까? 묵상으로 욕심을 버리고 말씀을 채우는 것이 천국을 얻는 기쁨임을 알고 있습니까?

천국에서는 극히 작은 자라도 세례 요한보다 크다고 하십니다.
인간의 위대함은 구원의 확신에 있습니다.
예수 그리스도를 믿고 구원받은 사람이 세례 요한보다 큰 자입니다.
'여자가 낳은 자'와는 비교할 수 없는 위대함이 '하나님이 낳은 자,'
믿음으로 구원받은 자에게 있습니다.

말씀으로 기도하기

어려운 삶의 문제를 만날 때마다 하나님의 뜻을 헤아리기 어렵지만, 그로 인해 실족하지 않는 자가 천국에서 큰 자입니다. 세상에서 큰 자 되려는 욕심을 내려놓고 천국에서 큰 자 되기를 소망해야 합니다.

끝까지 듣는 자가 천국에서 큰 자입니다(마 11:7).
나의 신념과 의로움만 주장하면서 말씀과 믿음의 공동체를 떠나는 자가 되지 않게 해 주시옵소서. 당장은 하나님의 뜻을 알 수 없어도, 떠나지 않고 머물며 끝까지 말씀을 듣고자 할 때 주께서 저를 양육해 가실 것을 믿습니다.

볼 것을 보는 자가 천국에서 큰 자가 됩니다(마 11:8~11).
누구라도 예수 그리스도를 믿고 구원받았다면 예수님의 길을 예비한 세례 요한보다 천국에서 더 큰 자라고 하십니다. 천국은 어떤 자격과 공로로 가는 곳이 아님을 깨닫고 세상 가치관으로 비교하면서 열등감에 빠지지 않게 해 주시옵소서. 나를 예수 그리스도의 복음으로 낳아 주신 것에 감사하며 천국 가치관으로 살게 해 주시옵소서.

천국은 침노해서 빼앗는 자의 것입니다(마 11:12~15).

세리와 창기처럼 자기 죄를 보며 천국에 갈 자격이 없다고 생각하는 사람들이 천국을 강하게 침노한다고 하십니다. 비록 나는 비천하지만 이런 나를 택하고 불러 주신 하나님의 은혜에 감사하며 천국을 증거하는 삶을 살기를 원합니다. 사소한 일에도 하나님을 발견하고 인정하며 하나님께 사랑받는 자녀가 되게 해 주시옵소서.

우리들 묵상과 적용

얼마 전 친정에서 형제들의 모임이 있어서 가 보니, 빠진 형제들이 있었는데도 조카들까지 모두 18명이나 됐습니다. 다들 서로 좋아서 모이는 것도 사실이지만, 세상 가치관을 가진 형제들이 모인 자리인지라 처음에는 좋은 얘기로 시작하다가도 싸움으로 끝나곤 합니다. 이날도 언니와 형부가 서로 이야기를 나누다 결국 싸움이 날 뻔했습니다. 이럴 때마다 저는 속으로 무시하며 그 자리를 피하거나 원망과 비방의 언어를 내뱉곤 했습니다. 하지만 이런 언니 부부의 모습은 사실 제가 예수님을 만나기 전 우리 부부의 모습이었습니다.

구원의 애통함보다는 내가 옳다고 인정받고 싶은 마음이 더 컸기에, 저는 늘 옳고 그름으로 남편을 판단하며 비방과 분노의 언어를 쏟아 냈습니다. 이런 제 삶의 결론으로 큰딸은 대인공포증을 겪었고, 저는 자녀 고난을 통해 예수님을 깊이 만났습니다. 그러나 저의 갈대처럼 흔들리는 연약함과 부드럽고 좋은 옷만 원하는 욕심 때문에, 많은 시간과 감정과 물질을 낭비하며 힘든 시간을 보내야 했습니다(마 11:7~8). 그러던 중 시누이의 인도로 천국을 침노하는 자들이 모여 있는 교회 공동체에 오게 되었고, 저도 말씀과 나눔으로 양육을 받으며 천국을 침노하는 자가 되었습니다(마 11:12).

예수 믿지 않는 언니 부부도 그 중심에 예수님을 모시기 전까지는 저와 같이 시간과 감정을 낭비하며 끝없는 전쟁을 치를 것입니다. 하지만 하나님은 제가 세례 요한의 제자들처럼 그 자리를 떠나지 않고 끝까지 머물러 하나님께 물으며 언니 부부의 구원을 보기 원하신다는 생각이 듭니다(마 11:7). 그날 서로 원망하며 싸우는 언니와 형부에게 제가 어떻게 천국을 침노하는 자가 될 수밖에 없었는지 저의 간증을 하니, 형부도 마음을 열고 자신의 얘기를 나눴습니다. 그리고 예수님이 무리에게 세례 요한을 칭찬하신 것처럼 모든 가족이 함께한 가운데 형부와 언니가 서로 있는 모습 그대로를 인정해 주니 싸움이 곧 그쳤습니다(마 11:11). 서울로 돌아오기 전, 저는 언니와 형부에게 "천국을 침노하지 않으면 이 땅에서 수고와 고생만 하다 끝나는 것이 우리의 인생"이라고 간곡히 전하며 인터넷으로 근처 지역 교회를 검색해 알려 주겠노라고 말했습니다.

인본적이고 교만한 저를 위해 수고해 준 남편 덕분에 제가 '떠나는 그들'이 아니라(마 11:7) '머물러 말씀을 듣는 너희'가 될 수 있었습니다(마 11:11). 또한 하나님은 저를 지체들을 섬기며 천국을 침노하는 목자로 불러 주셔서 엘리야처럼 외치고 가게 하셨습니다(마 11:12, 14). 믿지 않는 남편이 천국을 침노하는 자가 되는 그날까지 사랑으로 인내하며 섬기겠습니다.

영혼의 기도

하나님 아버지, 천국에서 큰 자가 되려면 끝까지 들어야 한다고 하십니다. 세례 요한의 제자들처럼 떠나는 저희가 되지 않게 하시고, 말씀을 듣기 위해 머무는 사람이 되게 하옵소서.

세례 요한에게 가면서도 볼 것을 보지 못하고, 흔들리는 갈대처럼 부드러운 옷을 보려고 한 것처럼, 교회를 다니면서도 겉모습만 보려고 하는 저의 모습을 고백합니다. 왕궁에서 찾을 것을 교회에서 찾지 말고, 하나님의 시선으로 볼 것을 볼 수 있도록 은혜 내려 주시옵소서.

저는 세례 요한처럼 불같은 말씀도 없고 전도도 못 하는 연약한 인생입니다. 행위로도 내세울 것이 없습니다. 그런 저를 세례 요한보다 큰 자라고 하십니다. 하나님이 저를 낳아 주셨기 때문에 이 세상에서 꼴찌만 해도 천국에서는 큰 자인 것에 감사합니다. 제가 자격이 없음으로 천국을 침노하는 자가 되게 하신 것에 감사드립니다.

엘리야처럼 회개의 메시지를 외치며, 저의 간증으로 사람들이 예수님께 마음을 빼앗기게 하는 삶을 살게 하옵소서. 천국을 증거하는 선지자로 살아가기 원합니다. 예수님 이름으로 기도하옵나이다. 아멘.

3

지혜로운 사람

마태복음 11:16~24

하나님 아버지, 참으로
지혜로운 자가 되고 싶습니다.
저의 어리석음을 가르쳐 주시고
말씀하여 주옵소서. 듣겠습니다.

가난한 가정에서 태어나 자란 형제가 둘 다 열심히 공부해서 의사가 되었습니다. 동생은 아프리카에서 의료 선교를 하기로 결심했습니다. 형은 동생의 결정이 어리석다며, 자신은 남아서 유명한 의사가 되겠다고 했습니다. 아프리카로 떠난 동생은 33년 동안 고생하다가 선교지에서 죽었습니다. 가족의 안위를 걱정해서 가족을 고국에 보내고, 홀로 힘들게 사역하다가 갔습니다.

이 동생이 아프리카 선교의 시조, 데이빗 리빙스턴(David Living-stone) 선교사입니다. 형은 평범한 결정을 내렸고, 동생은 지혜롭고 위대한 결정을 내렸습니다. 순간마다 어떤 지혜로운 결정을 내리는가에 따라서 우리는 더 위대한 그리스도인의 삶을 살 수 있습니다.

하나님의 사인에 반응하는 지혜

16 이 세대를 무엇으로 비유할까 비유하건대 아이들이 장터에 앉아 제
동무를 불러 17 이르되 우리가 너희를 향하여 피리를 불어도 너희가 춤
추지 않고 우리가 슬피 울어도 너희가 가슴을 치지 아니하였다 함과 같
도다_마 11:16~17

당시에는 별 놀이가 없었기 때문에 아이들이 모이면 결혼식 놀이와
장례식 놀이를 했다고 합니다. 그런데 주님은 이 세대를 향해 결혼식에서
피리를 불어도 춤추지 않고, 장례식에서 슬피 울어도 반응이 없다고 하십
니다. 기쁠 때 기쁘고 슬플 때 슬퍼야 하는데, 어디서 슬퍼하고 어디서 기
뻐해야 할지 모르는 것이 이 세대의 특징입니다.

예수님이 말씀하신 '이 세대'는 하나님 나라와 대치하는 세대를 말
합니다. 동일한 시대를 사는 개개인, 혹은 모든 사람이라는 뜻도 있습니
다. 몇몇이 아니라 전체적으로 하나님을 거부하는 것이 이 세대의 특징입
니다. 하나님이 초청하셔도 무감각과 무반응으로 일관하고 있습니다.

18 요한이 와서 먹지도 않고 마시지도 아니하매 그들이 말하기를 귀신
이 들렸다 하더니 19 인자는 와서 먹고 마시매 말하기를 보라 먹기를 탐
하고 포도주를 즐기는 사람이요 세리와 죄인의 친구로다 하니 지혜는
그 행한 일로 인하여 옳다 함을 얻느니라_마 11:18~19

요한이 와서 금식하는데, 사람들은 그가 왜 금식하는지 관심이 없습
니다. 그러면서 자기가 안 하는 금식을 요한이 하고 있으니까 귀신이 들

렸다고 욕합니다. 또 예수님이 세리와 죄인들의 집에서 식사하시는데, 먹기를 탐하고 포도주를 즐기는 사람이라고 비난합니다.

비난은 관심이 아닙니다. 회개의 금식과 죄인들의 아픔에 동참할 마음이 없기 때문에 거기에 반응하기 싫어서 비난하는 것입니다. 그래서 비난과 불신앙은 같은 뜻입니다.

저희 집에서 재수생 큐티 모임을 할 때 있었던 일입니다. 어떤 학생이 토요일 한밤중에 저희 집에 찾아왔습니다. 무슨 일인가 놀라서 들어오게 했습니다. 자기 집이 다 불탔고, 할머니도 돌아가셔서 있을 곳이 없으니 저희 집에 있게 해 달라고 했습니다. 아이의 말과 행동이 정상이 아니라는 것을 금방 알 수 있었습니다. 너무 늦은 시간이라 우선은 하룻밤 재우기로 하고 아이의 집에 전화를 드렸습니다.

일류 학교를 다니는 똑똑한 아이였는데 그런 소리를 했다고 하니 온 가족이 놀라서 당장 데리러 오겠다고 했습니다. 평소 그 학생의 아버지가 교회에 가는 것을 반대하고 있었기 때문에, 우선 하룻밤 재울 테니 다음 날 교회에서 뵙자고 말씀드렸습니다. 딸을 만나기 위해서라도 주일예배에 참석하게 하려는 마음이었습니다.

드디어 주일날, 아이의 부모님과 삼촌까지 다섯 식구가 교회에 왔습니다. "유치한 소리 하지 마라!" 하며 교회에 안 들어오겠다는 아버지의 팔을 붙잡고 예배에 참석하게 했습니다. 아이의 짐을 구실로 저희 집에 오게 해서 당시 주일 오후에 열리던 재수생 큐티 모임에도 참석하게 했습니다.

그날은 일부러 다른 구절을 찾아서 그 가족을 위한 간절한 메시지를 전했습니다. "부모님을 공경하라. 진심으로 공경해야 한다. 부모에 대한 가장 큰 사랑은 아무리 욕을 먹어도 예수님을 전하는 것뿐이다"라고 힘주어 부르짖었습니다. 그렇게 사명감으로 전했는데 말씀을 듣는 표정을 보니 전혀 들리지 않는 것을 알 수 있었습니다. 아이들은 모두 울고 웃으면서 천사 같은 표정을 하고 있는데, 그분들은 잔뜩 화가 난 표정으로 벌을 서고 계셨습니다. 그 모습을 보면서 얼마나 가슴이 아팠는지 모릅니다.

어머니는 교회를 다니지만 이 아이는 어머니에게서 쉼을 얻지 못했습니다. 믿지 않는 완고한 아버지와 가족들 사이에서 지쳐 버린 아이의 심정을 공감할 수 있었습니다. 모임이 끝나고 식사까지 대접했는데, 아이가 집에 돌아가지 않겠다고 하면서 저희 딸 방으로 들어가 버렸습니다. 그런 아이를 가족과 함께 돌려보내면서 "내가 너희를 보냄이 양을 이리 가운데 보냄과 같도다"고 하신 예수님의 심정을 알 것 같았습니다(마 10:16).

아이가 정신이 불안정할 정도로 아프고 힘들어하는 것이 하나님이 피리를 불고 슬피 우시는 사건입니다. 그런데 가족 중에 아무도 가슴을 치지 않습니다. 아무렇지 않은 듯 위장하고 외면하면서 아이가 왜 아픈지, 무엇이 힘든지 들으려고 하지 않습니다.

무감각과 무반응으로 일관하는 가족들 사이에서 사는 것이 얼마나 지옥 같은 환경인지 그날 알았습니다. 말씀에 반응하지 않으니 지혜도 없고, 내 아이가 아파서 죽어 가는데도 도와줄 수가 없는 것입니다.

✦ 소그룹 모임 식구들에게 닥친 사건과 고난이 주님의 피리 소리와 슬피 우는 소리로 들립니까? 나와 상관없는 남의 일로 여기며 중보기도조차 게을리하는 둔감한 자는 아닙니까?

약자의 친구가 되는 지혜

사람들은 예수님을 '세리와 죄인의 친구'라고 비난했습니다(마 11:19). 하지만 이것은 자신도 모르게 진실을 말한 것이었습니다. 맞습니다. 예수님은 세리와 죄인의 친구로 이 땅에 오신 분입니다.

우리는 '내 옆에 누가 있는가'로 옳다 함을 얻습니다. 사회 유명인사인 어느 장로님의 방에는 미국 대통령과 한국 대통령과 유명 인사들과 찍은 사진이 벽에 걸려 있다고 합니다. 그런 사람이 옆에 있다고 옳다 함을 얻을 수 있을까요? 혹시 죄수나 부랑자와 찍은 사진을 방에 걸어 놓는 사람도 있을까요?

어느 경제 신문의 기사를 보니, 미국 기업에서는 CEO가 사업 동료를 결정할 때 '웨이터 룰(waiter rule)'이나 '웨이트리스 룰(waitress rule)'을 적용하는 사례가 많다고 합니다. '웨이터 룰'이란 "당신에게 좋은 사람이라고 하더라도 웨이터나 다른 사람들에게 무례하다면 그는 좋은 사람이 아니다"라는 원리입니다. 하급 직원에게 거칠고 무례하게 대하는 사람에게 높은 수준의 리더십을 기대하기는 어렵다는 것입니다.

예수님은 사회에서 약자인 세리와 죄인의 친구로 오셨습니다. 세리가 많은 돈을 버는 직업인데 왜 약자냐고 할지 모르겠지만, 로마 권력에 빌붙어서 매국노로 손가락질받고 있으니 돈과 상관없이 약자입니다. 예수님은 그렇게 손가락질받으며 소외당하고, 가진 것 없는 사람들과 함께 하심으로 옳다 함을 얻으셨습니다.

우리들교회에 다니는 어느 자매님의 간증입니다.

친정의 형제 중에 큰오빠는 수치스러운 존재였습니다. 저는 다른 형제들하고는 똘똘 뭉쳐서 사이가 좋습니다. 하지만 큰오빠만큼은 이야기를 꺼내고 싶지도 않고 숨겨 두고 싶었습니다.

오빠는 고교 시절부터 문제를 일으켰습니다. 결혼해서는 올케가 집과 돈을 모두 가지고 도망가 버렸습니다. 그 뒤 오빠의 방황은 끝이 없었습니다. 감옥을 드나들며 제 결혼생활에도 영향을 미쳤습니다.

그런 큰오빠 때문에 제가 예수님을 믿게 된 것도 사실입니다. 그것을 인정하고 오빠에게 복음을 전해야 하는데, 너무나 큰 두려움이 있습니다. 아무에게도 말하지 못한 두려움. 고등학교 때 오빠에게 성폭행을 당할 뻔한 기억이 저에게 있습니다. 다행히 하나님이 도우셔서 상황을 피할 수 있었지만, 그때부터 오빠는 무섭고 수치스러운 존재였습니다.

작년에 아버지가 돌아가시고, 처음으로 오빠가 있는 교도소에 면회를 갔습니다. 주위 사람의 말을 들으니 오빠가 늘 성경책을 갖고 다닌다고 합니다. 아직도 두려움이 많지만, 큰오빠를 우리 가정에 보내신 하나님의 뜻으로 생각합니다. 하나님이 오빠를 만져 주시기를 기도드립니다. 제가 마음을 열어 오빠에게 찾아가 복음을 전할 수 있기를 기도드립니다.

다른 사람도 아니고 가족 중에 함께하기 싫은 사람이 있습니다. 그런데 주님은 그런 사람의 친구로 오셨다고 합니다. 그들과 함께하는 것이 옳다 함을 얻는 지혜라고 하십니다. 죄인의 친구로 오신 주님을 사랑하기에, 나도 죄인의 친구로 살아가야 합니다.

청소년부의 한 아이가 가출했다가 돌아왔습니다. 자신이 가출한 동안 온 교회가 중보기도를 한 것을 알고 감사하다는 글을 올렸습니다. 학교는 가기 싫어도 교회에 오는 것은 좋다고 합니다. 이런 아이를 가출이나 하는 문제아라고 무시할 수 있습니까?

교회는 죄인이 모이는 곳입니다. 하나님 앞에서 자신이 죄인이라고 인정하지 않으면서 어떻게 하나님을 예배하고 말씀을 나눌 수 있겠습니까? 세리와 죄인의 친구로 오신 예수님처럼 죄인의 친구가 되는 교회, 세상이 거부하는 그들을 끌어안고 하나님께 옳다 함을 얻는 우리의 가정과 교회가 되기를 바랍니다.

◆ 내 옆의 약자는 누구입니까? 사람들이 만나기도 싫어하고 같이 있기도 싫어하는 분들을 찾아가서 안아 주고 이야기를 들어 줍니까?

회개하는 지혜

예수께서 권능을 가장 많이 행하신 고을들이 회개하지 아니하므로 그 때에 책망하시되_마 11:20

하나님의 사인에 반응하지 않는 사람들이 모인 곳에도 예수님이 권능을 가장 많이 베푸신 고을이 있습니다. 하나님의 은혜로 병도 낫고 자녀도 돌아왔는데, 거기에 회개가 없습니다. 회개는 슬퍼서 눈물을 흘리는 것이 아닙니다. 삶의 방향을 전환하는 것입니다. 내 삶의 주인이 나 자신에서 예수님으로 바뀌는 것입니다. 그런데 은혜는 받아도 예수님을 주인으로 인정하지 못하니 분명 책망의 대상입니다. 얼마나 무섭게 책망하시는지 이어지는 말씀을 보십시오.

21 화 있을진저 고라신아 화 있을진저 벳새다야 너희에게 행한 모든 권

> 능을 두로와 시돈에서 행하였더라면 그들이 벌써 베옷을 입고 재에 앉
> 아 회개하였으리라 22 내가 너희에게 이르노니 심판 날에 두로와 시돈
> 이 너희보다 견디기 쉬우리라_마 11:21~22

두로와 시돈은 지중해 연안의 항구 도시로 아름다운 염료와 백향목
을 생산하던 곳입니다. 그렇게 아름다운 모습으로 잘살고 있으니 심판 날
을 견디기가 너무 어렵습니다. 잘 먹고 잘살다가 예쁘고 똑똑한 자녀가
가출하고 문제를 일으키면 그것을 견디지 못합니다. 주님은 그렇게 견디
기 힘든 심판보다 회개하지 않는 고라신과 벳새다가 받을 심판이 더 크다
고 하십니다.

> 23 가버나움아 네가 하늘에까지 높아지겠느냐 음부에까지 낮아지리라
> 네게 행한 모든 권능을 소돔에서 행하였더라면 그 성이 오늘까지 있었
> 으리라 24 내가 너희에게 이르노니 심판 날에 소돔 땅이 너보다 견디기
> 쉬우리라 하시니라_마 11:23~24

가버나움은 예수님의 제2의 고향입니다. 원래는 나사렛이 고향이
지만, 가버나움을 중심으로 활동하셔서 성경에서는 가버나움을 '본 동
네'라고 표현합니다. 이곳에 베드로의 집도 있습니다. 이곳에서 나병환자
와 백부장의 하인과 열병에 걸린 베드로의 장모, 친구들이 데려온 중풍병
자와 회당장 야이로의 딸이 고침을 받았습니다. 또 이곳에서 마태가 제자
로 부르심을 받았습니다.

그런 가버나움이 "하늘에까지 높아졌다"고 하십니다. 예수님 때문
에 얻은 권세를 하나님을 위해 쓰지 않고 나를 위해 쓰는 것이 '하늘에까

지 높아지는' 것입니다. 복음을 받아들이고 나서 교만해지는 영적 교만이 가장 무서운 죄입니다. 가버나움과 벳새다에서 주님이 수많은 기적을 보이셨습니다. 하지만 이들은 회개하지 않았을 뿐 아니라 예수님을 배척했습니다.

이 시대에 주님이 권능을 가장 많이 베풀어 주신 나라가 있다면 어디일까요? 바로 우리나라일 것입니다. 24시간 동안 자국어와 외국어로 선교 방송이 흘러 나가고, 세계 성경 제작의 15%를 차지하고 있는 나라가 한국입니다. 100년 전 선교사들이 목숨을 바쳐 세운 교회와 교육 기관과 병원이 이만큼 부흥과 성장을 이뤘습니다.

그 이면에 사회부패 지수가 세계 1, 2위를 다투고, 높은 자살률과 가정 폭력과 음란한 유흥 문화가 판치고 있습니다. 교회의 직분자들이 하나의 기득권층을 형성하는 시대입니다. 그들이 가진 모든 기득권이 하나님 앞에 장애물이 되고 말았습니다. 주님이 베푸신 권능으로 급격한 성장을 이룬 한국교회가 회개하지 않기 때문에, 한국교회의 영적 교만 때문에 심판이 오는 것입니다.

두로와 시돈은 이방 문화가 기승하던 곳으로 음란과 우상숭배라는 분명한 죄가 있었습니다. 하지만 벳새다와 고라신과 가버나움은 심판의 대상으로 선포될 만큼 특별한 잘못을 찾아볼 수 없습니다. 그럼에도 예수님이 심판을 선포하신 것은, 복음을 듣고 예수님의 능력을 경험한 자로서 책임을 다하지 않았기 때문입니다.

천국에서 큰 자는 받을 심판도 크다는 것을 알아야 합니다. 복음을 듣지 않아서 음란과 우상숭배의 죄를 짓는 것보다 복음을 듣고도 회개하지 않는 죄, 내가 받은 복음의 선물을 적극적으로 전파하지 않는 죄가 더 큰 것입니다.

우리는 그때의 가버나움보다 더 큰 선물을 받았습니다. 당시에는 예수님을 믿는다고 핍박도 받았습니다. 힘들게 믿었습니다. 하지만 우리는 언제 어디서나 예배드리고 말씀을 들을 수 있습니다. 개인적인 핍박이 있다고 해도 원하면 누구에게든 전도할 수 있습니다. 그런데도 복음을 전하지 않는다면 내가 받을 심판이 두로와 시돈보다, 가버나움보다 크다는 것을 알아야 합니다.

남편의 폭력에 시달리던 자매가 시누이의 소개를 받고 우리들교회에 왔습니다. 듣기만 해도 끔찍한 폭력에 오랜 시간 시달렸는데, 소그룹 모임에서 자기 이야기를 나누고 양육을 받으니 이제 살 것 같다고 합니다. 매일 큐티 말씀이 없었다면 벌써 이 세상 사람이 아니었을 것이라고 말합니다. 그리고 이런 고백을 했습니다.

"제가 아는 어느 집사님은 저보다 더 맞고 사세요. 그런데 그분이 새벽예배 때마다 남편의 와이셔츠를 품에 꼭 껴안고 눈물을 흘리며 '남편의 영혼을 불쌍히 여겨 주시고 꼭 구원해 주세요'라고 기도하는 모습을 봤어요. 저는 맞는 나만 불쌍하다고 생각했어요. 때리는 남편이 불쌍하다는 생각은 한 번도 하지 않았거든요. 너무나 충격이었어요.

저도 그렇게 기도하기로 작정했어요. 집에 와서 누워 있는 남편의 발을 두 손으로 잡고 기도했어요. 그런데 정말 너무너무 불쌍한 마음이 울컥 솟으면서 구원을 위한 간절한 기도가 저절로 나왔어요. 신기한 것은 그 뒤로 남편이 저를 안 때리는 거예요. 뺨을 친 적은 있지만, 전처럼 무서울 정도로 때리지는 않았어요."

이런 지혜가 어디에서 올 수 있겠습니까? 남편이 외도를 하고 폭력을 휘둘러도 하나님을 몰라서 그런 것이라면 불쌍한 사람입니다. 당하는 내가 피해자인 것 같아도 내가 복음을 듣고 하나님의 은혜로 구원을 받았다면 회개는 내가 할 몫입니다. 남편은 그 은혜를 모르기 때문에, 하나님의 사랑을 모르기 때문에 술과 음란과 폭력으로 몸부림치는 것입니다.

세상은 이런 지혜를 미련하다고 할 것입니다. 그래서 바리새인과 서기관들도 예수님을 비웃었습니다. 약자와 죄인의 친구이신 주님을 비난하면서 예수님의 가르침에 반응하지 않았습니다. 그러나 우리는 그 사랑을 경험하지 않았습니까! 누구보다 약자이고 죄인인 나에게 베푸신 권능을 경험하지 않았습니까! 그렇기 때문에 매를 맞아도, 배신을 당해도 상대방의 두 발을 끌어안고 눈물로 애통해할 수 있는 것입니다. 그 사람의 구원을 위해 부르짖는 지혜로 하나님의 옳다 하심을 얻는 것입니다.

✦ 말씀을 듣고, 큐티를 하고, 제자 훈련을 받으며 하늘에까지 높아진 영적 교만이 있습니까? "화 있을진저" 하시는 주님의 음성이 내게 주시는 경고로 들립니까? 주님이 주신 은혜를 흘러간 옛이야기로 추억하지는 않습니까?

우리는 그 사랑을 경험하지 않았습니까!
누구보다 약자이고 죄인인 나에게 베푸신 권능을 경험하지 않았습니까!
그렇기 때문에 매를 맞아도, 배신을 당해도
상대방의 두 발을 끌어안고 눈물로 애통해할 수 있는 것입니다.
그 사람의 구원을 위해 부르짖는 지혜로 하나님의 옳다 하심을 얻는 것입니다.

말씀으로 기도하기

순간마다 어떤 지혜로운 결정을 내리는가에 따라서 우리는 더 위대한 그리스도인의 삶을 살 수 있습니다. 무엇이 지혜인지를 깨달아 진정한 하나님의 자녀로 거듭나기를 기도합니다.

하나님의 사인에 반응하는 것이 지혜입니다(마 11:16~19).

하나님이 초청하셔도 무감각, 무반응으로 일관하는 이 세대를 따르지 않게 해 주시옵소서. 지체들의 아픔과 방황을 내 일처럼 여기고 반응하며 구원에 애통하는 자가 되기 원합니다. 이 세대에 주신 사명을 감당하게 해 주시옵소서.

약자의 친구가 되는 것이 지혜입니다(마 11:19).

예수님은 세리와 죄인의 친구라고 비난받으시면서도 약자의 친구가 되어 주셨습니다. 죄인의 친구로 오신 주님을 사랑하기에 나도 죄인의 친구로 살아가기를 원합니다. 죄로 인해 죽을 수밖에 없는 나를 주님이 무한한 사랑으로 구원해 주셨듯, 나도 내 옆의 연약한 자를 끌어안을 수 있게 해 주시옵소서.

회개하는 것이 지혜입니다(마 11:20~24).

복음을 듣고도 회개하지 않고, 내가 받은 복음의 선물을 적극적으로 전파하지 않는 저를 용서해 주시옵소서. 주님이 내게 베푸신 큰 은혜와 권능에 반응하여 오직 구원을 위해 사는 인생 되기를 소망합니다. 매를 맞아도, 배신을 당해도 상대를 끌어안고 애통할 수 있는 믿음을 허락해 주시옵소서.

우리들 묵상과 적용

평생을 정신병으로 고생하신 이모는 외할머니가 돌아가신 후 저의 부모님과 함께 지냈습니다. 그런데 가족이 함께 하던 사업이 망하면서 빚 독촉에 시달리시던 부모님이 불가피하게 이민을 가신 후, 이모는 병원을 들락날락하기를 반복했고, 우연한 기회에 저와 연락이 닿게 되었습니다. 당시 저는 사업에 실패하고 사기도 당하는 등 모든 것을 잃고 인생의 밑바닥을 치고 있던 시절이었습니다. 그러나 혼자 생활하면서 정신병과 각종 합병증으로 많이 쇠약해진 이모를 외면할 수가 없었습니다.

이모가 구급차에 실려 간 것도 여러 번, 그때마다 제가 옆에서 돌봐야 하는 상황이 반복되었습니다. 그 후부터 저를 많이 의지하게 된 이모는 모든 상황에 대해 제게 묻고 따지며 노하기를 반복했습니다. 심지어 집에까지 찾아와 고성으로 떠들며 난리를 피우다가 경찰이 출동하기도 했습니다. 이모가 사는 지역 파출소에서 연락을 받고 찾아가기도 수차례, 집에서 보살펴 드리고 오다가도 다시 돌아가야 할 정도로 이모는 숨 쉴 겨를 없이 저를 힘들게 했습니다. 그럴 때면 저는 이모를 설득하여 요양원에 입원을 시키곤 했습니다. 그러면 최소한 6개월은 조용히 지낼 수 있었기 때문입니다.

주위에서는 "요즘 이모를 저렇게 지극정성으로 모시는 조카가 어디 있냐?"며 칭찬 일색이었습니다. 겉으로는 착하고 어른을 잘 섬기는 조카였지만, 속으로는 그 힘든 환경을 벗어나고픈 생각과 '왜 이모는 어서 빨리 죽지 않고 저렇게 살면서 나를 이토록 힘들게 하나?' 하는 패역한 마음뿐이었습니다. 교회를 다니고 있었지만 나도 속고 남도 속이는 위선적인 믿음을 갖고 있었기에 말씀을 들을 귀가 없었습니다(마 11:15). 평생을 정신 병자로 소외당하며 약자로 지낼 수밖에 없었던 이모와 함께하는 일이 옳다 함을 얻는 지혜라는 것도 몰랐습니다(마 11:19). 그래서 하늘까지 높아진 가버나움처럼 복음을 듣고도 영적 교만에 빠져 이모를 원망하며 진정으로 사랑하지 못했습니다(마 11:23).

이렇게 피리를 불고 슬피 울어도 별 반응이 없던 제게 하나님은 2011년 새해 첫날 아침 이모의 소천 소식을 듣게 하셨습니다(마 11:17). 홀로 이모님을 산골(散骨) 하면서 영혼 구원에 애통해하지 못했던 저의 죄악이 생각나 울 기력이 없도록 통곡할 수밖에 없었고(삼상 30:4), 높아 있던 제 마음은 음부에까지 낮아지게 되었습니다(마 11:23). 주님이 회개하지 않는 고라신과 벳새다에게 '화 있을진저' 하시며 책망하신 것처럼(마 11:21), 이모뿐 아니라 다른 가족의 구원에도 관심이 없던 제게도 강력한 심판의 메시지를 천둥소리같이 들리게 하셨습니다. 복음을 듣고도 전하지 못한 저의 교만함과 무정함을 회개하며, 예수님이 지금껏 저에게 행하신 권능을 남은 가족에게 전하겠습니다(마 11:20).

영혼의 기도

하나님 아버지, 지혜로운 사람은 하나님의 사인에 예민하게 반응하는 사람이라고 하십니다.

하나님을 대적하는 이 세대를 향해 피리를 불고 슬피 우셔도 반응이 없고 감동이 없습니다. 피리를 불고 슬피 우는 사건을 통해 하나님께 돌아오라고 하시는데도, 하나님의 사인을 외면하는 저와 가족을 불쌍히 여겨 주시옵소서.

약자인 세리와 죄인의 친구가 되라고 하시고, 그들과 함께하는 것이 옳다 함을 얻는 지혜라고 하십니다. 아직도 제 옆에 있는 약자를 용납하지 못하는 것을 용서해 주시옵소서. 죄인의 친구로 오신 예수님처럼 저도 힘든 사람을 끌어안고 갈 수 있도록 은혜를 내려 주시옵소서.

주님이 베푸신 구원의 은혜를 받았음에도 어느새 하늘까지 높아진 교만이 있습니다. 주님이 집도 주시고 환경도 열어 주시고 직업도 주셨는데, 복음을 전하지 못하고 내 유익만 채우는 것이 얼마나 무서운 교만인지 알기 원합니다. 나의 영적 교만 때문에 음부에까지 낮아지는 심판이 오는 것을 알고, 이제라도 돌이켜 회개하기 원합니다.

회개함으로 내가 살고 다른 사람도 살리는 지혜로운 삶을 살 수 있도록 역사해 주시옵소서. 예수님 이름으로 기도하옵나이다. 아멘.

참 지혜로운 성도

마태복음 11:25~27

하나님 아버지,
저의 어리석음을 아시는 주님 앞에
지혜로운 성도가 되기 원합니다.
말씀하여 주옵소서. 듣겠습니다.

제가 살면서 만난 지혜로운 사람으로는 저희 시아버님과 남편을 빼놓을 수 없습니다. 시아버님은 얼마나 준비성이 철저하신지 8·15광복 전에는 서울에 계셨고, 6·25전쟁 6개월 전에는 부산에 계셨고, 1·4후퇴 6개월 전에는 제주도에 계셨습니다. 열 처녀 중에 기름을 준비한 다섯 처녀처럼, 때마다 시기적절한 장소에서 시기적절한 준비를 하셨습니다.

아버님을 닮아서인지 남편도 전쟁을 예비하고 저에게도 준비를 시켰습니다. 전쟁 날 때를 대비해서 한화와 미화를 챙겨 넣은 전대를 만들어 놓고, 비상시에 허리에 차고 피난하라고 했습니다. 혹시 서로 헤어지게 되면 홀수 해의 1월 1일에는 부산 어디에서 만나고, 짝수 해의 1월 1일에는 서울 남산타워에서 만나자고 시간과 장소를 정했습니다.

어느 날에는 불시에 저를 앉혀 놓고 "자, 짝수 해 1월 1일에는 어디서 만나기로 했지?" 하고 물었습니다. 저는 그럴 때마다 대답하지 못했습니다. '뭐, 전쟁까지 났는데 꼭 나하고 살려고 하나?' 이런 생각이 들었기 때문입니다. 그래서 대답을 못하고 우물거리면 혀를 끌끌 차면서 다시 연

62

습을 시켰습니다.

전쟁 준비에만 슬기로운 것이 아니었습니다. 언제나 저보다 일찍 일어나고 늦게 잤습니다. 부모에게는 효자요 환자에게는 충실한 의사였고, 바람 한 번 안 피운 성실한 가장이었습니다. 이렇게 지혜로운 남편이 하나님이 보시기에는 어땠을까요? 하나님이 보시기에도 지혜로운 사람, 지혜로운 성도일까요?

어린아이 같은 성도

그 때에 예수께서 대답하여 이르시되 천지의 주재이신 아버지여 이것을 지혜롭고 슬기 있는 자들에게는 숨기시고 어린 아이들에게는 나타내심을 감사하나이다_마 11:25

슬기롭다는 것은 이해력이 있고 신중하고 지성을 갖췄다는 뜻입니다. 여기에서 말씀하시는 '지혜롭고 슬기 있는 자'는 스스로 지혜롭다고 하는 바리새인과 서기관들을 뜻합니다. 이들과 대비되는 어린아이의 특징은 단순하고 무지하다는 것입니다. 경험도 없고, 아무것도 모릅니다. 무조건 부모에게 의지합니다. 무서운 것이 있으면 그저 엄마 품으로 파고들 뿐입니다. 자기의 지식을 자랑하지 않습니다. 예수님은 어린아이처럼 아무것도 없어서 주님의 품으로 파고드는 사람에게 천국을 나타내십니다. 그것이 너무나 맞는 말씀이기에 "감사하나이다"라고 하셨습니다. 원어로 보면 "내가 스스로 전적으로 찬성하고 동의한다"는 뜻입니다. 하나님이 어린아이 같은 자에게 천국을 나타내신 것에 예수님이 두 손 두 발다 듣고 동의하신 것입니다.

누구도 이것을 불공평하다고 말할 수 없습니다. 천국의 은혜는 모든 사람에게 열려 있습니다. 하지만 세상 가치관을 가진 사람에게는 그것이 보이지 않고, 아무것도 없는 어린아이에게만 보입니다. 스스로 지혜롭고 슬기롭다고 하는 사람은 자기 지혜 때문에 천국의 은혜를 거부합니다.

어린아이는 겸손합니다. 자기가 겸손한 줄도 모르고 겸손한 사람이 어린아이 같은 사람입니다. "내가 좀 겸손해" 이렇게 말하는 사람은 겸손한 사람이 아닙니다. 겸손하다는 말조차 할 수 없을 만큼 100% 연약하고, 100% 죄인이기에, 겸손할 수밖에 없어서 겸손한 사람입니다.

하나님은 겸손한 자를 구원으로 아름답게 하십니다(시 149:4). 겸손할 수 없는 우리이기에 고난을 통해 우리의 지혜를 꺾으시고 낮아지게 하십니다. 그렇게 낮아져야만 천국이 열린다는 것에 우리도 "감사하나이다" 하고 동의할 수밖에 없습니다. 스스로 지혜롭고 슬기로운 줄 알다가 지옥에 갈 뻔했는데, 내 힘으로 어쩔 수 없는 사건을 주셔서 어린아이가 되게 하셨습니다. 그러니 천지의 주재이신 아버지께 전적으로 동의하고 감사해야 합니다.

남편이 전쟁에 대비하는 교육(?)을 저에게 시킬 때는 눈이 반짝반짝하면서 얼마나 슬기롭게 보였는지 모릅니다. 그런데 이런 남편이 교회만 가면 조는 것입니다. 찬송도 못 부릅니다. 저는 남편 앞에서는 멍하다가도 교회만 가면 눈이 반짝거렸습니다. 남편이 이 말씀은 꼭 들었으면 좋겠다고 생각하고 남편을 쳐다보면, 정확하게 그 부분에서 졸고 있습니다. 왜 그렇게 졸았을까요? 스스로 슬기롭고 지혜롭다고 생각하기 때문에 조는 것입니다.

그렇게 똑똑한 남편이 못 믿는 예수님을 나 같은 사람이 어찌 믿었을까 생각하면 감사의 고백이 절로 나왔습니다. 남편이 보기에는 세상을 어찌 살아갈까 싶을 만큼 답답하고 미련한 저였습니다. 하지만 저에게 어린아이 같은 마음이 있었기에, 하나님이 남편보다 저를 먼저 만나 주셨다고 생각합니다.

우리들교회의 이 집사님이 얼마 전에 위암 진단을 받았습니다. 택시 운전을 하면서 성실하게 살아온 분인데, 암이라는 얘기를 들으니 안타깝고 걱정되었습니다. 어린아이 같은 집사님의 고백을 들으면서 하나님이 집사님을 정말 사랑하신다는 것을 알 수 있었습니다.

위암 진단을 받고 믿고 싶지 않았습니다. 그래서 한 달에 걸쳐 재검을 받았습니다. 참 많이 힘들었습니다. 놀라기도 하고, 어이가 없고, 하나님께 서운하기도 했습니다. 열심히 전도했던 사람들이 예수 믿는다면서 암에 걸렸다고 할까 봐 걱정되었습니다. 무슨 일이든지 "돌격, 앞으로!" 하는 성품이었는데, 맥이 탁 풀려서 도무지 힘이 나지를 않았습니다. 교만했던 모습이 부끄러워지고, 집에 있기도 힘들고, 이 와중에 일한다는 것도 서글펐습니다.

그런데 말씀이 궁금했습니다. 마태복음 큐티가 끝나고, 저에게는 생소한 데살로니가전서 큐티가 시작되었습니다. 큐티 말씀을 통해 주님이 제 눈에, 제 귀에, 제 마음에 말씀하십니다.

어떻게 우상을 버리고 하나님께 돌아왔는지 말하라(살전 1:9).

장래의 노하심에서 건지시기 위함이라(살전 1:10).

목숨까지도 주기를 기뻐하는 사랑이라(살전 2:8).

자기 나라와 영광에 이르게 하시는 하나님께 합당히 행하기 위함이라 (살전 2:12).

미리 말하였는데 과연 그렇게 된 것이라(살전 3:4).

주님께 갈 수 있게 하심이라(살전 3:11).

거룩함에 흠이 없게 하심이라(살전 3:13).

노하심이 아니요 구원을 받게 하심이라(살전 5:9).

신기하게도 제가 말씀을 알아듣습니다. 왜 사는지도 모르고 정신없이 달리다가 한 번에 갈 뻔했는데 멈추게 하시고, 제정신이 들게 하시고, 말씀을 넣어 주시고, 한 걸음씩 인도하신 아버지. 위암이 사랑인 것을 조금씩 인정했습니다. 무슨 일이든지 "돌격, 앞으로!" 했던 제 성품에 꼭 맞게 다루어 가시는 것을 느낍니다.

그렇게 가기 싫던 소그룹 모임에서 제가 살아났습니다. 주님은 사랑하는 형제들을 허락하셨습니다. 밤중에 찾아가서 "형이 암이다"라고 한마디 했더니, 동생이 '신실하고 사랑을 받는 형제 오네시모'가 되었습니다(골 4:9). 세례까지 받게 하시니 하나님의 시간표는 정확했습니다. 지금이 있기까지 우리들교회에서 네 분의 리더님이 나 같은 것을 섬겨 주셨습니다. 유리그릇처럼 다뤄 주고 베풀어 주신 사랑을 생각하면 고맙고 배부르고 감사합니다.

입원할 때까지 기다리는 7주 동안 몸 안에서 암 세포가 자라는 것 같은 두려움에 힘들었습니다. 그동안 소그룹 모임에서는 비 오는 토요일에 등산을 함께 가 주고, 교구에서는 야외로 나가 즐거운 시간을 보내게 해 줬습니다. 온 교회가 제게 주신 위로는 세상의 그것과 달랐습니다. 그 위로를 비참하지 않은 마음으로 잘 받고, 진심으로 감사했습니다.

수술하기 전에 가족과 친척들을 찾아가 저의 죄를 회개하고, 제가 만난 하나님 아버지를 소개하려고 합니다. 성령님이 해야 할 말을 제 입에 넣어 주시고 가족의 마음도 열어 주셔서 고난이 축복의 재료로 쓰이기 원합니다. 앞으로 시간을 낭비하지 않고 말씀 안에서, 교회 안에서, 지체들 안에서 제정신으로 잘 살아가고 싶습니다.

컴퓨터 천재라고 하는 빌 게이츠가 이분만큼 말씀을 깨닫겠습니까? 어린아이 같은 마음으로 자신의 연약함을 알기 때문에 이렇게 말씀을 깨닫고 있습니다. 암에 걸렸어도 하나님의 사랑이라고 하면서, 가장 지혜로운 자가 되어 주변 사람들까지 변화시키고 있습니다.

◆ 스스로 지혜롭고 슬기로운 부분이 있습니까? 성경 말씀이 옳지만 돈에 대해, 세상에 대해 내가 하나님보다 많이 안다고 생각합니까? 그런 나에게 고난을 주셔서 어린아이같이 주님 품으로 파고들게 하신 것에 감사합니까?

아버지의 뜻을 아는 성도

옳소이다 이렇게 된 것이 아버지의 뜻이니이다_마 11:26

하나님 나라를 지혜롭고 슬기로운 자들에게 숨기시고 어린아이에게 나타내신 것이 이제 감사한 정도를 넘어 "옳소이다!"라고 하십니다. 원어로는 "아버지의 선한 뜻대로 되었기 때문입니다"라는 뜻입니다. 똑똑한 남편이 복음을 깨닫지 못해도 "옳소이다!"이고, 살인을 저지른 지존파가 말씀을 깨달아도 "옳소이다!"입니다.

스스로 지혜롭고 슬기롭다고 하는 사람이 예수님을 못 믿는 것은 당연한 일입니다. 이 땅이 전부인 줄 알고, 모든 것을 갖추고 사는 사람이 어떻게 하나님 나라의 원리를 이해하겠습니까? 스스로 왕 노릇을 하기 때문에 복음을 깨닫기가 어렵습니다. 그러니 못 깨닫는 사람을 봐도 "옳소이다!"입니다. 열심히 전도해도 비판만 하는 똑똑한 자녀에게도 "옳소이다!"입니다.

그들을 통해 나의 교만을 깨닫게 하시기에, 가족이 금세 복음을 받아들이지 않는 것이 아버지의 선한 뜻입니다. 나를 더욱 겸손하게 하시려고 아프고 망하고 힘든 사건을 주셨으니, 내가 당한 모든 사건이 "옳소이다!"입니다. 아버지의 선한 뜻대로 된 것입니다.

의사인 제 남편은 매달 스스로 간 검사를 하고 건강을 체크했습니다. 오래 살 것처럼 인생을 계획하면서 5년 뒤에는 무의촌에 가서 봉사하겠다고 했습니다. 그러나 자신의 마지막은 알지 못했습니다. 전쟁을 준비하고, 노후를 준비하면서 삶의 마지막 날은 준비하지 못했습니다.

거기에 비하면 저는 세상 물정도 모르고 은행 업무도 혼자 볼 줄 모르는 '집순이'였습니다. 그래서 저의 부족함을 알고 주님께 매달릴 수 있었습니다. 주님을 만나지 않으면 인생의 모든 것이 헛되다는 것을 알았습니다. 날마다 구원을 위해 눈물로 기도하며 영생을 준비하게 하셨습니다. 남편이 교회에 못 가게 해도, 성경책을 찢으며 화를 내도, 언제나 큐티 말씀으로 해석해 주셔서 "옳소이다!" 했습니다. 그렇게 모든 사건마다 "감사하나이다. 옳소이다" 했기 때문에 죽기 직전에라도 남편에게 하나님 나라가 열렸습니다. 죽음 앞에서 어린아이 같은 모습으로 죄를 회개하고 구원받고 갔습니다.

이 땅의 지혜와 슬기로는 영생을 얻을 수 없습니다. 당장 눈앞의 환경에서만 구원받으려고 준비하는 사람은 영원한 구원을 얻을 수 없습니다. 어린아이 같은 겸손으로 주님의 품을 파고드는 사람, 모든 일에 "감사하나이다. 옳소이다" 하는 사람이 아버지의 뜻을 아는 지혜로운 성도입니다.

◆ 똑똑하고 슬기로운 가족과 친구를 전도하느라 감정과 시간을 낭비하고 있지는 않습니까? 그들이 깨닫지 못하는 것에 대해 예수님처럼 진심으로 동의합니까?

아들의 소원대로 계시를 받는 자

내 아버지께서 모든 것을 내게 주셨으니 아버지 외에는 아들을 아는 자가 없고 아들과 또 아들의 소원대로 계시를 받는 자 외에는 아버지를 아는 자가 없느니라_마 11:27

예수님에게도 소원이 있습니다. 우리에게 계시를 주고자 하시는 소원입니다. 예수님의 이 소원 때문에 도저히 깨달을 수 없는 우리가 계시를 받고 하나님을 알게 됩니다. 예수님의 소원 때문에 아브라함에게는 전능의 하나님, 모세에게는 스스로 있는 자인 하나님, 사도 요한에게는 사랑의 하나님을 계시하고 가르쳐 주셨습니다.

내가 무엇이기에 예수님의 소원이 되는 인생을 살 수 있겠습니까! 그래서 나는 함부로 살 수 없는 인생입니다. 아버지께 모든 것을 받으신 주님, 만물의 주인이신 예수님이 나에게 소원을 품고 계시기에, 그 소원대로 살아야 하는 존귀한 인생입니다.

청년부의 한 자매가 이런 간증을 했습니다.

저는 장로님과 권사님이었던 부모님에게 과잉보호를 받고 자랐습니다. 우리 가족은 밖에서는 누구보다 예수를 잘 믿고 행복한 가정으로 보였습니다. 가족 찬양의 주제가가 〈사철의 봄바람 불어 잇고〉였습니다. 이 찬양으로 경연대회에서 상을 타기도 했습니다.

하지만 아빠는 화나면 밥그릇을 집어 던지고 상을 엎으며 분노를 드러냈습니다. 엄마는 그런 아빠를 두려워하면서도 밖에 나가면 "우리 장로님은 천사표예요"라고 했습니다. 엄마는 집안의 비밀이 혹시라도 새어 나갈까 봐 우리에게 입단속을 시켰습니다.

집안에 불화가 있는데 밖에서는 행복한 척하려니 힘들었습니다. 엄마는 그 모든 스트레스를 저에 대한 집착으로 푸셨습니다. 얼마나 철저하게 저를 엄마의 손에 넣으려 했는지, 밥 먹을 때 반찬 먹는 순서까지 정해 줬습니다.

무엇보다 비밀이 많은 것을 견딜 수 없었습니다. 싸우고 때리고 악쓰고 얻어터지면서 왜 그것을 드러내지 못하고 이중생활을 해야 하는지 이해할 수 없었습니다. 가정의 불화보다 이중적인 삶을 살아야 하는 것이 저에게는 더 고통스러웠습니다. 차라리 하나님을 믿지 않으면 좋겠다고 생각했습니다. 하나님을 믿는다면서 교회와 목사님에게 거짓말을 밥 먹듯 하는 것이 견딜 수가 없었습니다. 그러면서도 아빠에게 폭력을 당하는 엄마를 지켜 주고 싶은 마음에 엄마의 인형이 되어 거짓 연극을 했습니다.

그렇게 병들어 가던 저는 어디에서든 구원을 얻고 싶어서 교회와 선교단체를 헤맸습니다. 그래도 늘 외로웠습니다. 교회는 행복한 사람들만 다니는 곳이고, 저같이 상처 많은 사람은 왕따의 대상인 것 같았습니다. 상처 있는 사람들을 향한 이상한 눈초리가 슬프고 힘들었습니다.

그러다 고통과 상처를 지닌 사람들이 환영받는 우리들교회에 와서 처음으로 안식을 누렸습니다. 저와 비슷한 환경에 있는 자매들이 말씀으로 승리한 간증을 들으면서, 저도 그들처럼 승리하는 자가 되고 싶어졌습니다.

자매가 이런 사연을 공개했다고 비참하다고 생각합니까? 자매가 정말 비참했을 때는 상처를 드러낸 때가 아니라 비밀로 숨기고 살 때였습니다.

예수님의 소원대로 계시를 받는 것은 성경을 읽는 것입니다. 성경의 모든 장마다 죄로 인한 상처와 고통의 이야기가 가득합니다. 그것을 모르기 때문에 스스로 지혜롭다고 여기며, 위선과 가식으로 비참한 인생을 삽니다. 매를 맞아도, 악쓰며 부부 싸움을 해도 마음 놓고 드러낼 수 있는 교회가 건강한 교회입니다.

나는 예수님의 소원이 되는 인생입니다. 돈이 없어도, 병에 걸렸어도, 어떤 환경에 처했어도 예수님의 소원이 되어 하나님의 계시를 받는 귀한 존재입니다. 고난 속에서도 하나님의 계시인 말씀이 있기에, 비참한 삶이 아니라 승리하는 삶을 살 수 있습니다. 그런 자존감과 확신을 가지고 어린아이처럼 주님의 품으로 파고들며 지혜로운 성도, 건강한 성도로 자라 가십시오.

• 내가 예수님의 소원이 되는 대단한 인생임을 알고 있습니까? 환경에 지쳐서 주눅 들고 열등감이 생겨서 아무것도 못합니까? 고난이 나를 비참하게 하는 것이 아니라, 고난 속에서 하나님이 계시하시는 말씀이 없어서 비참하다는 것을 알고 있습니까?

말씀으로 기도하기

앞날을 잘 준비하고 매사에 충실하며 성실하다고 해서 지혜로운 자가 아닙니다. 하나님이 보시기에 지혜로운 사람, 지혜로운 성도가 되어야 합니다.

어린아이 같은 자가 지혜로운 성도입니다(마 11:25).
바리새인과 같이 다른 이들을 판단하고 스스로 지혜롭다 여기는 저의 교만을 회개합니다. 아무것도 없어 그저 엄마의 품을 파고드는 어린아이처럼 오직 주님만을 의지하게 해 주시옵소서. 고난을 통해 나의 지혜가 꺾이고 낮아져야만 천국이 열린다는 것을 깨닫게 해 주신 주님을 찬양합니다.

아버지의 뜻을 아는 자가 지혜로운 성도입니다(마 11:26).
내 지혜와 열심으로는 어떤 사건도 해결할 수 없고 그 누구도 전도할 수 없다는 것을 깨달았습니다. 나를 더욱 겸손하게 하시려고 환난을 주셨음을 인정합니다. 내가 당한 모든 사건에서 "옳소이다" 할 수 있는 믿음을 허락해 주시옵소서. 모든 것이 아버지의 선한 뜻대로 된 것임을 깨닫게 해 주시옵소서.

아들의 소원대로 계시를 받는 자가 지혜로운 성도입니다(마 11:27).

어디에 있든지 무슨 일을 하든지 '나는 예수님의 소원대로 살아야 하는 존귀한 인생'임을 늘 기억하기 원합니다. 어떠한 고난 속에서도 하나님의 계시인 말씀을 붙듦으로 승리하게 해 주시옵소서.

우리들 묵상과 적용

저는 가난한 재혼 가정에서 태어나 결혼한 큰누나 손에서 자랐습니다. 힘든 사춘기를 보내며 마음 한구석이 항상 텅 빈 듯한 공허함과 우울함으로 힘들었고 그것은 애정결핍으로 이어졌습니다. 청년 때 문란한 삶을 살며 환경을 탓하고 나의 죄를 합리화하며 살았습니다. 혼전 임신과 두 번의 낙태, 동성애, 마약 등 '과연 쾌락의 끝은 어디인가'라는 생각이 들 정도로 저 스스로를 무가치한 존재, 쓰레기로 여기며 살았습니다.

수많은 죄 가운데 가장 힘들었던 것은 낙태에 대한 죄책감과 동성애였습니다. 낙태는 살인이었기에 무의식적인 죄책감이 늘 저를 괴롭혔고, 동성애는 이성을 좋아했던 제가 동성에게 끌리게 된 것이 이해되지 않아 힘들었습니다. 동성애로 느끼는 죄의식은 결국 극심한 우울증이 되었고, 이것은 극단적인 생각으로 이어졌습니다. 그런데 이 모든 것들을 누구에게, 어디서부터, 어떻게 얘기해야 할지 몰랐고, 두렵고 수치스러웠기에 빨리 죽고만 싶었습니다.

그렇게 우울증과 자살 충동으로 힘겨워하던 어느 날, 주님이 방문해 주시는 놀라운 사건이 일어났습니다. "하나님, 살려 주세요"라는 말과 함께 한없이 눈물로 회개의 기도를 드리면서 거듭남과 죄 사함의 은혜를 경험한 것입니다. 그리고 우연한 기회에 우리들교회 김양재 목사님의 설교와 저서를 접하게 되었습니다. '인생의 목적은 행복이 아니라 거룩이다. 지금의 내가 처한 환경은 내가 살아온 내 삶의 결론이다'라는 말씀이 나팔 소리처럼 들렸습니다. 어린 시절의 힘들었던 삶 또한 하나님이 나를 사랑하셔서 세팅해 주신 환경이라는 것이 깨달아지니 감사할 것밖에 없는 인생이라는 것에 '옳소이다'가 되었습니다(마 11:26). 큐티와 말씀을 통해 동성애는 사랑이 아닌 후천적인 죄의 결과물이며 사람은 사랑을 만들 수도 지을 수도 없다는 것을 알게 되었습니다.

하나님은 교만한 저를 남자로서 가장 수치스러운 죄인 동성애를 경험하고 회개하게 하심으로 저절로 겸손할 수밖에 없는 환경으로 몰고 가셨습니다. 그럼으로 제가 뼛속까지 죄인인 것을 깨닫게 해 주시고 저 같은 죄인도 예수 믿고 회개하고 돌아오면 주님께서 용서하시고 구원해 주신다는 어린아이와 같은 마음을 주셨습니다(마 11:25).

회심 후 주님은 제게 귀한 아내와 두 딸을 주시는 축복과 더불어 풍성한 물질도 허락하셨습니다. 이제는 말씀 묵상을 길로 놓고 동성애와 낙태가 얼마나 무서운 죄인지 입술로 증거하며 가겠습니다. 가정을 지키고 잘 살아 내는 것이 주님의 계시를 보여 주는 삶이라 생각하며 이 길을 걸어가겠습니다(마 11:27).

영혼의 기도

하나님 아버지, 하나님 나라를 지혜롭고 슬기로운 자들에게는 나타내지 않으시고 어린아이에게 나타내신다고 합니다. 그것이 감사하다고, 전적으로 동의한다고 하십니다.

학벌과 지식을 갖춰서 복음을 깨닫지 못하는 배우자와 가족을 보면서, 그것이 당연하다는 것을 인정하기 원합니다. 스스로 지혜롭다고 생각하기 때문에 어린아이처럼 주님의 품에 파고들지 못하는 것이 원망할 일이 아니라 불쌍히 여겨야 할 일인 것을 알게 해 주시옵소서.

육이 무너지기 전에는 영이 세워질 수 없기에, 대단한 사람일수록 복음을 받아들이지 않는 것이 "옳소이다!"인 것을 알았습니다. 그래서 고난을 허락하시고 스스로 지혜가 무너지게 하시는 것도 "옳소이다!"의 사건인 것을 알았습니다. 이제 무너진 그 자리에서 어린아이같이 주님의 품으로 달려들게 하옵소서. 더 이상 시간과 감정을 낭비하지 않고, 어린아이처럼 전적으로 하나님을 신뢰하며 의지할 수 있도록 역사해 주시옵소서.

제가 예수님의 소원이 되는 대단한 인생이라고 하십니다. 고난 때문에 비참한 것이 아니라, 고난 가운데서 하나님의 계시인 말씀이 없는 것이 비참한 것임을 깨닫기 원합니다.

사건마다 하나님이 주시는 말씀을 깨달으며, 오늘도 주님의 품으로 달려드는 어린아이처럼 살게 하옵소서. 예수님 이름으로 기도하옵나이다. 아멘.

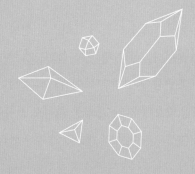

5

쉬게 하리라

마태복음 11:28~30

하나님 아버지, 수고하고 무거운 짐 진 모습으로
주님 앞에 나왔습니다.
주님만이 저에게 쉼을 주시는 것을 믿습니다.
말씀하여 주옵소서. 듣겠습니다.

튀르키예와 그리스 성지순례를 하면서 그리스의 선박 왕 오나시스의 이
야기를 자세히 들었습니다. '선박 왕'으로 불린 오나시스는 1960~70년
대에 지금의 빌 게이츠만큼 최고의 부자였습니다. 개인 소유의 배가 250
척으로 웬만한 나라의 배보다 많았고, 항공 회사도 소유하고 있었습니다.
그 재력으로 케네디 대통령의 미망인 재클린과 결혼했습니다.

돈 때문에 맺어진 그들은 돈 때문에 불행했습니다. 재클린의 낭비벽
은 세계 최고의 갑부도 감당하기 어려웠습니다. 여러 번의 별거 끝에 한
도액을 정해 준 것이 하루에 일만 달러입니다. 1960년대 말에 일만 달러
면 상상을 초월하는 액수입니다. 재클린은 그 돈도 모자라서 남편과의 약
속을 지키지 못했습니다.

오나시스에게는 전 부인에게서 얻은 1남 1녀가 있었습니다. 그가
선물한 경비행기로 비행하던 아들이 비행기 추락으로 죽었습니다. 딸은
유부남을 가로채 결혼했지만 3년 만에 이혼하고, 7년 뒤 마약중독으로
자살했습니다.

오나시스는 재클린에게 재산이 갈까 봐 재산을 그리스에 헌납하고 죽었습니다. 재클린에게는 재산의 4%를 남겼습니다. 재클린도 그 돈으로 자기 아들에게 비행기를 사 줬습니다. 그러나 그 비행기에 사고가 나서 아들 내외를 잃었습니다. 최고의 부자와 최고의 매력을 지닌 여인이 만났어도, 그들의 만남은 쉼이 되지 못했습니다. 오나시스의 많은 돈이 자신에게도 자녀들에게도 쉼이 되지 못했습니다. 도리어 그의 돈 때문에 다투고 상처받고 죽었습니다.

예수님께 가면 쉴 수 있습니다

수고하고 무거운 짐 진 자들아 다 내게로 오라 내가 너희를 쉬게 하리라_마 11:28

'수고한다'는 것은 육체적으로는 지치고 곤하다는 뜻이고, 감정적으로는 용기를 잃고 낙담하는 것이 계속된다는 뜻입니다. 인생에는 저마다 절대치의 고난이 있습니다. 악하고 음란한 세상에서 도덕과 윤리의 짐에 시달리고, 피할 수 없는 사건들 속에서 염려와 두려움의 짐에 시달립니다.

그런데 오늘 주님은 "배부르고 행복한 자들아, 가벼운 짐 진 자들아, 부하고 만족스러운 자들아, 내게로 오라!"고 하지 않으십니다. "수고하고 무거운 짐 진 자들아, 내게로 오라!"고 하십니다. 고난받는 우리를 초청하십니다.

이 세상에서 누가 이런 초청을 하겠습니까! 내게 조금이라도 이익을 주는 사람, 인생에 보탬이 되는 사람을 초청하고 싶은 것이 우리의 마음입니다. 힘든 사람에게 오라고 하기에는 내가 자신이 없어서 초청을 못합니다. 솔직하게 대답해 보십시오. 오늘 아침 눈 떴을 때 만나고 싶은 사람이 징징거리며 힘들어하는 사람입니까, 아니면 세상 걱정 없이 방실방실 웃는 사람입니까?

행복하고 가벼운 짐을 진 자들을 초청하고 싶은 것이 우리의 진심입니다. 하지만 그것은 하나님 나라를 몰라서 하는 말입니다. 낙심하며 수고하는 자들을 계속 섬기면, 반드시 그 섬김을 갚아 주시는 것이 하나님 나라의 원리입니다. 내가 섬긴 그 사람을 통해서가 아니라 또 다른 사람을 통해서 내가 베푼 섬김을 받게 하십니다.

그것을 모르고 당장 나를 섬겨 줄 사람만 찾아다니면 인생이 힘들 수밖에 없습니다. 줄 것만 있는 인생은 점점 그 짐이 가벼워지지만, 받으려고만 하는 사람은 더 큰 욕심과 실망의 짐만 집니다.

"다 내게로 오라"는 것은 명령입니다. 주님은 명령과 함께 반드시 약속을 주십니다. "다 내게로 오라"는 명령에 순종했을 때 주시는 약속은 무엇입니까? "내가 너희를 쉬게 하리라" 이것이 약속입니다. 주님은 그 약속을 지킬 자신이 있어서 "다 내게로 오라"고 명령하십니다. 진정한 쉼을 줄 자신이 있기 때문에 힘든 사람에게 오라고 초청하십니다.

'쉼'이란 새롭게 하고 회복시키고 다시 살린다는 뜻입니다. 죽어서 천국에서 누리는 쉼이 아니라, 날마다의 삶에서 새롭게 하시는 쉼을 누리기 위해 주님께 나아가야 합니다. 날마다 큐티로 주님께 나아가고, 예배와 소그룹 모임으로 주님께 나아가야 합니다.

'다' 오라고 하시고, '너희'를 쉬게 하리라 하셨습니다. 복수를 사용해서 말씀하셨습니다. 혼자서 가는 것이 아니라 공동체의 나눔과 기도로 함께 갈 때 진정한 쉼을 누립니다. 이 세상에서 천국을 누릴 수 있는 곳은

'너희', 바로 믿음의 공동체입니다. 특별히 핍박이 있는 교회가 최고의 천국 공동체입니다.

성지순례를 하면서 튀르키예의 카파도키아(갑바도기아)를 방문했습니다. 로마의 카타콤처럼 지하 교회로 유명한 곳입니다. 자연 상태의 돌기둥이나 암석에 생긴 조그만 입구로 들어가면 그 안에 엄청난 교회가 있습니다. 식당과 창고와 신학교가 있습니다. 실로 그 규모가 엄청납니다. 초기 기독교인들이 숨어서 신앙생활을 하던 곳입니다. 고난을 피해 들어간 성도들이 그곳에서 300년을 지냈습니다. 300년이면 거의 10대에 걸쳐서 산 것입니다.

여름에도 추위를 느낄 만큼 서늘하고 어두웠습니다. 카파도키아의 성도들은 어떻게 그런 곳에서 안식을 누렸을까요? 핍박이 심했던 만큼 뜨거운 공동체가 있었기 때문이라고 생각합니다. 서로 모여서 기도하고 말씀의 떡을 떼는 공동체의 교제가 있으니, 어둡고 추운 지하에서도 천국을 누렸을 것입니다.

캄캄한 지하에서 사는 카파도키아의 성도들은 천국을 누리는데, 오나시스와 재클린은 막대한 돈을 가지고도 쉼을 누리지 못했습니다. 재클린은 말년에 미국으로 돌아가 가장 친한 친구의 남편을 빼앗아 함께 살았습니다. 그녀의 유일한 낙은 망원 렌즈로 공원에 나온 사람들을 쳐다보는 것이었다고 합니다.

카파도키아의 성도와 재클린 중에 누가 더 부럽습니까? 재클린은 강대국 미국의 영부인을 지내고, 예쁘고 세련된 외모에 최고의 부자와 살다가 죽었습니다. 죽어서는 미국의 알링턴 국립묘지에 묻혔습니다. 지금도 사람들에게 아름다운 모습으로 기억되고 있습니다. 그러니 '죽을 때 죽더라도 재클린처럼 살아 봤으면' 하는 마음이 들지 않습니까?

그런 마음 때문에 나에게 쉼이 없고, '너희' 공동체가 없는 것입니다. 재클린처럼 사는 것이 얼마나 쉼이 없는 고달픈 인생인지 생각해 보십시오. 남편을 잃고 돈이 좋아서 재혼했다가 이혼하고, 자식도 잃고 친구도 잃고, 말년에 망원경으로 사람 구경이나 하는 인생을 정말로 살고 싶습니까?

지하에 갇혀 살아도 언제나 말이 통하는 '너희', 마음에 위로와 힘을 주는 '너희'가 있으면 천국을 누릴 수 있습니다. 하루를 살아도 천국 공동체에 속해서 사는 것이 쉼을 얻는 비결입니다.

◆ 자식의 결혼식과 새로 이사한 집과 집안의 경사에 어떤 사람을 초청하고 싶습니까? 주님이 오라고 하실 때 "네!" 하고 갈 수 있는 수고하고 무거운 짐이 내게 있습니까? 함께 쉼을 누릴 수 있는 공동체, 말이 통하는 '너희' 공동체에 속해 있습니까?

주님의 마음으로 쉴 수 있습니다

나는 마음이 온유하고 겸손하니 나의 멍에를 메고 내게 배우라 그리하면 너희 마음이 쉼을 얻으리니_마11:29

주님의 마음은 '온유'와 '겸손'입니다. 온유와 겸손은 오직 사랑에서 나옵니다. 누가 예수님 같은 온유와 겸손으로 나를 사랑하겠습니까? 부모도, 배우자도, 자녀도 나를 사랑한다고 합니다. 하지만 마지막까지 온유와 겸손으로 나를 품어 줄 분은 예수님뿐입니다.

헨리 나우웬은 『친밀함』이라는 책에서 '사랑의 3대 특성'을 이야기합니다.

첫 번째 특성은 '진실함'입니다. 사랑받지 못하는 사람의 특성이 거짓말입니다. 사랑이 없어서 부부가 서로 거짓말하며 바람을 피우고 몰래 돈을 쓰고 다닙니다. 매사에 거짓말이 몸에 밴 사람이 있습니다. 이것은 욕할 것이 아니라, 사랑받지 못해서 그런 것이기에 불쌍히 여겨야 합니다.

사랑의 두 번째 특성은 '부드러움'입니다. 사랑할 때 이를 악물고 날카로운 눈빛을 하는 사람은 없습니다. 사랑하면 저절로 부드러워지고 따뜻해집니다.

사랑의 세 번째 특성은 '무장해제'입니다. 사랑의 만남은 무기를 다 내려놓고 만나는 것입니다. 부부가 육체적인 사랑을 나눌 때도 총칼을 차고 갑옷을 입고 만나지 않습니다. 벌거벗고, 모든 약점을 보여 주면서 무장해제를 하고 만납니다. 온전히 자신을 내어놓는 것입니다.

예수님은 모든 것을 벗고 보여 주셨습니다. 천지만물의 주인이신 분이 더할 수 없이 비참하게 나를 위해 죽으셨습니다. 그런 예수님의 사랑이 온유와 겸손입니다.

그 사랑을 몰라서 거짓말하고 거친 행동과 말을 하는 가족을 예수님의 마음으로 품어야 합니다. 죽기까지 나를 사랑하신 예수님의 마음으로 끝까지 온유하고 겸손하게 섬길 때, 상대방의 마음이 열리고 무장해제를 합니다. 벌거벗고 만나는 진실한 모습으로, 무슨 말을 해도 편안한 쉼을 누리는 관계가 됩니다.

◆ 우리의 가정과 공동체와 부부 생활에 쉼이 있습니까? 온유와 겸손으로 섬기며 그들을 무장해제 시키고 있습니까?

주님의 멍에를 멜 때 쉴 수 있습니다

주님이 나의 멍에를 메고 내게 배우면 너희 마음이 쉼을 얻으리라 하셨는데 우리는 쉰다고 하면 노는 것으로 생각합니다. 그래서 멍에를 다 벗고 싶습니다. 하지만 예수님의 쉼은 '멍에를 메는 것'입니다.

우리들교회 식구들 중에는 경제적으로 힘든 분이 많습니다. 강남 한복판에 있는 학교 건물을 빌려서 예배드리고 있지만, 정작 강남에 사는 분은 별로 없습니다. 다들 멀리서 힘든 사정을 안고 옵니다. 차비를 걱정하며 교회에 와야 하는 분도 있습니다. 생계를 걱정해야 하는 분이 대부분입니다.

딱한 마음에 돈으로 도와주면 잠깐 환경이 편해지겠지만, 그것이 해결책은 아닙니다. 돈으로 수고하고 무거운 짐을 벗는 것은 쉼이 아닙니다. 변하지 않는 환경 때문에 수고하고 무거운 짐 진 자가 되어서 예수님의 초청을 받는 것이 쉼입니다.

예수님께 가면 나의 수고하고 무거운 짐이 예수님의 멍에로 바뀝니다. 예수님의 멍에는 새 멍에고, 기쁘게 지는 멍에입니다. 환경이 바뀌는 것이 아니라 나의 짐이 예수님의 멍에로 바뀌어야 합니다.

예수님의 멍에로 바꾸는 것은 어떤 것일까요? 짐스럽고 피하고만 싶었던 가족을 예수님의 마음으로 섬기겠다고 결단하는 것입니다. 도망가고 싶은 빚의 짐을 성실하게 갚아 가기로 결단하는 것입니다. 내 욕심을 버리고, 벗어 버리고 싶은 직분과 책임에서 헌신하는 것이 예수님의 멍에로 바꿔 메는 것입니다. 내 욕심의 멍에를 지고 나를 드러내려 하기 때문에 수고하고 무거운 짐이 되는 것입니다.

아버지의 사업 실패로 어머니가 과일 행상을 하며 어렵게 자란 집사님이 있습니다. 온 식구가 친척집의 옥탑방에 얹혀살면서 집사님은 사촌에게 매도 많이 맞았다고 합니다. 아홉 살 때는 너무 심하게 맞아서 며칠을 앓았고, 그 뒤에는 말을 더듬는 언어장애가 생겼습니다. 그것 때문에 학창 시절에는 대인기피증으로 늘 혼자였습니다.

비슷하게 어려운 형편에 있는 아내를 만나 결혼했고, 힘겨운 삶을 겨우 이어 갔습니다. 그러던 어느 날 아내를 따라 어느 전도 집회에 갔다가 "수고하고 무거운 짐 진 자들아, 다 내게로 오라"는 말씀에 고꾸라졌다고 합니다. 그 말씀 때문에 그동안의 인생의 짐을 예수님의 멍에로 바꿔 멨습니다. 지금은 주님이 돈도 주시고 직장도 주시고 직분도 주셨다고, 이제 다른 사람들을 섬기며 살겠다고 합니다.

우리의 짐을 예수님의 멍에로 바꾸는 방법은 '배우라' 입니다. 예수님께 배우지 않으면 바꿔 멜 수 없습니다. 인생의 혹독한 짐이 우리를 힘들게 해도 예수님의 말씀이 들리면 쉼을 얻습니다. 말씀으로 내 고난의 이유를 배우고, 삶의 이유를 배우고 나면 무거운 짐이 주님의 멍에로 바뀝니다. 말씀으로 쉼을 얻고 나면 태산 같던 내 고난이 콩알만 하게 여겨집니다.

우리는 모두 절대치의 고난을 안고 살아갑니다. 별 인생이 없습니다. 환경이 중요한 것이 아니라, 내가 오늘의 사건에서 말씀을 배우고 잘 해석하는 것이 중요합니다. 어떤 기막힌 사건이라도 말씀으로 해석되면, 나의 짐이 아니라 예수님의 멍에가 됩니다.

내 꿈을 위해 무언가를 배우는 것은 행복한 일입니다. 요리사의 꿈을 이루려고 훌륭한 요리사 밑에서 일을 배울 때는, 월급을 못 받고 궂은 일만 해도 속상하지 않습니다. 내 인생에 목적이 있고, 그것을 쓰임받으리라는 확신이 있기 때문입니다.

하나님께 쓰임받으려고 배우고 있다고 생각하면 어떤 일도 기쁘게 할 수 있습니다. 우리의 고난은 하나님이 언젠가 그것으로 쓰기 위해 주신 것입니다. 무슨 일이든 실력을 쌓으려면 고된 훈련이 필요하듯, 더 많이 배우라고 더 힘든 고난을 주신 것입니다.

배신당하면 인간이 믿음의 대상이 아니라 사랑의 대상이라는 것을 배웁니다. 그래서 사람에게 기대하지 않고, 배신의 고통을 가진 다른 사람을 공감하고 위로할 수 있습니다. 그것이 하나님께 쓰임받는 실력입니다. 고난이 큰 만큼 내공이 커집니다. 그러니 매를 맞고 욕을 먹어도 "아, 오늘도 나의 피가 되고 살이 되는 욕을 먹는구나. 할렐루야!" 하며 감사하십시오.

제가 힘든 시집살이를 하고 남편에게 욕을 먹고 야단맞아 보지 않았다면, 어떻게 이 사역을 할 수 있겠습니까? 갖출 것을 다 갖추고 대접을 잘 받고 살았다면 누구도 섬기지 못했을 것입니다. 혼자 잘난 줄 알고 나만 알고 살다가 쓸쓸히 인생을 마감했을 것입니다. 그런 저를 결혼생활의 고난으로 훈련시키시고 말씀을 배우게 하신 것이 제 인생의 축복입니다. 지금 이렇게 쓰임받으려고 그만큼 혹독한 훈련이 제게 필요했습니다. 제가 그만큼 이기적이고 교만한 사람이기 때문입니다. 누구보다 나 자신이 100% 죄인이었기 때문에 저를 초청하시고 배우라 하시고 예수님의 멍에로 바꿔 메게 하셨습니다. 그 은혜를 생각하면 감사밖에 드릴 것이 없습니다.

또 하나 배우는 비결은 내가 배운 것을 남에게 가르치는 것입니다. 성경 지식을 가르치라는 말이 아닙니다. 성경도 가르쳐야 하지만, 먼저 내 짐을 예수님의 멍에로 바꿔 멘 간증이 있어야 합니다. 삶은 나누지 않고 말씀만 가르치는 것은 의미가 없습니다. 내가 배운 말씀을 삶에서 어떻게 적용했는지, 말씀으로 어떻게 쉼을 얻었는지 구체적으로 나눠야 남을 가르칠 수 있습니다. 나눔을 통해 나의 믿음을 점검하고, 다른 지체의 적용을 보면서 새로운 지혜를 배웁니다.

이는 내 멍에는 쉽고 내 짐은 가벼움이라 하시니라_마 11:30

하나님은 제게 남편이라는 꼭 맞는 '멍에'를 주셨습니다. 남편만이 저의 교만을 밟아 줄 사람이었습니다. 여러분에게도 지금 꼭 맞는 멍에로 배우자와 자식과 가족과 일을 허락하셨습니다. 주님이 주신 멍에는 쉽고 가벼운 것입니다. 그런데 그 멍에가 싫다고 벗어 버리면, 다시 수고하고 무거운 짐이 기다릴 뿐입니다.

미워 죽을 것 같은 사람이 있을 때, 그 사람이 내 눈앞에서 사라지는 것이 쉼이 아닙니다. 주님의 방법은 미운 사람을 옆에 두면서 내가 왜 그 사람을 미워하는지, 미워하는 그 마음속에 어떤 교만과 고집이 있는지 깨닫게 하시는 것입니다. 그 사람을 통해 나의 죄를 깨닫고, 내가 먼저 무장 해제를 하고 다가가게 하시는 것이 주님의 방법입니다. 그것이 쉽고 가벼운 주님의 멍에입니다.

주님이 우리를 쉬게 하시는 것에는 두 가지 과정이 있습니다. 먼저 짐을 내려놓아야 합니다. 죄의 짐을 내려놓고, 나의 무거운 욕심의 짐과 정욕의 짐과 미움의 짐을 내려놓아야 합니다. 그다음에는 내 짐을 내려놓은 그 자리에 예수님의 멍에를 올려놓으면 됩니다. 내 짐을 내려놓고 예수님의 멍에로 바꿔 메는 것이 쉼의 과정입니다.

우유 배달을 하시는 우리들교회의 집사님이 어떻게 자기 짐을 내려놓고 예수님의 멍에로 바꿔 멨는지, 그 고백을 소개합니다.

외도를 하고 집을 나간 남편이 어린이날이라고 몇 달 만에 아이의 선물을 들고 들어왔습니다. 그다지 필요하지도 않은 선물을 들고 와서 아들이 원하는 대로 입히고 먹이고 놀아 줬습니다. 그동안의 빈자리를 메우려고 하는 남편의 노력이 너무나 처량했습니다. 일 년 동안 생활비를 못 받고 빠듯한 우유 배달 수입으로 지내 온 저의 처지도 서글펐습니다.

하나님의 은혜로 지금까지 굶지 않았고, 남편이 돈을 안 줘도 비참하지도, 초라하지도 않았는데, 오늘은 내가 왜 이렇게 초라할까……. 목사님이 뭔가 바라고 사는 것이 비참한 것이라고 하셨는데, 내 맘에 아직도 바라는 것이 있음을 깨달았습니다.

그렇게 남편이 다녀간 후, 소그룹 예배를 저희 집에서 드리게 되어 준비하고 있는데 전화가 왔습니다. 남편이 잠깐 나오라고 했습니다. 집에 손님이 오셔서 못 나간다고 하니까 짜증을 내면서 끊어 버렸습니다. 예배보다 더 중요한 일이 없다고 생각하고 거절했는데, 자꾸만 돈을 주려고 왔을 것이라는 생각이 들었습니다.

잠시 뒤 다시 전화를 건 남편은 집 앞 슈퍼라고 잠깐만 나오라고 했습니다. 서둘러 나간 저에게 도대체 집에 누가 왔느냐고 물었습니다. "소그룹 예배드려요" 하고 조심스럽게 대답했습니다. 남편은 40만 원을 주면서 요금을 못 내서 끊어진 인터넷부터 살리라고 했습니다. 돈을 건네주고 돌아가는 남편의 뒷모습을 보면서, 돈을 주려고 했는데 못 나간다고 했으니 얼마나 화가 났을까 생각했습니다. 그래도 급히 와서 가져다줄 만큼 서두르신 하나님의 사랑을 읽을 수 있었습니다.

며칠 뒤 우유를 싣고 있는데, "우유 배달해서 돈은 버는 거냐? 애 옷은 그게 뭐야! 내가 한 달에 40만 원 이상은 못 줘!"라는 내용의 문자 메시지가 왔습니다. 남편의 문자를 보면서 저는 안색이 굳어졌습니다. 저를 위해서 돈을 준 것이 아니었고, 아빠의 자리에서 최선을 다한 것뿐이었습니다. 남편의 메시지는 나 자신을 돌아보라는 하나님의 메시지였습니다.

"아직도 남편에게 바랄 것이 있더냐. 기댈 것이 있더냐. 내가 너를 천국에서 낳았고, 지금까지 키웠단다."

하나님이 보내 주신 사랑의 메시지에 목이 메었습니다.

"아버지! 너무 억울하고 분해요. 저도 할 말이 많지 않은가요?" 우유를 싣고 나오면서 하나님께 소리쳤습니다. 남편도 아니고 어느 누구도 아니고, 하나님께 부르짖는 것이 수치를 당하지 않는 비결인 것을 알고 있기 때문입니다. 이제 돈을 주든 안 주든, 남편이 나가든 들어오든, 내 중심에 하나님이 계시는 것만이 저의 소망임을 확인하게 하십니다. 노아의 실수를 그의 아들 셈이 덮어 준 것처럼(창 9:23) 내 죄를 덮어 주신 하나님! 저도 남편의 죄를 덮으려고 답을 보냈습니다.

"그것 때문에 화났어요? 정말 미안해요."

육체를 따라 사람의 종이 되지 않게 하시고, 말씀으로 나를 존귀하게 하시고, 하나님의 종이 되게 하신 하나님! 내가 누린 믿음의 안식이 아들에게 물려줄 최고의 기업이 되기를 기도합니다. 저같이 부족한 사람이 쓰임 받아서 하나님 나라가 확장되기를 간절히 기도드립니다.

모두가 무겁고 지긋지긋한 짐을 지고 수고하는 인생을 살아갑니다. 매일 나를 비참하게 누르는 짐 때문에 주저앉고 싶습니다.

주님이 이리저리 휘청거리는 나를 초청하십니다. 행복하고 가벼운 짐 진 자가 아니라 수고하고 무거운 짐 진 자에게 오라고 하십니다. 이제 곧 쓰러질 것 같은 나에게 오라고 하십니다. 주님이 두 팔 벌려 초청하십니다. 그 사랑의 품으로 달려가십시오. 한결같은 온유와 겸손으로 받아 주시는 주님의 품에서 그 사랑을 배우십시오.

이제 나의 짐을 예수님의 멍에로 바꿔 메십시오. 나에게 허락하신 배우자와 자녀와 모든 일은 주님이 꼭 알맞게 주신 멍에입니다. 주님의 멍에는 쉽고 가벼운 것입니다. 날마다 순간마다 주님이 동행하시고 주님의 말씀으로 배우게 하시니, 누구도 빼앗을 수 없는 안식이 있습니다. 누구도 빼앗을 수 없는 천국이 우리에게 있습니다.

◆ 꿈속에서라도 벗어나고 싶은 무거운 인생의 짐이 있습니까? 이 짐이 예수 그리스도로 쉽고 가볍게 되는 것을 믿습니까?

◆◆◆

말씀으로 내 고난의 이유를 배우고,
삶의 이유를 배우고 나면
무거운 짐이 주님의 멍에로 바뀝니다.

◆◆◆

말씀으로 기도하기

나에게 쉼을 주시는 분은 주님밖에 없습니다. 진정한 쉼은 회복시키고 살리는 것입니다. 나의 죄와 상처의 멍에가 주님의 멍에가 될 때 회복과 안식을 누릴 수 있습니다.

예수님께 가면 쉴 수 있습니다(마 11:28).
배부르고 가벼운 짐 진 사람이 아니라 "수고하고 무거운 짐 진 자들아 다 내게로 오라" 불러 주시는 주님, 감사합니다. 이제 주님께 나아가 날마다 새롭게 하시는 진정한 쉼을 누리기 원합니다. 말이 통하는 믿음의 공동체, 위로와 힘을 주는 천국 공동체 안에서 온전한 쉼을 누리게 해 주시옵소서.

주님의 마음을 배워야 쉴 수 있습니다(마 11:29).
온유와 겸손으로 나를 품어 주시는 주님, 감사합니다. 이런 주님의 마음을 배워 저도 진실함과 부드러움으로, 상대를 무장 해제시키는 편안함으로 다른 사람을 사랑하기 원합니다.

주님의 멍에를 멜 때 쉴 수 있습니다(마 11:30).

나의 무거운 멍에를 내려놓고 주님이 주시는 쉽고 가벼운 멍에로 바꾸어 메기를 원합니다. 내 욕심을 버리고, 주님이 내게 줄로 재어 주신 환경에 순종하게 해 주시옵소서. 혹독한 짐이 나를 힘들게 해도 예수님의 말씀이 들리면 쉼을 얻는다고 하시니, 오늘의 사건에서 말씀을 배우게 하옵소서.

우리들 묵상과 적용

어린 시절, 교직에 계셨던 친정어머니는 공부 잘하는 외가 사촌들과 우리 형제들을 비교하며 귀에 딱지가 앉도록 공부할 것을 종용하셨습니다. 6·25전쟁 중에도 옥수수를 팔아 학교를 다니실 정도로 의로우셨던 어머니는 당신의 기대에 못 미치는 자녀들을 보며 매우 속상해하셨습니다. 그런 어머니의 영향으로 부지불식간에 저도 '반드시 성공한 인생을 살아내야겠다'는 결심을 하며 청소년기를 보냈습니다.

그래서 지방대를 나왔다는 열등감을 극복하고 세상에서 더욱 지혜롭고 슬기 있는 자가 되기 위해 일본 유학을 결심했지만(마 11:25), 부모님의 심한 반대에 부딪쳤습니다. 그럼에도 저는 꿈을 포기할 수 없었기에 '부모님 전(前) 상서(上書)'만 남긴 채 이민 가방 하나만 들고 일본으로 건너갔습니다. 그곳에서 대체의학 전문학교를 주경야독으로 마치고 귀국한 후, 다행히 학교 선배들의 도움으로 서울에 사무실 한 칸을 얻어 물리치료를 시작할 수 있었습니다. 기대에 부풀어 곧 문전성시를 이루리라 생각했지만, 일이 잘되지 않자 무기력감에 빠져 우울한 시간을 보내고 있을 때 선배를 통해 김양재 목사님의 큐티 모임을 알게 되었습니다.

그러나 저의 세상 욕심과 교만 때문에 말씀이 들어오지 않으니 그 시간에 졸다 오기가 일쑤였습니다. 말씀이신 예수님을 알지 못하고 세상 지식만을 의지하다 보니 지혜와 분별력이 없었습니다. 그러던 어느 날 '장사가 잘되는 편의점을 그만둔다'는 친한 언니의 말만 믿고 군산으로 무작정 내려가 빚을 얻어 가게를 시작했습니다. 그 일은 신접한 여인을 찾았던 사울처럼(삼상 28:7), 예언의 은사가 있다는 한 신접한(?) 권사님의 말을 듣고 시작한 것이었기에 당연히 잘되리라고 믿었지만, 경험 부족에 의욕만 앞서 모두가 염려한 대로 적자의 연속이었습니다.

거듭되는 실패로 제가 할 수 있는 것이 아무것도 없음이 깨달아지자 그제야 어린아이 같은 마음으로 주님을 찾았고, 이렇게 된 것이 아버지의 뜻이라고 '옳소이다' 할 수밖에 없었습니다(마 11:26). 세상의 어떤 것도 위로가 되지 않을 때 그나마 들은 말씀이 생각나서 큐티책을 찾아 읽게 되었고, CTS 방송을 통해 목사님의 설교를 들었습니다. 허탄한 것들을 좇아 빚지는 수고를 자처하며 무거운 짐을 지고 욕심의 감옥에 갇혀 헤어나지 못하니(마 11:28), 주님은 불혹의 나이를 넘어선 제게 믿음의 배필을 묶어 주셔서 교회로 다시 불러 주셨습니다. 그리고 제 욕심과 열심으로 혼자 짊어지고 있던 무거운 짐을, 시어머니와 남편, 목장 식구들을 온유와 겸손으로 섬겨야 하는 주님의 멍에로 바꿔 주셨습니다(마 11:29). 육적 자녀를 허락해 주지 않으신 것, 군산에서 예배를 위해 오간 지난 8년, 남편이 급여를 받지 못하고 있는 이 상황이 주님이 허락하신 쉬운 멍에라 하시니 요동하지 않고 주님만이 주실 수 있는 쉼을 누리며 가기를 기도합니다(마 11:30).

영혼의 기도

하나님 아버지, 수고하고 무거운 짐 진 자들을 초청하시고, 쉬게 하리라 약속하십니다. 저에게 수고하고 무거운 짐이 있어서 그 초청에 응할 수 있고, 주님께 갈 수 있음에 감사드립니다.

온유와 겸손으로 나를 받아 주시는 주님, 주님의 사랑으로 쉼을 누리기 원합니다. 저도 편하고 좋은 사람만이 아니라 무거운 짐 진 자들을 초청하고 섬기기 원합니다. 그들을 초청하여 삶을 나누며 진정한 쉼을 얻는 '너희'가 되게 하옵소서. 공동체를 떠나 혼자 무거운 인생을 살지 않게 하옵소서. 믿음의 공동체 안에서 벌거벗고 만나는 진실한 교제가 이뤄지게 하옵소서.

오늘도 벗어 버리고 싶었던 나의 무거운 짐을 통해 주님의 뜻을 배웠습니다. 그것이 얼마나 큰 축복인가를 생각합니다. 나의 모든 사건에서 말씀을 배우게 하옵소서. 그것으로 다른 사람의 짐을 나눠 지는 온유와 겸손을 허락해 주시옵소서.

내가 다른 사람을 섬기고자 할 때 나의 짐이 예수님의 멍에로 바뀌는 것을 알았습니다. 나의 죄의 짐과 욕심의 짐을 내려놓고, 이제 예수님의 멍에를 메기 원합니다.

제게 허락하신 가족과 직장과 직분은 주님이 알맞게 주신 주님의 멍에입니다. 주님이 주신 멍에이기에, 주님이 감당하게 하시고 배우게 하실 것을 믿습니다. 날마다 말씀을 묵상할 때 배울 것을 가르쳐 주시옵소서. 그 힘으로 나의 멍에를 기쁘게 메고 갈 수 있도록 역사해 주시옵소서.

수고하고 무거운 짐을 내려놓고 쉽고 가벼운 예수님의 멍에로 바꿔 메는, 진정한 천국의 안식을 누리게 하옵소서. 예수님 이름으로 기도하옵나이다. 아멘.

Part 2

이미 임한
하나님 나라

6

안식일의 주인이신 예수님

마태복음 11:28~12:8

> 하나님 아버지,
> 안식일의 주인은 예수님이라고 하십니다.
> 참된 안식일의 의미를
> 말씀하여 주옵소서. 듣겠습니다.

토요일 저녁, 예루살렘의 한 호텔로 목사님 일행이 식사하러 갔습니다. 먼저 수프를 주문하는데 주문을 받는 웨이트리스가 '야채수프, 양파수프' 등을 하나도 적지 않고 외웠습니다. 샐러드 드레싱도 각각인데 그것도 안 적고 외웠습니다. 신기하게 여긴 한 목사님이 물었습니다. "외우기 힘들 텐데 메모를 하면 좋잖아요?" 그러자 웨이트리스는 "오늘은 안식일이라서 글씨를 못 씁니다"라고 대답했습니다. 그래서 "우리가 직접 적어 줄까요?" 하니까 그건 괜찮답니다.

목사님들이 고기는 어떻게 익히고, 후식으로는 커피 몇 잔, 홍차 몇 잔 하면서 종이에 적어 줬습니다. 그러니까 웨이트리스의 얼굴이 환해지면서 좋아했습니다.

그토록 철저히 안식일을 지키는 이스라엘 사람이 호텔 근무를 서는 모습은 어찌 생각하면 앞뒤가 안 맞는 적용입니다. 우리 역시 계명을 지킨다, 안식일을 지킨다고 하면서 뒤죽박죽일 때가 많습니다. 그런데 지금만 그런 것이 아니라 2천 년 전에도 안식일을 뒤죽박죽으로 지키는 모습들이 있었습니다. 안식일의 주인이 예수님이신데, 예수님 안에서 안식일은 어떻게 지켜야 할까요?

안식의 개념

하나님이 처음 안식의 개념을 말씀하신 것은 창세기 2장 3절에서입니다. "하나님이 그 일곱째 날을 복되게 하사 거룩하게 하셨으니 이는 하나님이 그 창조하시며 만드시던 모든 일을 마치시고 그 날에 안식하셨음이니라"(창 2:3). 복을 주고 쉬게 하는 것이 안식일을 정하신 목적입니다. 쉰다고 해서 6일 동안 일했으니까 하루는 무조건 놀라는 게 아닙니다. 요한복음에서 예수님은 "아버지께서 이제까지 일하시니 나도 일한다"고 하셨습니다(요 5:17). 하나님 아버지께서 만일 일하지 않고 쉬신다면 지구가 멈춰 버리지 않겠습니까?

무조건 일을 안 하고 쉬는 것이 안식이 아니라 '거룩하게 하셨다'는 것이 참된 안식의 의미입니다. '거룩'이라는 단어는 창세기 2장 3절에서 처음 등장합니다. '거룩'은 곧 '구별되었다'인데 그래서 안식의 의미, 안식일의 개념은 세상과 구별되어 하나님의 복을 누리는 것입니다.

일곱째 날을 복 주시고 거룩하게 하셨다는 것은 나머지 여섯 날은 복과 상관이 없다는 뜻을 내포한다고도 볼 수 있습니다. 신학적으로는 예수님이 오셔야만 진정한 안식이 있다는 뜻입니다. 내 인생에 예수님이 오셔야만 진정한 안식을 누릴 수 있습니다.

28 수고하고 무거운 짐 진 자들아 다 내게로 오라 내가 너희를 쉬게 하

리라 29 나는 마음이 온유하고 겸손하니 나의 멍에를 메고 내게 배우라 그리하면 너희 마음이 쉼을 얻으리니_마 11:28~29

하나님이 주시는 복, 진정한 안식의 구체적인 적용이 이 말씀에 담겨 있습니다. 수고하고 무거운 짐 진 우리가 쉬는 방법은 예수께로 가서, 예수님의 멍에를 메고, 예수께 배우는 것입니다. 먹고 노는 쉼이 아니라 수고하고 무거운 나의 짐을 예수님의 멍에로 바꾸어 메는 것이 쉼이고 안식입니다. 환경이 바뀌어서 안식이 아닙니다. 벗어 버리고만 싶은 무거운 환경을 하나님의 뜻 안에서 구별된 시선으로 바라보는 것이 안식입니다. 지지리 고생스럽던 나의 환경이 거룩함을 이루는 복된 십자가로 바뀌는 것이 안식입니다. 이것이 하나님께서 복 주사 거룩하게 하신 안식일의 개념이고 안식의 의미입니다.

바리새인들은 '하나님께서 거룩하게 하셨다'는 '구별'의 의미를 마음대로 해석해서 세상과 분리된 고고한 분리주의자가 되었습니다. 율법을 지켜서 무조건 잘되고 복받는 것이 그들의 목적이었습니다. 그런 사람들에게 '십자가를 지는 것이 안식'이라는 희생과 헌신의 메시지는 당연히 거부감을 일으킬 수밖에 없습니다. 거부감 정도가 아니라 속이 부글부글 끓도록 분해서 결국에 그들은 예수님을 죽이기로 작정합니다. 지식으로는 성경박사에다 누구보다 열심히 안식일을 지켰지만 안식일의 주인이신 예수님을 만나고도 진짜 안식은 누리지 못한 것입니다.

◆ 나는 안식의 참의미를 알고 있습니까? 안식을 그저 놀고 쉬는 것이라고 생각해서 주일도 쉬는 날로 여기지 않습니까?

알아도 못 누리는 안식

그 때에 예수께서 안식일에 밀밭 사이로 가실새 제자들이 시장하여 이
삭을 잘라 먹으니_마 12:1

예수님의 제자들도 바리새인들과 별반 다를 것이 없습니다. 제자들은 예수님과 함께 다니면서 천국 복음도 듣고 기적의 현장에도 있었습니다. 모든 것을 하실 수 있고, 주실 수 있는 예수님의 능력을 직접 목격했습니다. 그런 예수님을 옆에 두고도 시장하여 안식일에 이삭을 잘라 먹는 제자들입니다.

우리도 예수님 옆에 있으면서 시장한 게 많습니다. 돈에 시장하고, 학벌에 시장하고, 정욕에 시장합니다. 예수님만 있으면 만사가 형통해야 하는데 매사에 쉼이 없고 남들에게 보이기 위한 쓸데없는 수고가 많습니다. 예수님을 믿고 교회 와서도 내 열심으로 바쁩니다. 열심을 내는 데 시장합니다. 영적으로 배고픈 게 아니라 육적으로 배가 고파서 늘 불안합니다. 새벽기도 안 가면 사업이 잘 안될 것 같고, 주일성수 안 하면 아이의 학업 성적이 뚝 떨어질 것 같습니다. 교회도 안식으로 가는 게 아니라 두려움과 불안으로 가는 시장함이 우리에게 있습니다. 이것이 안식일에 이삭을 잘라 먹은 제자들의 모습이고 우리의 모습입니다.

영적인 허기는 있어야 합니다. 영적으로 갈급하고 말씀을 사모할 때 이삭 잘라 먹은 것이 무슨 잘못이겠습니까. 말씀의 은혜를 사모해서 집회나 모임에 갈 수도 있습니다. 시장할 때는 풍성한 곳에 가서 먹어도 됩니다. 그러나 허기를 채웠다면 내가 얻은 풍성함을 가지고 다시 본 교회에 가서 열심히 섬겨야 합니다. 20여 년 큐티 모임을 인도하면서 제가 늘 권

면한 것은 큐티 모임에서 들은 말씀을 가지고 각자 본 교회에 돌아가 더 열심히 섬기라는 것이었습니다.

교회를 개척할 때도 큐티 모임에 오시는 분들은 초청하지 않았습니다. 각자 본 교회를 잘 섬겨야 하기 때문입니다. 대신 주변에 있는 불신자와 구원받아야 할 사람들을 보내 달라고 했습니다. 성도 수, 교회 크기에 대한 시장함이 아니라 영혼 구원에 대한 시장함으로 교회를 개척했기에 정말 힘들고 어려운 분들이 모여서 우리들교회를 시작했습니다.

육적인 시장함만 채우려고 하면 어디에서도 안식을 얻을 수 없습니다. 아무리 열심히 모이고 기도를 하고 성경을 읽어도 육적 시장함으로 모인 곳에는 유익이 없습니다. 성공과 기복에 대한 갈급함이 아니라 하나님의 말씀에 대한 영적인 허기를 가지고 모일 때 개인과 가정, 교회와 사회 모두가 풍성한 안식을 누릴 수 있습니다.

❖ 나는 무엇에 시장합니까? 남들보다 학벌을 못 갖춰서, 재산이 없어서, 자식들이 잘 안돼서 시장하고 갈급합니까? 그래서 종교적 열심을 내며 기도와 헌금과 봉사로 육적인 허기를 채우려 합니까? 성공과 물질이 아닌 말씀에 대한 영적 시장함이 있습니까? 영적 시장함으로 들은 말씀을 나 혼자의 경건과 지식으로만 쌓아놓고 있습니까? 다른 사람을 돕고 영혼을 살리기 위해 말씀과 경건의 유익을 나누고 있습니까?

몰라서 못 누리는 안식

바리새인들이 보고 예수께 말하되 보시오 당신의 제자들이 안식일에 이삭을 잘라 먹는 제자들을 바리새인들이 비방합니다. 사실 유대인의 전통에는 이삭을 따 먹지 말라는 조항이 있습니다. 하나님의 자녀로서 덕이 안 되는 일은 삼가야 합니다. 술, 담배가 죄냐 아니냐를 따질 것이 아니라 그리스도인으로서 비방거리가 된다면 하지 말아야 합니다. 옳고 그름의 문제가 아닙니다. 같은 상황에서도 예수님은 이삭을 안 드셨습니다. 내가 예수님을 따르는 제자라면 시장해도 이삭을 안 먹는 적용을 해야 합니다. 바리새인처럼 예수님을 부인하는 사람들이 눈을 시퍼렇게 뜨고 지켜보고 있기 때문입니다.

율법으로는 안식일을 지키기 위한 법이 서른아홉 가지나 됩니다. 그 첫 번째가 '안식일에 곡식을 자르지 말라'입니다. 비비는 것은 탈곡, 자르는 것은 추수, 손으로 부는 건 키질로 분류하고, "안식일을 지켜 더럽히지 아니하며 그의 손을 금하여 모든 악을 행하지 아니하여야 하나니 이와 같이 하는 사람, 이와 같이 굳게 잡는 사람은 복이 있느니라"는 성경 구절을 문자적으로 적용해서 손으로 하는 일을 금했습니다(사 56:2).

두 번째로는 안식일에 생명과 직접 상관이 없는 의료 행위를 금했습니다. 세 번째는 불 피워서 음식을 하는 것을 금했습니다. 그밖에도 운반과 매매를 금하고 1km 이상 여행을 못 하게 했습니다. 결국 그만큼 안식일을 경건하게 지키라고 정한 법들입니다. 어떤 일보다 주일을 지키고 예배를 첫째로 여기라고 만든 조항입니다. 이스라엘 사람들이 경건하게 살기 위해서, 예배 공동체가 되자는 선한 의도로 이렇게 법을 정했습니다.

그런데 그보다 먼저 생각해야 할 것이 하나님께서 정하신 안식일의 의미입니다. 하나님은 안식일 자체를 위해서가 아니라 우리를 위해서 안식의 계명을 주셨습니다. 바리새인들이 구약의 율법을 근거로 제자들을 비방했는데 신명기 23장을 보면 그들이 성경을 잘못 읽었다는 걸 알 수 있습니다.

"네 이웃의 곡식밭에 들어갈 때에는 네가 손으로 그 이삭을 따도 되느니라 그러나 네 이웃의 곡식밭에 낫을 대지는 말지니라"(신 23:25).

낫을 대지 않고 손으로 이삭을 잘라 먹는 것은 극빈자를 위해서는 허용됐습니다. 성경을 문자적으로 적용하면서 익숙한 것이 전통이고 진리가 돼서 바리새인들이 그것에만 매여 있습니다. 그래서 안식일에 하지 못할 일을 했다고 하였습니다. 100년 역사에 불과한 한국 교계도 전통에 매인 것이 많습니다. 비본질적인 것은 예배를 위해서 없앨 수도 있는데 그러면 큰일 나는 줄 압니다.

우리가 안식일을 기념하고 지켜야 하는 이유는 그것이 전통이어서도 아니고, 육적인 복을 받기 위해서도 아닙니다. "너는 기억하라 네가 애굽 땅에서 종이 되었더니 네 하나님 여호와가 강한 손과 편 팔로 거기서 너를 인도하여 내었나니 그러므로 네 하나님 여호와가 네게 명령하여 안식일을 지키라 하느니라"고 하십니다(신 5:15). 애굽의 종 되었던 나를 구원하신 은혜, 그것을 기념하는 것이 안식의 시작입니다. 400년간 노예 생활을 하면서 안식할 수 없었던 이스라엘에게 나그네와 노예, 가축까지 다 쉬라고 안식일 계명을 주셨습니다. 믿음의 초등 시절에 구원을 기념하며 안식일을 지키라고 하셨고 이것이 신약의 주일로 이어졌습니다.

구약시대에는 한 주일의 끝날인 토요일을 안식으로 지켰는데, 신약 시대 예수님의 부활 후에는 한 주의 첫날을 주일로 지킵니다. 예수님이 구속사를 완성하고 부활하신 날이 안식 후 다음 첫날입니다. 사람에게는 육을 입고 태어난 첫 번째 출생보다 복음으로 거듭난 중생이 훨씬 중요하기 때문에 주일을 지키는 것입니다.

예수님이 오신 후 이전 계명을 폐하고(히 7:18) 새 계명을 주셨습니다. 구약의 할례가 신약의 세례가 되었고, 구약의 유월절은 신약의 성찬이 되었습니다. 안식일도 주일로 바뀌었습니다. 우리가 지키는 주일은 어느 누구의 의견을 따른 것이 아닙니다. 중생이 중요하기 때문에 그 의미를 살려 지키는 것입니다. 안식일에 대해서 여러 학설이 있지만 예수님이 오신 후 신약의 주일을 지키는 것이 구속사적인 적용입니다.

종 되었던 나를 애굽에서 건져 내신 구원의 의미를 지키는 것이 참된 안식입니다. 율법은 다만 제도에 불과합니다. 안식일을 위한 조항뿐 아니라 율법의 세부 조항이 613개나 됩니다. 법을 지키기 위한 법이 끝도 없이 이어집니다. 매사에 하면 안 된다, 하지 말라는 것이 그렇게 많으니 일일이 신경 쓰며 지키다가 강박증에 걸리지 않겠습니까. 성직자 복장도 실을 혼합해서 짜지 말라고 했으니까 여름에는 실크만 입고 겨울에는 울만 입습니다.

왜 이렇게 목숨 걸고 율법을 지키는 걸까요? 하나님을 사랑해서 지키는 것이라면 얼마든지 좋습니다. 은혜로 지키는 계명은 강박증이 아니라 참자유와 참안식을 줄 것입니다. 문제는 율법을 지키는 열심의 밑바닥에 기복(祈福)이 깔려 있다는 것입니다. 하나님이 목적이 아니라 복받는 것이 목적이 되니까 지키든 안 지키든 쉼이 없습니다. 지키면 바리새인처럼 남을 정죄하고 안 지키면 불안합니다.

안식일을 지키고 예배를 목숨같이 여긴 이스라엘에게 하나님께서 복 주신 것도 맞습니다. 청교도들은 주일예배 시간에 졸까 봐 음식도 많이 못 먹게 했답니다. 그렇게 순수하게 예수님을 믿었기 때문에 하나님께서 복을 주셔서 미국이 강대국이 되었습니다. 그들이 파송한 선교사를 통해 우리에게까지 복음이 전해졌습니다. 하지만 복을 받아서 지키는 데에는 한계가 있습니다. 안식일을 잘 지켜서 육적인 복을 받으면, 그 복에 안주해서 점점 세상으로 갑니다. 미국이 청교도들의 믿음으로 복을 받았지만 갈수록 성경적 가치관이 무너지고 있지 않습니까.

안식일을 지키고 예배를 귀하게 여기려면 종 되었던 애굽의 고난이 필수입니다. 복받기 위한 주일성수가 아니라 고난 가운데 하나님에 대한 갈급함이 생기면 저절로 예배를 사모하게 됩니다. 누가 지키라고 하지 않아도 내가 살기 위해서 예배당으로 달려가게 됩니다. 하나님 자체, 예배 자체가 목적이 되어 기쁨으로 안식일을 지키게 됩니다. 그것이 복받는 인생입니다. 하나님의 뜻대로 살기를 고백하며 예배가 내 삶의 목적이 되면 하나님께서 필요한 모든 것을 채워 주십니다. 예배를 삶의 최우선으로 둘 때 육적으로 매인 것도 풀어 주시고 환경을 열어 주십니다.

안식일에 이삭을 잘라 먹어도 되느냐 안 되느냐를 따지면서 옳고 그름을 가리는 것은 중요하지 않습니다. 제자들은 연약하고 바리새인들은 완악합니다. 어느 쪽이나 진짜 안식을 누리지 못한다는 것이 문제입니다. 제자들이 이삭을 먹는데 "그냥 좀 먹으면 어때. 좋은 게 좋은 거지" 하면서 믿음과 상관없이 수용하는 것도 문제입니다. 형식보다 의미가 중요하다고 "주일에 장사 좀 하면 어때? 먹고살아야지. 여행 좀 가면 어때? 하나님은 어디에나 계셔" 식의 합리화는 바리새인 못지않은 완악함이며 교만입니다.

알고도 못 누리는 제자들이건 몰라서 못 누리는 바리새인들이건 예수님 옆에, 예수님과 함께하는 것이 중요합니다. 연약해도 완악해도 예수님을 따르기만 하면 가르쳐 주십니다. 예수님이 가르쳐 주시는 안식의 의미를 들으며 잘 배우고 순종하면 됩니다.

◆ 주일에 해선 안 되는 일들을 만들어 놓고 나 자신과 다른 사람을 정죄합니까? 나의 주일은 어떤 모습인가요? 예배 가운데 안식을 누리며 힘을 얻습니까? 자녀가 대학에 붙고, 돈 많이 벌고, 승진을 하기 위한 목적으로 열심히 봉사하다가 기진맥진합니까?

제대로 알고 누리는 안식

3 예수께서 이르시되 다윗이 자기와 그 함께 한 자들이 시장할 때에 한 일을 읽지 못하였느냐 4 그가 하나님의 전에 들어가서 제사장 외에는 자기나 그 함께 한 자들이 먹어서는 안 되는 진설병을 먹지 아니하였느냐_마 12:3~4

예수님이 바리새인들에게 말씀하실 때 자주 쓰는 표현이 바로 "읽지 못하였느냐"입니다. 성경을 좔좔 외우는 성경박사 바리새인들을 향해 "성경을 읽지 못하였느냐"라고 힐문하십니다. 그리고 예수님도 사무엘상 21장, 즉 성경을 인용해서 대답하십니다. 다윗이 사울을 피해서 놋 땅으로 피신하던 중 너무 배가 고파서 제사장만 먹을 수 있는 진설병을 먹었습니다. 다윗은 규율에 매이는 것보다 생명을 보존하는 것이 더 중요하다고 믿었습니다.

성경의 본뜻을 모르고 문자적인 것에만 집중하면 바리새인처럼 딴소리를 하게 됩니다. 멀리 떨어져 있는 아들에게 엄마가 편지를 보냅니다. "아무리 바빠도 큐티는 꼭 해야 한다. 성경 열심히 읽고 기도 열심히 하고 예배에 꼭 참석해라" 간절한 마음으로 써 보냅니다. 그리고 마지막에 "오늘은 백화점에 다녀왔다"는 이야기를 안부 겸 적었습니다. 그랬더니 편지를 받은 아들이 '무슨 백화점에 누구랑 갔느냐, 뭘 샀느냐' 이런 것만 궁금해한다면 엄마 마음이 어떻겠습니까. 엄마의 진심은 비껴가서 엉뚱한 데서 열을 내니 답답하지 않겠습니까. 우리가 성경을 못 읽어서가 아니라 제대로 읽지 못하고 어떻게 적용해야 하는지 모르기 때문에 안식이 없습니다.

> 또 안식일에 제사장들이 성전 안에서 안식을 범하여도 죄가 없음을 너희가 율법에서 읽지 못하였느냐_마 12:5

안식일에는 노동을 하면 안 되지만 성전의 제사장은 희생제물을 잡기 위해서 노동을 합니다. 이것 역시 레위기에 있는 말씀입니다.

> 내가 너희에게 이르노니 성전보다 더 큰 이가 여기 있느니라_마 12:6

제사장도 진설병을 먹은 다윗을 용서해 주었는데, 성전보다 더 큰 예수님이 이삭을 잘라 먹은 제자들을 왜 용서해 주지 못하겠느냐고 하십니다. 예수님은 성전보다 더 큰 분이십니다.

성전 건축보다 중요한 것은 예수님을 내 삶의 주인, 가정과 교회의 주인으로 모시는 것입니다. 그렇다고 성전이 필요 없다는 말은 아닙니다. 우리들교회가 처음에는 교회 건물 없이 서울의 휘문고등학교 체육관을 빌려서 예배를 드렸는데 성도가 많이 모이면서 장소의 필요성이 절실해졌습니다. 주중에 모일 곳이 없으니 교제와 양육에 어려움이 있었습니다. 그래서 2010년부터는 분당의 건물 지하를 임대해서 휘문 채플, 분당

채플로 나누어 예배를 드렸고, 협소하지만 서울 근교에 얼마의 대지를 분양받아 2013년에 판교 채플이 세워졌습니다. 교회가 불신자를 전도하고 가정을 회복시키기 위해서 사역의 중심이 될 성전은 당연히 필요합니다. 그러나 성전을 짓되 큰 성전이 목적이 아니라 성전보다 더 크신 예수님이 중심이 되어야 합니다.

> 나는 자비를 원하고 제사를 원하지 아니하노라 하신 뜻을 너희가 알았더라면 무죄한 자를 정죄하지 아니하였으리라_마 12:7

주님은 자비와 긍휼이 빠진 제사를 받지 않으신다고 합니다. 배고프면 먹이고, 아프면 낫게 하는 것이 안식일의 정신입니다.

> 인자는 안식일의 주인이니라 하시니라_마 12:8

하나님의 사역은 창조와 구원입니다. 창조된 우리가 구별되게 사는 것이 하나님이 원하시는 안식입니다. 영혼 구원을 위해 일하는 것이 안식입니다. 이것이 예수님의 결론입니다.

구원을 빼고 안식을 논할 수 없습니다. 613개의 법을 강박적으로 지키며 신앙생활을 해도 구원을 모르면 아무런 감사도 안식도 없습니다. 주일은 예수님을 주님으로 영접하고 내가 거듭난 날을 기억하며 감사하는 날입니다. 신앙의 첫사랑을 회복하는 날이기에 주일성수에 일주일의 성패가 달렸다고 해도 과언이 아닙니다.

하나님의 말씀을 묵상하는 큐티의 참의미는 율법적인 신앙생활에서 영적 원리로 돌아가자는 것입니다. 성경을 읽고 묵상하되 내가 죄인인 것을 알고, 그런 나를 구원하신 하나님의 구속사 안에서 말씀을 제대로 읽어야 합니다. 지식으로 읽고 기복으로 읽으면 바리새인처럼 나를 높이고 남을 정죄하게 됩니다. 외적인 경건함을 보이느라 수고하고 남을 판단하기에 애쓰니 거기에 무슨 안식이 있겠습니까. 성경 통독을 몇 번 하고, 암송을 잘한다고 스스로 만족하고 있다면 '읽지 못하였느냐!' 하시는 예수님의 힐문에 정신이 번쩍 들기를 바랍니다.

말씀을 통해 내 죄를 깨닫고 회개하는 것이 성경을 제대로 읽는 것입니다. 나의 죄와 부족함을 생각할 때 안식일에 이삭을 잘라 먹는 사람의 배고픔까지 돌아보게 되는 것이 성경 읽기의 결론입니다. 이것이 안식일의 주인이 예수님이 되는 모습입니다. 안식일에 놀러 가는 것, 복받는 것이 주인이 아닙니다. 십자가의 예수님만이 안식일의 주인이십니다.

◆ 날마다 성경을 읽고 묵상하고 암송하는 목적이 무엇입니까? 말씀을 통해 하나님의 사랑과 은혜를 확인하며 나를 위한 삶에서 다른 사람을 돕고 섬기는 삶으로 변화되고 있습니까? 십자가를 지신 예수님을 안식일의 주인으로 모시고 다른 사람을 위해 헌신하는 주일을 보냅니까? 배고파서 이삭을 잘라 먹은 제자들을 비방한 바리새인처럼 가난하고 힘든 사람을 무시하며 교회에서도 멀리합니까? 교회 공동체 안에서 내가 섬겨야 할 배고프고 힘든 사람은 누구인지 생각해 봅시다.

말씀으로 기도하기

생명의 주인이신 예수님과 함께 다니면서도 제자들은 육적인 시장함으로 안식일에 이삭을 잘라 먹습니다. 배고픔으로 이삭을 잘라 먹은 제자들을 보며 바리새인들은 비방하고 예수님을 죽이려 합니다.

먹을 것이 없고 돈이 없어서 시장한 게 아니라 나에게 말씀이 없어서 영적, 육적으로 곤고한 것을 알아야 합니다. 내가 성경을 제대로 읽지 못하고 해석을 제대로 못하기 때문에 늘 안식이 없고 남을 정죄합니다. 내 죄를 깨닫고 회개하는 것이 성경 읽기의 결론이고 진정한 안식입니다. 안식일의 주인이신 예수님을 영접하지 않으면 안식도 누릴 수 없고 성경도 이해하지 못합니다.

알아도 못 누리는 안식이 있습니다(마 12:1).

하나님께서 정하신 안식일, 주일의 의미를 제대로 알고 지키기 원합니다. 이삭을 잘라 먹은 제자들처럼 예수님을 믿으면서도 세상에 대한 배고픔으로 주일성수를 온전히 못하는 것을 고백합니다. 영적인 시장함으로 말씀과 예배를 사모할 때 육적인 배고픔도 해결될 것을 믿고 기도합니다.

몰라서 못 누리는 안식이 있습니다(마 12:2).

성경 지식을 내세워 어떤 것은 하면 된다, 안 된다 하면서 나와 남을 정죄했던 것을 회개합니다. 성경을 문자적으로 적용하는 것이 아니라 세상의 종 되었던 나를 건져 내신 구원의 의미를 기억함으로 참된 안식을 누리기 원합니다.

제대로 알고 누리는 안식이 있습니다(마 12:3~8).

성전보다 크신 예수님, 십자가의 예수님을 생각하며 나를 치장하느라 수고하지 않고 남을 섬기느라 수고하는 주일을 보내기 위해 기도합니다. 안식일의 주인이신 예수님처럼 십자가의 헌신과 섬김으로 배고픈 자를 돌아보며 진정한 안식을 누리기 원합니다.

우리들 묵상과 적용

어려서 아빠가 돌아가신 후, 저는 초등학교 입학과 동시에 친가로 보내졌습니다. 친가 식구들은 모두 직장 생활을 했기에 저는 매일 밤늦도록 혼자 집에 있어야 했습니다. 집에 혼자 있는 것이 무서워 식구들이 올 때까지 아파트 계단에 웅크리고 앉아 있든지 근처 가게 앞에서 놀곤 했습니다.

한번은 가게 앞에서 서성이다가 너무 배가 고파 주인아주머니의 눈을 피해 먹을 것을 훔치기도 했고, 할머니 지갑에서 돈을 몰래 꺼내 먹을 것을 사 먹기도 했습니다. 엄마의 보살핌을 받지 못했기에 따뜻한 손길이 늘 그리웠고 항상 배가 고팠습니다. 보살핌과 배고픔의 결핍은 식탐으로 이어졌고 먹고 또 먹어도 만족스럽지 않았습니다. 많이 먹으니 뚱뚱해져서 친구들 사이에서 인기도 없고, 이성에게는 무시만 받았습니다.

성인이 된 후 몸매에 대한 열등감으로 무리한 다이어트를 반복적으로 했지만, 식탐을 끊을 수 없어 있는 대로 음식을 먹고는 곧바로 토해 버리곤 했습니다. 그럴 때마다 나 자신이 너무나 한심하고 부끄러웠지만, 사람들에게 예쁘다, 날씬하다는 칭찬을 들을 때면 기분이 너무 좋았습니다.

그런데 저를 닮아 먹을 것을 너무 좋아하는 딸이 고도비만입니다. 딸의 몸무게가 기하급수적으로 계속 늘어나서 지켜보기가 너무 괴롭습니다. 딸의 몸무게가 70kg이 넘었을 때는 이성을 잃고 아이를 사정없이 때리며 어떻게 하려고 돼지같이 먹기만 하냐고 병적으로 화를 냈습니다.

뚱뚱한 것을 제외하고는 큐티도 공부도 스스로 잘 하고, 직장 일로 부재중인 엄마를 도와주려고 집안일도 곧잘 하는 딸인데, 뚱뚱한 것이 너무 싫어 다른 잘하는 것들이 기쁨이 되지 않습니다. 그러자 딸아이도 엄마는 자기한테 관심도 없다는 둥, 남한테만 잘한다는 둥, 엄마가 집에 더 늦게 들어왔으면 좋겠다는 둥, 엄마에게 받은 상처로 인해 가슴 아픈 원망을 쏟아냅니다.

생활력 없는 남편과 무기력에 빠진 사춘기 아들에 이어, 잊어버리고 싶은 내 죄를 계속 떠올리게 하는 뚱뚱한 딸까지…… 내 믿음의 분량으로는 감당하기 힘든 식구들을 보면서 내 안에 외면하고 싶은 악이 있습니다. 그것이 바리새인처럼 내 안의 예수를 죽이고 나만 살고자 하는 죄악이라고 말씀하십니다. 안식일의 주인이 십자가의 예수님이신데(마 12:8) 외모와 돈에만 안식이 있는 줄 알고 가족을 괴롭혔습니다.

엄마로서 진정한 회개는 보여 주지 못하고 외모로만 판단하여 딸에게 깊은 상처를 준 것을 회개합니다. 딸에게 나의 죄로 인한 상처를 솔직하게 고백하고, 상처 준 것에 대해 미안하다고 사과하겠습니다. 그리고 딸의 비만을 치료하기 위해 딸과 함께 병원 상담도 받고, 적극적으로 돕겠습니다. 가족의 힘든 모습을 외면하고 싶은 나의 극심한 죄를 인정하고 구체적으로 회개하며 남편과 아들, 딸에게 용서를 구하며 예수님 십자가 안에서 참안식을 누리기 원합니다.

영혼의 기도

하나님 아버지, 안식일의 주인은 예수님이신데, 우리는 다른 주인을 날마다 기웃거립니다. 예수님을 옆에 모시고 설교를 듣고 큐티를 해도 돈에 시장하고 사람의 인정에 시장하고 공부에 시장해서 두리번거리는 우리를 불쌍히 여기시고 영적으로 시장한 인생을 살 수 있게 하옵소서.

큐티를 하기에 다른 사람에게 덕을 세워야 하는데, 하나님을 사랑하기에 주님의 마음을 아프게 하지 말아야 하는데, 주님이 나로 인해 창피를 당하실까 두렵습니다. 덕을 세울 수 있도록 도와주옵소서.

성경을 많이 읽고 복을 많이 받았어도 바리새인들이 성경을 제대로 읽지 못하는 모습을 봅니다. 주님, 내 안에도 바리새인의 기질이 있습니다. 성경이 읽어지지 않는 그 마음을 불쌍히 여겨 주옵소서. 바리새인들 역시 주님이 찾으시는 잃은 양이기에 그들을 불쌍히 여기며 기도하기 원합니다. 제사보다 긍휼을 원한다고 하셨사오니, 긍휼한 마음을 가지고 예배드리기 원합니다. 우리의 기복적인 예배를 불쌍히 여겨 주옵소서. 육적인 복이 안식이 아니라 내 멍에를 주님의 멍에로 바꿔 지고 남을 위해 사는 것이 안식이라 하신 그 의미를 깨닫고 주님의 길을 가기 원합니다. 예수님 이름으로 기도하옵나이다. 아멘.

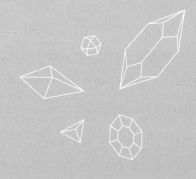

7

상한 갈대를 꺾지 않으시는 주님

마태복음 12:9~21

하나님 아버지, 상한 갈대와 같은
나 자신, 가족이 있습니다.
쓰러져 가는 그 모습을 외면하지 않고
상한 갈대를 꺾지 않으시는
예수님의 마음을 우리도 갖기 원합니다.
말씀하여 주옵소서. 듣겠습니다.

상한 갈대는 멀리서 보면 표가 안 나지만, 가까이서 보면 벌레가 먹어서 곧 부러질 가지입니다. 강풍이 오지 않아도 잠시 있으면 스스로 꺾어질 가지입니다. 쓰러질 수밖에 없는 갈대를 꺾지 않으신다는 것은, 그대로 버려두지 않고 손을 쓰셨다는 의미입니다. 철사나 버팀목을 둬서 꺾이지 않게 도와주시는 것입니다. 하나님이 상한 갈대를 꺾지 않으시는 이유는 우리의 사명이 하나님의 형상을 회복하는 것이기 때문입니다.

오늘 우리 옆에도 상한 갈대와 같은 가족, 이웃이 있습니다. 도무지 자기 힘으로는 일어서지 못하고 끝없이 도와주기만 바라는 식구들이 있습니다. 내가 손을 쓰지 않으면 그대로 쓰러질 수밖에 없는 사람들이 있습니다. 내 힘으로는 더 이상 도울 수도 없고, 돕기도 싫은 그들을 어떻게 해야 할까요? 어떻게 하면 하나님의 형상을 회복할 수 있을까요?

상한 갈대를 꺾지 않으려면
사람을 두려워하지 않아야 합니다

거기에서 떠나 그들의 회당에 들어가시니_마 12:9

"그들의 회당"은 바리새인들에게 속한 회당입니다. 바리새인들이 안식일에 이삭 잘라 먹는 문제로 예수님을 고발하려는데, 예수님은 그들의 회당에 들어가십니다. 호랑이를 잡으려면 호랑이 굴로 들어가야 하기에, 그들의 영향력이 대단한 회당으로 친히 들어가십니다.

성경을 가르치는 회당이라지만 선생이라고 하는 바리새인들부터 안식이 없습니다. 그러니 다른 이들에게도 잘못 가르치고 있습니다. 그래서 그들의 회당으로 가서서 가르쳐 주십니다.

유대인들은 예수님이 나사렛 출신에 목수의 아들이라고 업신여겼습니다. 성경 선생인 바리새인들과 비교하면 무시당할 수밖에 없는 배경입니다. 하지만 내 신분이 낮다고 사람을 두려워한다면 어떻게 기득권층이 득실대는 회당에 들어갈 수 있겠습니까. 더욱이 예수님을 대적하고 고발하려는 그들의 회당에 어떻게 자진해서 들어갈 수 있겠습니까. 이런 모든 상황을 알고도 예수님이 바리새인들의 회당에 들어가신 이유는 안식이 무엇인지 보여 주시기 위해서입니다. 어려운 상황을 피하는 것이 안식이라고 착각하는 이들에게 진정한 안식을 가르쳐 주려고 회당으로 들어가셨습니다.

한쪽 손 마른 사람이 있는지라 사람들이 예수를 고발하려 하여 물어 이르되 안식일에 병 고치는 것이 옳으니이까_마 12:10

이삭을 잘라 먹은 문제에 이어 이번에는 병 고치는 문제로 예수님께 달려듭니다.

> 11 예수께서 이르시되 너희 중에 어떤 사람이 양 한 마리가 있어 안식일에 구덩이에 빠졌으면 끌어내지 않겠느냐 12 사람이 양보다 얼마나 더 귀하냐 그러므로 안식일에 선을 행하는 것이 옳으니라 하시고
> _마 12:11~12

안식일을 지키기 위한 조항 중에 안식일에 이삭은 못 잘라 먹게 해도 양이 구덩이에 빠지면 건져 주라는 조항이 있습니다. 통나무를 구덩이에 넣어서 스스로 양이 올라오게 하는 것은 허용됐습니다.

이 사람들이 동물을 너무 사랑해서 그랬을까요? 여기에도 역시 인간의 이기심이 깔려 있습니다. 배고픈 사람이 이삭을 잘라 먹는 것과 병자를 고쳐 주는 일에는 자기 것을 내어 주는 희생이 필요합니다. 그런데 양은 자기의 재물이기 때문에 잃어버리면 아까운 겁니다. 배고프고 아픈 사람에게는 관심이 없으면서 재물을 잃어버리는 데는 안식일이고 뭐고 상관이 없습니다. 예수님은 이런 그들의 속내를 콕 집으면서 "사람이 양보다 얼마나 더 귀하냐"고 그들이 대답 못 할 말을 던지십니다.

안식일에 선을 행하는 것이 옳다고 하셨는데, 원어로 보면 '선'은 명사가 아니라 부사입니다. 올바르고, 아름답고, 탁월한 일을 행하라는 것입니다. 이것은 도덕과 윤리적인 차원의 선이 아니라 영혼 구원 차원의 선입니다. 영육 간에 사람을 살리는 일이 가장 옳고, 아름답고, 탁월한 일이라는 뜻입니다.

선의 반대는 악인데, 그러면 안식일에 악을 행하는 건 무엇이겠습니

까. 도적질과 강도질만 악한 일일까요? 안식일에 악을 행하는 것은 영혼 구원과 상관없는 구제와 봉사를 의미합니다. 구원과 상관없이 구제하고 봉사하는 사람들이 얼마나 무섭고 악한지 모릅니다.

예수님을 죽인 바리새인들이 그런 자들이었습니다. 구원이 아니라 내가 복받으려고 쌓는 구제와 봉사는 사람을 살리는 선이 아니라 도리어 판단하고 죽이는 악입니다. 그들은 사람에게는 관심이 없고 오로지 자기 의만 쌓느라 안식일의 주인이신 예수님을 죽이고자 합니다. 자기들도 안식이 없고 다른 사람도 살리지 못합니다.

안식일에는 탁월하고 아름다운 영혼 구원의 일을 더 많이 해야 합니다. 성경의 모든 말씀은 구원이 초점입니다. 구원을 위해 예배하고 성경 공부하고 전도하고, 기도와 심방을 해야 합니다.

구원을 위해서라면 육적인 운동도 해야 합니다. 저도 구원을 위해서 걸었습니다. 나 자신만 위해서라면 안 걸어도 되지만, 내 몸이 회복되고 말씀을 전해야 하기에 구원을 위해서 열심히 걸었습니다. 구원을 위해서 라면 월드컵 경기나 올림픽을 위해서도 기도해야지요. 2002년 월드컵 이후 우리나라의 위상이 높아졌다고 합니다. 그러면 선교지에서 전도하기가 쉬워지기 때문에 구원을 위해 승리를 원하는 기도도 할 수 있습니다. 어떤 장소, 어떤 상황, 어떤 일에든 오직 구원 때문에 살고, 구원 때문에 울고 웃고 기도하는 우리가 되어야 합니다.

> 이에 그 사람에게 이르시되 손을 내밀라 하시니 그가 내밀매 다른 손과 같이 회복되어 성하더라 _마 12:13

외경에 보면, 이때 회당에 있던 손 마른 사람은 석공 일을 하다가 손이 흉측하게 오그라들어서 생계에 지장을 받는 사람이었다고 합니다. 손이 말라서 자기 할 일을 못 하고 있으니, 손을 지으신 목적대로 쓰임받지 못하고 있습니다. 우리에게도 이렇게 마른 부분이 있습니다.

각각 은사대로 쓰임받아야 할 부분을 올바르게 쓰지 못해서 말라 있습니다. 발이 말라서 음란과 쾌락을 찾아가고, 눈이 말라서 안목의 정욕을 따르고, 입이 말라서 전도도 못 합니다. 전도는커녕 원망하고 비판하는 말만 합니다. 머리도 말라서 하나님이 원하지 않으시는 생각으로 가득 차 있습니다. 하나님의 목적대로 살지 못하기에 날마다 병든 선택을 합니다.

그렇게 제 역할을 못 하고 있는 손 마른 자에게 예수님이 손을 내밀라고 하십니다. 그가 손을 내밀자 회복되어 성하게 됩니다. 오늘 나의 마르고 병든 부분을 주님이 내밀라고 하십니다. 말씀을 통해 예배를 통해 '손을 내밀라'고 부르십니다. 그 말씀을 듣고 손을 내미는 사람은 곧 회복되어 성하게 될 것입니다. 오랫동안 말라서 다시는 쓰지 못할 것 같던 나의 병든 부분을 주님이 고쳐 주십니다.

바리새인들이 나가서 어떻게 하여 예수를 죽일까 의논하거늘_마 12:14

손 마른 자가 회복되는 감동과 감격의 순간에 이어지는 스테이지가 '어떻게 하여 예수를 죽일까' 하는 논의의 장입니다. 교회의 지도자라고 하는 바리새인들이 이렇습니다. 교회에 와서 병이 나았는데 기뻐하지 않고 병 고쳐 준 사람을 죽이려고 합니다. 같이 교회를 다녀도 슬픈 일에 같이 슬퍼하기는 세 배가 어렵고, 기쁜 일에 같이 기뻐하기는 일곱 배가 어렵습니다.

이혼하려던 부부가 교회에 와서 관계를 회복했는데 '네가 잘 살려면 이혼을 해야지 교회가 무슨 상관이냐'며 교회가 이상하다고 비방합니다. 상처투성이 자녀가 교회에 와서 위로를 얻었는데 '공부할 시간도 부족한데 교회는 왜 가냐'면서 분을 냅니다. 이것이 예수를 죽일까 의논하는 바리새인과 같은 모습입니다.

이뿐 아닙니다. 예수님이 죄로 인해 죽을 수밖에 없는 나를 구원하셨는데 그것에 기뻐하지 못하고 '돈 주세요. 대학에 붙여 주세요' 하는 것도 예수를 죽일까 의논하는 모습입니다. 생명의 일, 구원의 일에는 관심이 없고 욕심만 채우려는 모습이 나는 살고 예수님을 죽이는 것입니다.

안식일에 교회 와서도 나는 살고 예수님을 죽이려는 수많은 의논을 우리가 하고 있습니다. 그래서 교회가 갈라지고 세상 법정에서 소송을 하고 별일이 다 일어납니다.

교회는 구원에 관한 일을 해야 합니다. 힘든 사람이 오면 손을 내밀라고 하며 도와줘야 합니다. 병든 자가 회복되고, 깨어진 가정이 합쳐질 때 내 일보다 더 기뻐하며 감사해야 합니다.

◆ 구원을 위해서 내가 찾아가야 할 '그들의 회당'은 어디입니까? 사람이 두렵고 판단받기가 두려워서 전도를 못 하고 있습니까? 하나님의 뜻대로 쓰임받지 못하는 나의 손 마른 것, 발 마른 것, 머리 마른 것, 입 마른 것을 주님께 내어놓으십시오. 손 마른 자가 성하게 된 것처럼 지체의 회복 소식에 진심으로 기뻐합니까? 다른 사람의 회복에는 관심도 없고, 내 환경이 회복되지 않는 것 때문에 교회를 판단하고 목사를 비방하고 예수님을 죽이려는 의논을 하지 않습니까?

숨을 때와 나타날 때를 알아야 합니다

15 예수께서 아시고 거기를 떠나가시니 많은 사람이 따르는지라 예수
께서 그들의 병을 다 고치시고 16 자기를 나타내지 말라 경고하셨으니
_마 12:15~16

바리새인들이 죽이려고 의논하는 것을 예수님이 알고 떠나가십니
다. 그들이 무서워서 떠나신 것이 아니라 더 큰 구원의 일 때문에 떠나가
십니다. 한쪽에서는 죽이려고 하는데, 다른 한쪽에서는 예수님을 따릅니
다. 예수님은 그들의 병을 다 고쳐 주십니다. 그리고 자기를 나타내지 말
라고 경고하십니다.

많은 무리가 따랐지만 그들의 목적은 말씀에 순종하고 십자가 지는
삶을 살려는 것이 아니었습니다. 오직 병 고침을 받는 것만 목적이기 때
문에 주님은 이들을 경계하십니다. 바리새인들이 예수님을 죽이려고 했
을 때 이 중에 예수님을 변호한 사람은 아무도 없었습니다. 그저 병 낫는
것밖에 관심이 없는 무리이지만 예수님은 자신에게 오는 사람들을 끝까
지 고쳐 주셨습니다.

그래서 사람은 믿음의 대상이 아니라 사랑의 대상입니다. 예수님은
병 낫기를 바라고 찾아오는 이들을 사랑으로 고쳐 주시되 그들이 따르지
않을 것도 알고 계셨습니다. 내가 조금 베풀고 잘해 줬다고 '너만은 믿었
는데, 내가 그만큼 잘해 줬는데 어떻게 이럴 수가 있어?' 하는 것은 정말
어리석은 생각입니다. 내가 바른 복음을 전하고 한없는 사랑을 베풀어도
얼마든지 배반당하고 배척당할 수 있습니다. 예수님과 동고동락하던 열
두 제자들도 예수님이 십자가를 지실 때는 등을 돌렸습니다.

스스로 드러내지 않으면서, 남이 인정하든 그렇지 않든 초연할 수 있다면 성공한 인생입니다. 구원을 위해 아름답고 탁월한 일을 하면서도 남이 알아줘야 신명 나는 것이 우리입니다. 교회 홈페이지에 간증하고 회개하는 글을 올려놓고 금세 몇 사람이나 읽었나 조회 수를 흘끔거립니다. 김 집사 나눔에는 답글이 스무 개가 달렸던데, 나한테는 누가 답글을 달았나 자꾸만 들여다봅니다. 하나님의 은혜에 감사해서 하나님 때문에 글을 올려놓고는 남들이 안 읽어 주면 상처를 받습니다. 이렇듯 우리는 인정받는 것에서 초연하기가 참 어렵습니다.

예수님은 바리새인들이 죽이려고 해도, 수많은 이의 병을 고치시면서도 자기를 나타내지 않으셨습니다. 예수님이 스스로 나타내지 않으신다고 구원이 안 이루어집니까? 바리새인들이 예수님을 죽이려 한다고 하나님의 구속사를 막을 수 있습니까? 누가 나를 인정해 준다고 내가 높아지는 게 아닙니다. 100% 죄인인 내가 역시 100% 죄인인 다른 사람들에게 인정받는다고 뭐 그리 기쁘겠습니까. 오직 100% 옳으신 하나님이 나를 알아주셔야 기쁘지 않겠습니까.

예수님이 많은 사람 앞에서 산상수훈을 전하실 때가 있고, 병을 고쳐 주시고도 나타내지 않으실 때가 있습니다. 죽이려고 하는 바리새인들의 회당에는 친히 들어가시고, 병 낫는 기적만 바라는 이들에게는 나타내지 말라고 하십니다. 한 사람을 전도하기 위해서 때를 잘 맞추는 것이 중요합니다. 무조건 전해야 할 때가 있는가 하면 잠잠히 기도하면서 기다려야 할 때도 있습니다. 구원의 일을 하려면 숨을 때와 나타날 때를 잘 알아야 합니다. 때를 잘 알아야 나도 살고 상한 갈대와 같은 힘든 사람들을 살릴 수 있습니다.

◆ 내가 숨고 싶은 때와 나타내고 싶은 때는 언제입니까? 복음 전할 자리에서는 숨고 싶고, 남들에게 자랑할 만한 것만 나타내려 합니까?

이방들이 예수님의 이름을 바라게 됩니다

17 이는 선지자 이사야를 통하여 말씀하신 바 18 보라 내가 택한 종 곧 내 마음에 기뻐하는 바 내가 사랑하는 자로다 내가 내 영을 그에게 줄 터이니 그가 심판을 이방에 알게 하리라_마 12:17~18

하나님이 기뻐하고 사랑하는 자에게 성령을 주시는 이유는 심판을 이방에 알리기 위해서입니다. 상한 갈대 같은 사람을 꺾지 않기 위해 우리에게 성령이 임해야 합니다.

그는 다투지도 아니하며 들레지도 아니하리니 아무도 길에서 그 소리를 듣지 못하리라_마 12:19

상한 갈대 같은 사람과 살면 싸우고 외칠 일이 많고 소리 지를 일이 널렸습니다. 그러나 성령이 함께하시면 다투지 않고 들레지 않고 외치지 않게 됩니다. 성령께서 예수님의 소리를 2천 년간 우리에게 듣게 하신 것처럼, 내가 원망과 불평 한마디 않고 있어도 성령이 임하시면 이방에게 그 소리가 들리게 됩니다. 이렇게 사는 사람은 결국 어떻게 될까요?

20 상한 갈대를 꺾지 아니하며 꺼져가는 심지를 끄지 아니하기를 심판

하여 이길 때까지 하리니 21 또한 이방들이 그의 이름을 바라리라 함을
이루려 하심이니라_마 12:20~21

"심판하여 이길 때까지"란 무슨 의미일까요? 그 사람과 다투지 않고 외치지 않으며 상한 갈대인 그를 줄로 잘 묶어 줄 때 내 속에서 심판하고자 하는 마음이 사라지고 구원과 사랑의 마음이 생깁니다.

이 말이 원어로는 '내 속에서 승리를 향하여 심판을 내던질 때까지'라는 뜻입니다. 우리도 심판을 내던져야 합니다. 상한 갈대 같은 가족을 보고 "너는 벌받아야 해, 심판받아야 해" 하는 것이 아니라, 내가 바로 상한 갈대임을 알고 내 힘으로 상대를 심판하려는 마음을 내려놓아야 합니다.

믿음 좋은 처녀였던 한 집사님이 60세 된 시어머니를 끝까지 모실 수 있겠다 싶어서 보무당당하게 결혼을 했습니다. 살면 얼마나 사시겠나 싶어서 모셨는데 그 시어머니가 102세를 사셨습니다.

집사님은 자기 믿음으로 모실 수 있다고 생각했지만 40년이라는 시간을 모시면서 자신의 믿음 없음을 바닥까지 경험했습니다. 치매로 발가벗고 뛰쳐나가 동네방네 다니며 욕을 해 대는 시어머니를 보며, 집사님은 자기 속의 해결되지 않은 더러움과 증오, 탐욕과 미움을 보게 되었습니다. 상한 갈대 같은 시어머니를 통해 자기가 상한 갈대인 것을 알게 됐습니다. 어머니를 심판하지 않고 긍휼히 여기고 사랑하게 됐습니다. 이것이 바로 "심판하여 이길 때까지"입니다.

상한 갈대를 꺾지 않고 묶어 주고 있으면, 그가 돌아오지 않더라도 다른 믿지 않는 사람들이 예수님을 알고 돌아오게 될 것입니다. 그리스도 밖에 있는 사람들이 '과연 예수 믿는 사람은 다르구나' 하면서 감동을 받을 것입니다.

하나님의 영광을 보이는 가장 좋은 통로는 상한 갈대 같고 꺼져 가는 심지 같은 사람이 내 옆에 있는 것입니다. '저 남편은 죽지도 않고 왜 이렇게 나를 괴롭히나' 하지만 하나님이 나에게 그를 붙이신 데는 이유가 있습니다. 상한 갈대와 같은 배우자, 부모 형제를 보면서 내 속에 선한 것이 하나도 없음을 보게 됩니다. 내 반쪽인 배우자, 혈육조차 사랑하지 못하고 용서하지 못하는 내가 상한 갈대임을 깨닫게 됩니다. 하나님이 상한 갈대인 나를 꺾지 않고 끝까지 기다리며 사랑하신다는 것을 깨닫게 됩니다.

한 엘리트 집사님이 이런 간증을 하셨습니다.

큰오빠는 아버지의 인감을 도용하고, 몇만 평의 선산을 보증으로 날려 버리고, 공동명의로 된 문중의 땅까지 처분하는 등 언제나 제멋대로 살며 온 식구를 힘들게 했습니다. 남의 말을 듣는 법이 없어 부부간에 늘 불화했고, 툭하면 이혼하겠다고 해서 세 아이는 할머니 집과 우리 집을 전전했습니다.

점점 힘들어진 큰오빠는 술을 먹고 난동을 부리며 재산 내놓으라고 아버지를 위협하고 부모님께 악담을 퍼붓곤 해서 작은오빠는 큰오빠로부터 부모님을 지키러 다녀야 했습니다. 그러나 그런 와중에도 하나님의 큰 은혜와 친정어머니의 무조건적인 사랑은 우리의 메마른 마음을 만져 주어 오히려 큰오빠의 가정을 온 형제가 극진히 섬기게 하셨습니다.

생각이 불량하고 질서가 없는 오빠! 변덕이 심하고 일관성이 없는 오빠! 늘 형제들과 겉돌고 친구 하나 없는 오빠가 수치스럽고 버리고 싶었습니다. 순진한 시골 사람들이 보증을 선 농협 빚, 농약 값, 기계 값을 하나도 갚지 않아 신용불량자가 되었습니다. 그런데도 오빠는 안 갚아도 된다고 만날 큰소리를 칩니다.

그런데 이 오빠 때문에 우리 가정에 믿음의 1세대가 시작되었습니다. 조상신을 극진히 섬기고 7대손이라며 제사만은 절대 포기하지 못하던 친정 아버지가 큰오빠가 감옥에 들어가는 사건이 터지자 제사를 폐하셨습니다. 하나님은 저에게 오빠를 적극적으로 사랑하지 못한 것, 오빠의 곤고한 마음을 이해할 마음을 조금도 갖지 못하고 내 상처 난 감정만 바라보던 것을 회개하게 하셨고, 오빠에게 눈물의 편지를 쓰게 하셨습니다. 유치장에 있는 동안 오빠는 순해져서 같은 방에 있던 전도사의 전도를 받게 되었습니다.

그러나 유치장을 나와서는 여전히 옛 방식대로 살아 늙은 부모님을 고생시켰습니다. 그러다가 췌장암으로 예후가 어렵다는 진단을 받았습니다. 오빠 나이 55세에 내려진 사형선고였습니다. 그때부터 온 가족의 중보기도와 사역이 더욱 간절해졌습니다. 평생 오빠 손 한번 잡기도 싫던 제 마음을 성령께서 녹여 주셔서 오빠를 끌어안고 볼을 비비며 눈물을 흘리고 기도하게 하셨습니다.

오빠는 괴팍해서 병원에서도 부부가 만날 싸웠습니다. 보기 괴로웠지만 하나님이 도우셔서 그런 올케를 원망하지 않고 불쌍히 여기게 하셨습니다. 식구들 간에도 조금이라도 올케에 대한 허물과 탓이 나오지 않도록 미리 당부해서 구원 외에는 다른 것들에 힘을 빼지 않도록 했습니다.

오빠가 소천하던 날 8시 30분에 예배를 드리자고 했는데, 제 마음에 오빠와 먼저 예배를 드리고 싶은 바람이 생겼습니다. 하나님이 주신 말씀은 전도서 3장 1절에서 11절이었습니다. "범사에 기한이 있고 천하 만사가 다 때가 있나니 날 때가 있고 죽을 때가 있으며…… 하나님이 모든 것을 지으시되 때를 따라 아름답게 하셨고 또 사람들에게는 영원을 사모하는 마음을 주셨느니라 그러나 하나님이 하시는 일의 시종을 사람으로 측량할 수 없게 하셨도다”라는 본문 말씀을 오빠에게 읽어 주고 말을 이어 갔습니다.

“이제 오빠에게 죽을 때가 왔다. 그러나 예수님 믿고 천국을 가니 주 안에서는 죽는 것도 아름답다고 하신다. 오빠가 교회를 안 다녔어도 오빠에게 영원을 사모하는 마음을 하나님께서 주셔서 하나님을 인정하고 예수님을 구주로 영접하면 오빠는 이제 천국으로 갈 것이기 때문에 안심하라. 주님께서 오빠를 두 팔 벌려 기다리신다. 그동안 오빠의 힘든 인생, 상처난 마음을 이해해 주지 못하고 동감해 주지 못한 것 용서해 달라. 오빠가 가족을 너무 사랑하는 것을 알지만 서로 표현방식이 달라 힘들었다. 아버지도 오빠 가족도 온 형제들도 오빠를 너무 사랑한다”고 하면서 기도하니 아이들과 올케가 애통해하며 웁니다.

그날 아침에 올케가 오빠에게 암이 온몸에 퍼졌으니 식구들에게 하고 싶은 말을 하라고 했습니다. 오빠는 처음으로 “미안하다. 사랑한다. 당신 나 없으면 어떻게 살지”라고 말했다고 합니다.

감옥에도 전도사가 있더니 마지막 병상에도 친구 목사가 있어서, 그렇게 열심히 말씀을 전해 주었답니다. 정말 구원 때문에 기도하면 돕는 손길을 보내 주십니다.

예배를 마친 후 오빠는 영안실로 옮겨졌습니다. 오빠가 천국에 갔기 때문에 온 식구들의 마음은 평안할 수 있었습니다. 장례를 치르는 동안에도 식구들의 마음에 천국이 임했기 때문에 육신의 이별이 슬퍼 울었으나 구원이 기뻐 웃었습니다. 그렇게 울다 웃다 했습니다.

워낙 교제가 없던 오빠인지라 문상객도 없이 친척이나 30명쯤 올까 했다는 친정어머니의 생각이 무색하게도 대학 4학년인 두 딸의 문상객이 300명도 더 왔습니다. 문상 온 친척들에게 "그렇게 험난한 인생을 살아온 오빠가 마지막에 예수님 믿고 천국 갔다. 그래서 너무 기쁘다"고 복음을 전하니 네 분의 외삼촌이 놀라십니다. "너희 아버지도 예수 믿냐? 너희가 이렇게 변했느냐? 믿을 수가 없다"고 하십니다.

그렇게 평생을 가족을 힘들게 하던 큰오빠는 아버지의 제사를 폐하게 하고 꿈쩍도 하지 않던 작은오빠를 교회로 인도했습니다. 작은오빠는 죽을병에 걸린 형님을 모시고 교회 가겠다고 나선 이후 주일 오후예배까지 드리며 열심히 신앙생활을 하고 있습니다.

5년만 더 살게 해 달라고 매달리던 친정어머니의 기도를 구원받고 천국 가게 해 달라는 기도로 바꾸어 놓았습니다. 이렇게 큰오빠는 온 형제 중 하나님께 가장 크게 쓰임받았습니다.

불화하던 형제들의 마음을 화해시켰고, 미워하던 작은아버지를 사랑하겠다는 마음으로 바꿔 놓아 온 식구가 작은아버지를 얼싸안고 눈물을 흘렸습니다.

하나님 앞에 일생 불순종만 하던 오빠를 하나님은 강권적인 사랑과 은혜로 존귀하게 하셨습니다. 그리고 악하다고 생각하던 큰오빠보다 등 뒤에서 수군거리며 판단하던 우리의 더 큰 악을 보게 하셨습니다.

외골수로 자기 생각에 갇혀 힘들게 살아온 오빠를 돌보사 형제들의 수고를 통해 하나님이 얼마나 오빠를 사랑하시는지 보게 하셨습니다. 구원 때문에 큰오빠를 섬기는 모습을 보면서 결국 다른 식구들이 예수님을 믿게되었고, 이방에 빛을 발하게 되었습니다.

이것이 "심판하여 이길 때까지"입니다. 상한 갈대와 같은 큰오빠를 통해 가족이 믿음으로 서게 되고, 안 믿는 친지들까지 예수님의 이름을 바라게 됐습니다. 이방이 예수님의 이름을 바라게 된 것입니다.

내 옆의 상한 갈대를 꺾지 않고 구원을 위해 섬길 때 나도 살고 모두가 살아나게 됩니다. 그들을 꺾어 버리고 싶고 심판하고 싶은 마음을 내던지고, 나의 손 마른 것과 상한 갈대 같은 모습을 먼저 깨달아야 합니다. 내 힘으로는 할 수 없지만, 하나님이 부어 주시는 성령의 힘으로는 할 수 있습니다. 성령의 감동으로 내 죄를 회개하고 내 옆의 상한 갈대를 묶어 주는 것이 예수님의 이름을 바라게 하는 복된 인생입니다.

◆ 내 곁에 상한 갈대와 같은 사람은 누구입니까? 그 사람을 보며, 나의 연약함과 사랑하지 못하는 완악한 마음을 보게 하시는 것이 복입니다. 내 죄를 깨닫게 하시는 것이 복입니다. 말도 안 되는 남편을 이혼으로 꺾어 버리지 않고, 속을 썩이는 자녀를 방치함으로 꺾어 버리지 않고 내 옆에 묶어 두면서 그를 위해 기도하기를 원합니다. 그들을 통해 내 연약함만 보게 해 달라고 기도합시다.

상한 갈대와 같은 배우자, 부모 형제를 보면서
내 속에 선한 것이 하나도 없음을 보게 됩니다.
내 반쪽인 배우자, 혈육조차 사랑하지 못하고
용서하지 못하는 내가 상한 갈대임을 깨닫게 됩니다.
하나님이 상한 갈대인 나를 꺾지 않고
끝까지 기다리며 사랑하신다는 것을 깨닫게 됩니다.

말씀으로 기도하기

안식일 문제로 예수님을 시험하고 죽이려는 바리새인들의 회당에 예수께서 친히 들어가십니다. 죽이려고 하는 바리새인들에게는 나타내시고, 병 낫기만 바라는 이들에게는 나타내지 말라고 경계하십니다.

구원의 일을 하기 위해서 사람을 두려워하지 말고 숨을 때와 나타낼 때를 잘 분별해야 합니다. 인정받고 생색내고 싶은 마음을 내려놓고 오직 구원을 위해 섬길 때 내 옆의 상한 갈대를 살리고 이방이 예수님의 이름을 바라게 됩니다.

상한 갈대를 꺾지 않으려면 사람을 두려워하지 않아야 합니다
(마 12:9~14).

사람을 두려워하지 않는 믿음으로 구원받지 못한 가족, 친지를 찾아가기 원합니다. 복음을 전하기 위해서 먼저 나의 손 마른 것, 입 마른 것을 주님께 내어놓습니다. 치료하여 주시옵소서. 문제 많은 가족을 내 의로움으로 판단하는 것이 예수님을 죽일까 의논하는 것임을 알게 하옵소서. 형식적인 예배와 봉사가 아니라 구원의 일을 함으로써 안식일에 선을 행하기 원합니다.

숨을 때와 나타날 때를 알아야 합니다(마 12:15~16).

구원을 위해 숨을 때와 나타날 때를 분별하는 지혜를 주옵소서. 인정받고 싶은 자리에서는 숨게 하시고, 손해 보고 낮아져야 하는 자리에서는 나를 나타내게 하옵소서.

이방들이 예수님의 이름을 바라게 됩니다(마 12:17~21).

상한 갈대를 꺾지 않으시고 꺼져 가는 심지를 끄지 않으시는 성령의 감동이 임하게 하옵소서. 그리하여 이방이 예수님의 이름을 바라게 하는 역할을 감당하기 원합니다.

우리들 묵상과 적용

주님은 상한 갈대를 꺾지 아니하며 꺼져 가는 심지를 끄지 아니하시는 분이라고 합니다(마 12:20). 내 옆의 상한 갈대는 막내 시동생의 가족과 큰형님 가족입니다. 시동생 부부는 아버님을 모시고 살았지만 형편이 어려웠습니다. 가게를 차려 주고 공장도 운영하게 했지만 번번이 실패하여 그 경제적인 부담을 우리가 져야 했습니다. 하지만 우리 부부가 생색내지 않고 그 가정을 책임진 것은 믿음 때문이 아니었습니다. 행여 아버님을 모시게 될까 봐서였습니다. 물질을 허락하심은 나누고 베풀라고 주신 것인데, 하나님 나라를 위해서가 아니라 내 유익을 위해 내 것인 양 베풀었습니다.

큰형님 가족은 아버님의 소유를 챙긴 뒤 행적을 감추었습니다. 7남매가 있지만 하루아침에 거처를 잃어버린 아버님을 착한 막내가 모신 것입니다. 그런데 아버님이 돌아가셨을 때 형제들이 모두 모인 자리에 큰형님이 12년 만에 나타나 모든 책임을 회피하였고, 나머지 형제들도 경제적으로 부담스러워해 여섯째인 우리가 장례를 맡게 되었습니다. 다행히 아버님이 돌아가시기 전에 예수님을 영접해 장례 예배를 드릴 수 있었습니다. 부족하지만 우리 부부는 믿음의 장자권을 갖게 되었고 이제 형제들의 구원이 우리 몫인 것을 알았습니다.

목사님의 장례예배로 형제들은 모두 말씀을 듣게 되었고 이방에 예수님을 알게 되었습니다. 앞으로 제사를 폐하겠다고 형제들에게 단호하게 말했고 이로써 구원과 심판을 알리는 역할을 하게 되었습니다

(마 12:18). 남편도 자신이 만난 하나님을 전하며, 어려움을 통해 만난 하나님의 사랑으로 형제들을 섬기겠노라고 고백했습니다. 아버님의 바람은 남은 가족의 화합과 서로 사랑하는 모습일 것이라고 말했을 때 아무도 다투지도 들레지도 아니하며 은혜 가운데 장례 절차를 마쳤습니다(마 12:19).

선지자를 통해 말씀을 들려주시고 상한 갈대와 같은 우리 가족의 구원을 이루어 가시는 주님을 찬양합니다.

영혼의 기도

하나님 아버지, 상한 갈대와 같은, 차라리 사라졌으면 좋을 남편, 부모, 친척이 우리 곁에 있습니다. 그들을 찾아가서 철사 줄로 묶고 볼을 비비고 껴안으며 "당신이 살아 있어서 감사하다"고, 우리 집안의 믿음을 위해서 기도할 수 있기를 원합니다.

축복의 통로가 되는 상한 갈대와 같은 식구에게 감사하기 원합니다. 내 죄를 알게 하려고 수고하는 상한 갈대와 꺼져 가는 심지를 우리 가정에 허락해 주셔서 감사합니다. 그들을 끝까지 사랑하기 원합니다.

그것을 위해 성령을 주셨다고 하니 끝까지 섬기기 원합니다. 그런 식구가 없었다면 내가 얼마나 죄인인지 이기적인지 모를 뻔했습니다. 다시 한 번 그들을 붙여 주신 것을 감사합니다. 내가 철사가 되고 줄이 되어서, 성령의 힘으로 그들의 손을 잡고 껴안기를 원합니다.

그럴 때 저를 통해 믿음의 1대손, 2대손, 3대손으로 축복하실 것이고, 많은 사람이 예수님의 이름을 부르게 될 것입니다. 내 힘으로 할 수 없습니다. 오직 주의 사랑에 매이는 수밖에 없습니다. 은혜를 주옵소서. 예수님 이름으로 기도하옵나이다. 아멘.

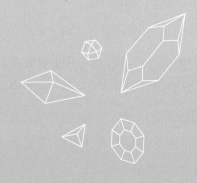

8

하나님 나라

마태복음 12:22~37

하나님 아버지,
하나님 나라가 제 삶에 이루어지기 원합니다.
그런 인생이 어떤 인생인지
말씀하여 주옵소서. 듣겠습니다.

우리나라에 최초로 복음을 전한 아펜젤러 선교사가 1902년 6월 11일 군산 앞바다에서 순교한 이후, 수많은 선교사의 피로 한국에 기독교가 정착했습니다. 그런데 2015년 통계청이 발표한 종교인구 통계를 보니 한때 1,200만 명을 육박했던 개신교 성도 수가 961만 명으로 줄어들었습니다.

사람들은 교단의 분파와 파벌, 재산 다툼, 지도자 자질 문제, 지하철과 길거리 등에서 비상식적으로 전도하는 것 등을 이유로 개신교를 안 좋게 여긴다고 합니다. 그러나 저는 초대교회의 십자가 정신이 사라진 것이 가장 큰 이유라고 생각합니다. 기독교 인구가 늘어나고 교회가 양적 성장을 하면서 하나님 나라, 복에 대한 개념이 변했기 때문입니다. 이제는 하나님 나라와 복의 개념을 재정립하는 한국교회가 되어야 합니다. 다른 종교와 어떻게 다른지 보여 줘야 할 사명이 있습니다. 우리가 사모해야 할 하나님 나라가 어떤 곳인지, 하나님을 믿는 복이 어떤 것인지 복의 개념이 바뀌어야 합니다.

하나님 나라는 이미 임했습니다

예수님을 주인으로 모시는 사람에게는 이미 하나님 나라가 시작되었습니다(마 12:28). 죽어서 가는 영원한 나라만 하나님 나라가 아닙니다.

국가에는 국민, 영토, 주권이 있습니다. 하나님의 주권이 하나님의 국민에게 임하려면 영토가 있어야 합니다. 그런데 이 땅의 모든 곳이 하나님께 속한 하나님의 영토이기에 모든 곳이 하나님의 주권이 임하는 하나님 나라입니다. 성(聖)과 속(俗)의 개념이 없습니다. 사업장이 잘되거나 망하거나, 아이가 대학에 붙거나 떨어지거나, 남편이 바람을 피우거나 안 피우거나, 예수 믿는 나로 인해 그곳에 하나님 나라가 임했다면 그 나라를 보여 줘야 할 책임이 있는 것입니다.

2002년에 위암 수술을 받고 은혜 가운데 투병하시던 한 집사님이 우리들교회에 등록하셨습니다. 우상처럼 여기던 남편이 세상 놀이에 빠진 것이 견딜 수 없어서 이혼을 요구하던 중 저의 책을 읽고 이혼을 철회하기로 하셨답니다. 말씀을 듣고 묵상하면서 복에 대한 개념이 완전히 바뀌었고, 이제는 잘나가는 사람보다는 감옥 갔다 온 사람, 고난받는 사람이 사랑스럽다고 합니다. 주변 사람들이 "환자 맞아?" 하고 물어볼 정도로 육적 회복도 경험하고 있습니다. 이것이 이미 임한 하나님 나라를 보여 주는 모습입니다.

앞서 마태복음 7장에서 소개한 혜옥 자매도 그렇습니다. 직장암으로 투병하다가 천국에 간 혜옥 자매는 우리에게 하나님 나라를 보여 줬습니다. 더 이상 치료가 무의미하다는 진단이 나던 날, 죽으라고 하시면 죽는 역할에 잘 순종하겠다고 하던 자매의 간증을 기억합니다. 혜옥 자매는 하나님이 100% 옳으심과 내가 100% 죄인이라는 사실이 38년 평생에 깨달은 진리 중의 진리였다고 고백했습니다. 암이라는 절체절명의 암초에 부딪혔을 때 만난 우리들교회와 큐티의 힘으로 마지막까지 아름답고 거룩한 모습으로 살다 천국에 갔습니다.

◆ 오늘 나의 환경에서 이미 임한 하나님 나라를 누리고 있습니까? 병들고, 가정이 흔들리고, 자녀가 문제를 일으켜도 하나님의 주권을 인정하며, 하나님이 100% 옳으신 것과 내가 죄인인 것을 고백합니까?

이미 임한 하나님 나라는
성령으로 사탄의 권세를 파하시는 곳입니다

22 그 때에 귀신 들려 눈 멀고 말 못하는 사람을 데리고 왔거늘 예수께서 고쳐 주시매 그 말 못하는 사람이 말하며 보게 된지라 23 무리가 다 놀라 이르되 이는 다윗의 자손이 아니냐 하니 24 바리새인들은 듣고 이르되 이가 귀신의 왕 바알세불을 힘입지 않고는 귀신을 쫓아내지 못하느니라 하거늘 25 예수께서 그들의 생각을 아시고 이르시되 스스로 분쟁하는 나라마다 황폐하여질 것이요 스스로 분쟁하는 동네나 집마다 서지 못하리라_마 12:22~25

이미 임한 하나님의 나라에도 불구하고, 아직도 많은 사람이 천국이 아니라 귀국(鬼國), 즉 귀신의 나라에 삽니다. 지금이라도 하나님의 통치 안으로 들어오면 하나님의 나라를 이 땅에서부터 맛보며 살 수 있는데, 이것을 거부하고 귀신의 통치, 죽음의 통치를 받고 삽니다. 귀신의 통제

아래 있기에 사람들은 보지도 듣지도 말하지도 못합니다. 그러나 예수님은 그 귀신의 권세를 파하시고, 보지 못하는 사람을 보게 하고, 듣지 못하는 사람을 듣게 하고, 말하지 못하는 사람을 말하게 하십니다. 우리의 무지를 지혜로 바꾸시고, 어둠을 빛으로 몰아내시며, 가난을 부요함으로 바꾸심으로 귀신의 세력을 물러가게 하십니다.

육적으로도 듣고 보고 말하게 하지만 영적으로도 그렇게 하십니다. 성령이 임하지 않으면 기도할 수 없습니다.

4대째 모태신앙인인데다 오랫동안 예배 때 반주를 했건만 저는 기도할 줄 몰랐습니다. 고등학교 때 종교부장을 맡았는데 어느 날 대표기도를 해야 했습니다. 많은 고민 끝에 오만 좋은 말은 다 갖다 붙여 기도문을 써서 했습니다. 당연히 은혜가 되지 않았습니다. 그러던 제게 성령이 임했고 그러자 기도가 터졌습니다. 처음에는 성경 말씀을 잘 모르니 방언도 주셨습니다. 말씀을 묵상하면서 말씀으로 기도하고, 말씀으로 전도하고, 원고 없이도 말씀을 전하게 됐습니다.

세상에는 볼 것도 갈 곳도 너무나 많습니다. 나이트클럽, PC방, 골프장…… 이렇게 갈 곳 많은 세상을 뿌리치고 교회에 와서 앉아 있는 것, 그 자체만으로도 이미 귀신의 통제에서 벗어난 것입니다. 볼 것과 들을 것, 말할 것을 구별했기 때문입니다.

귀신에 속해 있으면, 첫째, 사탄의 권세가 하나님의 음성을 듣지도 보지도 말하지도 못하게 합니다. 문제 속에 헤매다가 하나님의 꿈과 비전을 보지 못하게 합니다.

둘째로 사탄은 분쟁을 좋아합니다. 예수님이 고쳐 주셔서 말 못하는 사람이 말하고 눈먼 사람이 보게 되었는데 사람들의 반응이 각각 다릅니다.

무리는 "다윗의 자손이 아니냐"라고 합니다. 말하자면 "와, 진짜 예수님 믿는가 봐!" 하는 겁니다. 그런데 바리새인들은 "저 사람이 귀신이니까 귀신을 쫓았겠지, 완전 이단이야" 합니다. "암에 걸렸는데 기뻐하고 감사한다는 게 정상이냐? 거기 완전 이단이다. 암이 나아야지!" 이러는 것입니다.

> 26 만일 사탄이 사탄을 쫓아내면 스스로 분쟁하는 것이니 그리하고야 어떻게 그의 나라가 서겠느냐 27 또 내가 바알세불을 힘입어 귀신을 쫓아내면 너희의 아들들은 누구를 힘입어 쫓아내느냐 그러므로 그들이 너희의 재판관이 되리라_마 12:26~27

이런 생각을 예수님이 아시고 이렇게 말씀하십니다. "너희 중에 귀신을 쫓아낸 사람이 재판관이 되고 리더십을 갖겠구나." 그리고 연이어 설명하십니다.

> 그러나 내가 하나님의 성령을 힘입어 귀신을 쫓아내는 것이면 하나님의 나라가 이미 너희에게 임하였느니라_마 12:28

이처럼 알아듣게 설명하셔도 바리새인들은 이 말씀을 못 알아듣습니다. 아무리 설명해도 이미 임한 하나님 나라를 못 누립니다.

스스로 분쟁하는 자마다 황폐해진다고 했습니다(마 12:25). 성격이 안 맞아도 믿는 사람은 서로 한편이 되어야 합니다. 집안과 교회, 나라가 서려면 믿는 사람끼리 한편이 되어야 합니다.

제가 어떤 모임에서 전도하려고 했더니 예수를 믿는다는 어떤 사람이 "이 모임은 예수 믿는 모임이 아닌데 꼭 그래야 해요? 난 예수 믿는 거 티 내는 사람 싫더라"고 했습니다. 제가 예의를 갖추고 교양 있게 전해도 그렇게 싫어합니다. 이렇듯 사탄은 분쟁을 좋아하기에 내가 먼저 내 속의 분쟁과 집안의 분쟁을 막음으로써 성령의 통로가 되어야 합니다.

> 사람이 먼저 강한 자를 결박하지 않고서야 어떻게 그 강한 자의 집에 들
> 어가 그 세간을 강탈하겠느냐 결박한 후에야 그 집을 강탈하리라
> _마 12:29

귀신을 쫓기 위해서는 강한 자를 결박해야 합니다. 강도들에게나 어울리는 '강탈', '결박'이라는 단어를 썼습니다. 왜 그랬겠습니까? 사탄은 인간의 힘과 능력으로는 당해 낼 수 없기 때문입니다. 막강하기 때문에 결박해야 합니다. 무서운 남편, 술 먹는 남편, 예수 믿지 못하게 방해하는 남편을 내 힘으로는 결박할 수 없습니다. 예수를 안 믿으면 아무도 결박할 수 없습니다. 내가 누군가를 변화시킬 수 있고 잡을 수 있다고 착각하지 마십시오. 인간의 힘으로는 못합니다. 오직 성령이 임해야 할 수 있습니다.

어디에나 강한 자, 우두머리 역할을 하는 사람이 있습니다. 회사에서 사장이 믿고 가정에서 아버지가 믿으면 나머지는 예수 믿기가 쉬워집니다. 그래서 집에서는 아버지가 믿어야 하고 교회에서는 목사가 달라져야 합니다. 목사 한 사람의 강함이 결박되면 교회의 온 성도들이 편안해집니다. 나라에서는 대통령이 사탄의 권세를 폐하는 성령으로 결박당해야 합니다. 그러면 가정과 교회, 나라를 사탄으로부터 강탈하기가 쉬워집니다.

그중 가장 강한 마귀는 내 속의 악이라는 사실을 알아야 합니다. 내 속의 악이 결박되지 않으면 어떤 사람도 믿음으로 결박하지 못합니다. 그래서 여러분 한 사람, 말씀 듣는 한 사람이 중요합니다. 성령의 도움으로 내가 결박당해야 합니다.

> 30 나와 함께 아니하는 자는 나를 반대하는 자요 나와 함께 모으지 아니하는 자는 헤치는 자니라 31 그러므로 내가 너희에게 이르노니 사람에 대한 모든 죄와 모독은 사하심을 얻되 성령을 모독하는 것은 사하심을 얻지 못하겠고 32 또 누구든지 말로 인자를 거역하면 사하심을 얻되 누구든지 말로 성령을 거역하면 이 세상과 오는 세상에서도 사하심을 얻지 못하리라_마 12:30~32

바리새인과 같이 성령의 권세를 믿지 않는 자들은 사탄에 대해 무관심한 정도가 아니라 마귀의 하수인 노릇을 합니다. 예수님이 귀신 들린 자를 고치시고 주님 품으로 오게 했는데, 그 사역을 부정하면서 다른 사람이 주님께 오는 걸 막는 사람들이 있습니다.

사람의 모든 죄는 사함을 얻을 수 있습니다. 바울도 믿는 사람을 핍박했지만 사함을 받았고, 베드로도 예수님을 말로 저주하고 배신했지만 사함을 받았습니다. 바울이 믿는 사람을 핍박한 것은 믿기 전, 즉 성령이 임하기 전이었습니다. 그러나 성령이 임하여 예수님을 믿고 나서부터는 완전히 변해서 오히려 핍박을 받는 사람이 되었습니다. 하지만 귀신 들린 자를 고쳐 주었는데 "너 그거 귀신의 왕이 고쳐 줬지" 하면서 하나님이 하신 일을 부정한다면 그것은 전혀 다른 차원의 죄입니다.

하나님은 감당하지 못할 시험당함을 허락하지 않으시기에(고전

10:13), 우리가 연약해서 거짓말을 하더라도 인도해 가십니다. 우리에게 무조건 끊고 내려놓으라고 하지 않으십니다. 누울 자리도 보고 포기하게 하십니다.

날마다 하나님의 뜻대로 살지 못해 눈물 흘리는 것과 바리새인처럼 "귀신이 쫓아냈다"면서 비아냥거리는 것은 다릅니다. 하나님의 능력을 부인하는 바리새인의 이런 말은 사하심을 얻지 못합니다. 살다 보면 연약해서 말로 거역할 수도 있습니다. 그런데 하나님의 선물인 용서를 거절하면 용서받을 수 없는 영벌에 처해집니다. 용서도 성령의 힘이 아니면 받을 수 없습니다.

성령을 훼방하는 것과 말로 훼방하는 것은 다릅니다. 제 남편도 말로 훼방했습니다. 낙태 수술을 하고는 속상하니까 술을 마시고, 어느 날 밤엔 교회 문을 발로 찼습니다. 기도하러 갔는데 문이 잠겨 있어서 화가 났다고 합니다. 한밤중에 들어와서는 "내가 그 교회에 전화한다!" 해서 간신히 뜯어말렸습니다. 다음날도 교회 문이 잠겨 있어서 또 발로 찼답니다. 말로는 예수 믿는 것을 핍박하는 것 같지만 자신의 죄를 알기에 안타까운 마음에 교회를 찾아갔던 것입니다. 하나님께서 그런 남편의 진심을 아시기에 죽음 직전에라도 구원해 주셨습니다.

우리들교회에는 예배드리러 온 아내를 잡으러 교회에 오는 남편들이 더러 있습니다. 비록 예배드리는 아내를 훼방하러 온 것이지만 예배당에 발을 들여놓은 것 자체가 하나님의 역사라고 생각합니다. 그 걸음이 헛되지 않도록 성령께서 결박해 주실 날이 반드시 올 것입니다. 그러므로 낙심하지 말고 집안의 구원을 위해 나아가십시오.

◆ 입시 귀신, 출세 귀신, 음란 귀신, 쇼핑 귀신에 사로잡혀 있습니까? 나의 중독

과 질병, 힘든 환경에 대해 하나님의 주권을 인정합니까? 하나님의 옳으심을 인정하지 못하고 원망하고 낙심하는 것이 성령을 훼방하는 죄임을 알고 있습니까? 나의 질긴 악이 결박당함으로 우리 집안에 있는 불신과 사탄의 권세가 성령으로 폐하여지기를 기도하십시오. 또 내가 속한 공동체의 강한 자들이 성령에 결박당하여 믿음으로 바로 서기를 기도하십시오.

하나님 나라가 임한 것은 그 열매로 알 수 있습니다

나무도 좋고 열매도 좋다 하든지 나무도 좋지 않고 열매도 좋지 않다 하든지 하라 그 열매로 나무를 아느니라_마 12:33

택함받은 자는 열매로 알 수 있습니다. 나무는 좋은데 열매는 안 좋고, 나무는 안 좋은데 열매는 좋을 수 없습니다. 이렇게 말씀하신 예수님의 뜻은 "너희가 귀신이 나간 것은 인정하면서 성령이 아니라 귀신이 한 것으로 여기는구나. 뭐든지 싫고 좋은 것을 너희 마음대로 생각하는구나"입니다. 열매는 인정해도 그 일을 한 예수님은 무시하고 인정하지 못하는 바리새인들에게 하신 말씀입니다.

바리새인들이 예수님을 얼마나 싫어했을까 생각해 봅니다. 목수 아들에 목수 직업을 가진, 게다가 처녀가 낳은 자 아닙니까. 출신이 형편없습니다. 교회에서도 목장(소그룹 모임) 식구라고 소개하는데 행색이 초라하고 무식해 보이면 속으로 '제발 다른 목장으로 가라' 이럴 수 있습니다. 그렇게 무시당하기 싫어 교회에 올 때면 모두 명품을 두르고 오는 모양입니다.

저 역시 남들에게 인정받고 싶어서 일류를 향해 살았습니다. 하나님이 일류 학교를 보내 주시고 좋은 환경을 주셨는데, 거기에 투자한 시간이 아까워서라도 교회 가면 레벨(?)이 다른 사람과는 어울리고 싶지 않았습니다. 시댁 식구들과 함께 5년간 교회를 다녔지만 말 한마디 안 하고 사람을 외모로 차별하고 나누는 바리새인 기질이 저에게도 있었습니다.

예수 믿어도 저런 사람하고는 놀기도 싫고 말하기도 싫은 마음이 우리에게 있습니다. 그 마음을 저도 경험했기에 힘들고 어려운 분들과 함께하는 지금이 어느 때보다 천국이라는 것을 더욱 절실히 느끼고 있습니다. 내가 잘난 줄 알고 사람을 차별할 때는 지체도 열매도 없었지만, 내 삶을 낱낱이 오픈하며 낮아지고자 했을 때 말씀을 나눌 지체가 생기고 수많은 열매를 맺게 하셨습니다.

> 34 독사의 자식들아 너희는 악하니 어떻게 선한 말을 할 수 있느냐 이는 마음에 가득한 것을 입으로 말함이라 35 선한 사람은 그 쌓은 선에서 선한 것을 내고 악한 사람은 그 쌓은 악에서 악한 것을 내느니라
> _마 12:34~35

금식을 하고 봉사를 많이 해도 마음을 고쳐먹지 않으면 선한 말이 나올 수 없습니다. 착해도 예수 없는 악이 있고 못돼 보여도 예수의 생명이 있는 선이 있습니다.

바리새인은 세상 복의 개념으로 선악을 가르치기 때문에 백성이 이해하기 쉬웠습니다. 예를 들어, 어느 사람이 낙태를 해서 고해성사를 했다고 합시다. 그러면 "어린이집에 가서 3개월간 봉사하십시오"라고 해서 죄가 용서된다면 얼마나 편하겠습니까? 그러나 그렇게 선과 악을 구별하

는 것은 인간의 합리화일 뿐입니다. 하나님 나라를 위해 내가 쌓는 무엇이 선이고 무엇이 악입니까? 예수님을 믿고 하나님의 말씀을 따르는 것이 선이고, 영혼 구원을 목적으로 하지 않은 구제와 봉사와 헌금이 악입니다.

평신도 시절부터 큐티 모임을 인도하고 말씀을 전하다 보니 쇼핑할 시간이 없었습니다. 그러다 보니 점점 안목이 떨어졌고, 실제로 쇼핑을 나가면 그 옷이 그 옷 같아 도무지 판단할 수 없는데다 붐비는 사람들 속에 정신이 빠져서 돈이 있어도 쓸 수가 없게 되었습니다.

그런데 어떤 사람은 돈도 없으면서 인터넷 쇼핑에 아이쇼핑을 하느라 성경 볼 시간이 없다고 합니다. 돈이 없어 사고 싶은 물건을 사지 못하니 열심히 일하고 돌아온 남편한테 바가지나 긁고 비싼 학원 보낸 자녀가 공부를 못하면 속상해서 "내가 누구 때문에 사는데 너는 이 모양이냐!" 하고 퍼부어 댑니다. 자기 속에 쌓은 악으로 악을 내는 겁니다.

마음에 가득한 것이 세상인지 영적인 것인지 입이 증거합니다.

36 내가 너희에게 이르노니 사람이 무슨 무익한 말을 하든지 심판 날에 이에 대하여 심문을 받으리니 37 네 말로 의롭다 함을 받고 네 말로 정죄함을 받으리라_마 12:36~37

예수 안 믿으면 생명과 관계없는 말을 할 수밖에 없습니다.

바리새인들은 예수님이 병 고치시는 것을 보고 귀신의 역사라고, 바알세불의 힘으로 고쳤다고 합니다. 사탄의 다른 이름인 바알세불은 '똥파리'라는 뜻입니다. 주님의 거룩한 능력을 보고 바리새인들이 이렇게 표현합니다. 결국 자기 말로 자기를 증거한 것입니다. 우리의 작은 섬김을 보고 누군가 악평을 하더라도, 예수님을 생각하며 참기 바랍니다. 설령 악한 말을 듣더라도 덩달아 악한 말을 해서는 안 됩니다. 그들 앞에 거룩한 말과 행실을 보여 주는 것이 하나님 나라를 보이는 것입니다.

◆ 믿음의 열매로 다른 사람을 인정합니까? 고난의 간증을 들을 때 믿음으로 승리한 열매보다는 그 사람의 고난이 싫어서 무시하고 외면합니까? 오늘 내가 뱉은 말은 하나님 나라를 보여 주는 열매였습니까? 입만 열면 "사는 재미가 없다, 입을 옷이 없어서 죽겠다, 네가 공부 못해서 내가 망신이다"라는 말이 나옵니까? 날마다 성경 말씀을 내 속에 쌓음으로써 내 안에 있는 이기심과 판단의 악을 버리고 있습니까?

말씀으로 기도하기

하나님 나라는 이미 임했습니다. 예수님은 성령으로 귀신의 나라를 폐하고 하나님 나라를 세우십니다. 사탄의 권세를 파하는 것은 오직 성령의 능력으로만 가능합니다. 하나님 나라는 열매로 알 수 있습니다. 내 속에 쌓은 것이 선인지 악인지 말씀에 비추어 돌아보기 바랍니다.

하나님 나라는 이미 임했습니다(마 12:28).

오늘 내 삶의 자리에 이미 하나님 나라가 임하였다고 하시니 감사합니다. 어떤 환경에서도 하나님의 주권을 인정하고 하나님 나라를 누리며 다른 이들에게도 증거하기 원합니다.

이미 임한 하나님 나라는 성령으로 권세를 파하시는 곳입니다
(마 12:22~32).

물질과 정욕의 귀신에 사로잡혀 믿음의 눈이 멀고 말 못하는 저를 고쳐 주옵소서. 하나님의 능력과 옳으심을 인정하지 못해서 스스로 분쟁하며 황폐해진 저를 회복시켜 주옵소서. 나의 강함이 성령에 결박당함으로 믿음을 훼방하는 내 속의 죄악이 무너지게 하옵소서. 가정과 교회, 나라와 각 기관의 강한 자들이 성령에 결박당하여 하나님의 통치를 받도록 간구합니다.

하나님 나라가 임한 것은 그 열매로 알 수 있습니다(마 12:33~37).

외모가 아닌 믿음의 열매로 사람을 분별하게 하옵소서. 상대방이 문제가 아니라 내 속에 쌓은 악 때문에 판단과 원망이 나오는 것을 불쌍히 여겨 주시고, 구원의 열매로 하나님 나라를 보여 주는 말과 행동을 하게 하옵소서.

우리들 묵상과 적용

저는 '귀신 들린 자'였습니다. 불신 가정에서 자라 성공이 인생의 목적이었습니다. 유학을 갔는데 심하게 가위에 눌려서 교회에 갔다가 나왔고 그 뒤로는 또 가위 눌릴까 봐 믿음과 상관없이 교회에 나갔습니다. 그런 중에도 세상에 대한 열심이 하늘을 찔렀습니다. 모두가 부러워하던 좋은 직장도 다 내려놓고 결혼을 위해 한국에 들어왔는데 그 결혼이 그만 깨지고 말았습니다. 교만하여 직장에도 적응하지 못하고 병까지 얻자 도무지 인생이 해석되지 않아 괴로웠습니다.

예수님은 눈멀고 말 못하는 자를 성령을 힘입어 고쳐 주셨는데, 저야말로 하나님 나라를 볼 줄도 말할 줄도 모르는 눈멀고 말 못하는 자였습니다(마 12:22). 가위 눌리는 두려움 때문에 큐티를 했지만, 영적인 것을 알고 싶지도 않았고 관심도 없었습니다. 그런데 주일학교 교사로서 고등부 수련회에 가서 아이들을 위해 기도하다가 성령이 임하시는 것을 체험했습니다. 이미 임한 하나님 나라를 보게 하셨습니다. 성령이 임하니 눈먼 제게도 하나님 나라가 보입니다. 병 고침이 목적인 저에게 구원과 평강까지 주시는 하나님의 사랑이 느껴집니다. 이제는 성령을 힘입어 볼 것과 들을 것과 말할 것을 분별하기 원합니다.

여전히 믿는 사람들의 잘못을 정죄하고, 불신자의 형통을 부러워하며 믿는 사람의 형통을 시기하는 모습이 있습니다. 이렇게 스스로 분쟁하여서 하나님 나라가 황폐해지는 일이 없도록 하겠습니다. 우리 집안에서 저 하나만 잘되면 걱정이 없는데, 하필 이런 연약한 저를 택해 주셨습니다. 가족에게 사랑의 언어를 쓰며 혈기 부리지 않고, 믿음 안에 잘 결박당하여 이미 임한 하나님의 나라를 보이겠습니다. 나의 자존심과 자아가 결박당하여 성령의 힘으로 제게 붙여 주신 공동체를 잘 섬기기를 원합니다.

영혼의 기도

하나님 아버지, 귀신 들려서 보지도 듣지도 말하지도 못하던 저를 보고 듣고 말하게 해 주시니 감사합니다. 그런데 그 은혜와 사랑에 매여 주님을 전하기보다는 아직도 스스로 분쟁하는 모습이 있습니다. 강한 결박이 이미 풀렸는데도 아직 세상에 결박된 줄 알고 두려운 것이 많습니다. 여전히 세상의 일류를 향해 가면서 그것 때문에 속상해하는 저희를 불쌍히 여겨 주옵소서.

남편, 아내, 형제, 친척, 부모가 나를 예수 믿지 못하게 방해합니다. 내 힘으로는 이들을 결박할 수 없습니다. 사탄에 속한 권세들이 결박되기 원합니다. 아픈 것이 결박되기 원합니다. 음란과 악이 결박되기 원합니다. 포악한 모든 것이 결박되기 원합니다. 그 무엇보다 나의 악이 결박되지 않아서 결박할 수 없음을 고백합니다. 이미 임한 하나님 나라를 보여 주기 위해 나의 악이 결박되고, 쌓은 선에서 선을 내기 원합니다.

육체적·정신적으로 귀신 들린 자를 위해 기도하오니 환청과 환각과 환시와 조울증, 우울증으로 고통받는 식구들의 결박이 풀리고 그를 간호하는 식구들의 마음이 풀리기 원합니다. 하나님의 위로를 받기 원합니다. 이미 임한 하나님 나라를 누리며 하나님 나라를 보여 주는 우리가 되기를 원합니다. 예수님 이름으로 기도하옵나이다. 아멘.

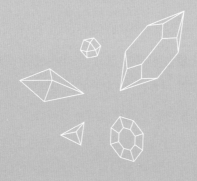

하나님의 가족

마태복음 12:38~50

하나님 아버지,
우리 가족이, 우리의 이웃이
하나님 나라의 가족이 되기 원하오니
말씀하여 주옵소서. 듣겠습니다.

잘나가는 전문직 남편을 둔 한 자매의 이야기를 들었습니다. 남편 친구들 모임에 나가면 애인 없는 사람이 없고, 도리어 애인이 없으면 창피한 거랍니다. 그중에는 교회 나가는 친구도 있고 장로님 자녀도 있답니다. 그런데도 죄의식 없이 음란을 즐기고 있다는 겁니다.

30대 중반에 전문인이 되느라고 부모도 본인도 수고했을 텐데, 그 사람들이 교회를 나가도 과연 하나님의 가족이고 하나님의 아들딸일까 생각해 봅니다. 나는 어떻습니까? 하나님의 아들딸이 아니고 먼 친척 조카 같은 삶을 살고 있지는 않습니까?

표적의 의미를 아는 사람이 하나님의 가족입니다

그 때에 서기관과 바리새인 중 몇 사람이 말하되 선생님이여 우리에게 표적 보여주시기를 원하나이다_마 12:38

"그때"는 예수님이 귀신 들려 말 못하는 자를 고치고 수많은 기적을 보여 주셨을 때입니다. 그 모든 기적을 보고도 서기관과 바리새인들은 표적을 보여 달라고 합니다. 병을 고쳐 주고 손 마른 자에게 기적을 베푸신 것처럼 우리의 문제를 해결해 주시는 말씀을 듣고도 우리는 표적 보여 주시기만을 구합니다. 길이요 진리요 생명이신 예수님을 앞에 두고도 "됐습니다. 됐고요. 뭔가 나한테 생기는 게 있어야죠. 예수 믿으면 뭔가 잘되는 게 있어야죠" 하면서 표적을 구합니다. 이 시대의 사역자, 지도자인 바리새인과 서기관들이 오직 표적만 바라고 있습니다. 신앙을 가진 사람이 신앙을 잃어버리면 말씀에 만족하지 못하고 표적을 구합니다. 주님은 이런 사람을 "독사의 자식"이라고 하셨습니다(마 12:34).

> 예수께서 대답하여 이르시되 악하고 음란한 세대가 표적을 구하나 선지자 요나의 표적 밖에는 보일 표적이 없느니라_마 12:39

이 세대의 특징을 악하고 음란하다고 정의하십니다. 악하고 음란한 세대가 구하는 것이 표적입니다. 악하고 음란하게 살기 위해 돈, 권력, 미모의 표적이 필요합니다. 음란은 혼외정사를 의미합니다. 영적으로, 육적으로 혼외정사를 하는 성도들이 많습니다. "이런 사랑은 하나님도 어쩔 수 없어"라고 부르짖으며 음란을 행합니다.

주님을 향한 목표가 확실하지 않으면 좋은 학교를 나와 좋은 직업을 갖고도 악하고 음란하게 살 수밖에 없습니다. 성경적인 가치관을 갖지 않으면 결국 신앙생활의 목적도 악하고 음란하게 살기 위함이 됩니다.

40 요나가 밤낮 사흘 동안 큰 물고기 뱃속에 있었던 것 같이 인자도 밤

낮 사흘 동안 땅 속에 있으리라 41 심판 때에 니느웨 사람들이 일어나 이 세대 사람을 정죄하리니 이는 그들이 요나의 전도를 듣고 회개하였음이거니와 요나보다 더 큰 이가 여기 있으며 42 심판 때에 남방 여왕이 일어나 이 세대 사람을 정죄하리니 이는 그가 솔로몬의 지혜로운 말을 들으려고 땅 끝에서 왔음이거니와 솔로몬보다 더 큰 이가 여기 있느니라_마 12:40~42

요나의 표적은 예수님이 십자가를 지고 죽으셨다가 3일 만에 부활하신 사건의 모형입니다. 과거의 식민지 역사 때문에 우리가 일본을 불편하게 여기듯이, 한때 이스라엘을 강점하여 이스라엘 사람들이 원수처럼 여기는 나라가 앗수르입니다. 그리고 그 수도가 니느웨입니다. 멸망해야 마땅한데 그곳에 요나가 선교사로 보내졌습니다.

처음에 요나는 가기 싫어서 다시스행 배를 탔고, 하나님은 요나가 순종하도록 물고기 배에 그를 산 채로 3일 동안 가두셨습니다. 이후 요나가 회개하고 니느웨로 가서 하나님의 말씀을 전하니 놀랍게도 니느웨 사람 12만 명이 베옷을 입고 회개했습니다.

그러자 요나는 "전하라고 하셔서 전했을 뿐인데 왜 그들을 회개시키십니까!" 하면서 하나님께 따졌습니다. 진짜 기가 막힙니다. 선지자 같지도 않은 선지자입니다. 그런 선지자도 말씀을 전했더니 12만 명이 돌아왔습니다. 이렇게 선지자 같지도 않은 선지자의 말을 듣고도 수많은 사람이 회개했는데, 그 요나보다 큰 자가 예수님이라는 것입니다.

남방은 말하자면 그 시대의 땅끝 나라입니다. 스바 여왕이 그 땅끝에서 온갖 향품과 예물을 가지고 솔로몬의 지혜를 들으려고 왔습니다. 이렇듯 부와 지혜의 상징인 솔로몬보다 더 큰 이가 예수님이시라고 합니다.

그런데 솔로몬과 요나를 귀히 여기면서 그들의 주인이신 예수님은 우습게 여기는 것이 바리새인들의 모습이고 우리의 모습입니다. 우리들 교회에 오신 어떤 분이 김양재 목사의 설교는 너무 듣기 싫은데 아무개 목자가 가르치는 건 너무 좋답니다. 아무개 목자는 목사인 저에게 교육을 받아서 전하는 것인데 말입니다. 바리새인이 딱 그렇습니다. 요나와 솔로몬은 좋고 그 근본 되신 예수님에게는 더 큰 표적을 보여 달라고, 표적을 안 보여 주면 안 믿는다고 합니다.

요나는 산 채로 물고기 배 속에 있다가 살아났지만, 흠도 죄도 없는 예수님은 온갖 모욕과 채찍질을 받고 십자가에 못 박혀 죽으셨다가 3일 만에 다시 살아나셨습니다. 이보다 더한 사랑의 사도, 사랑의 선지자는 없습니다.

요나의 표적밖에 보일 것이 없다는 것은 한마디로 죽어 주는 것보다 더 큰 표적은 없다는 뜻입니다. 타락한 인간에게 보여 줄 것은 부활과 전도의 은혜밖에 없다는 의미입니다.

"너희 바리새인들이 나를 죽이려는 것을 안다. 그래, 내가 죽겠다. 그러나 반드시 살아날 것이다"라고 예수님이 말씀하십니다. 안 믿는 가족, 믿음을 핍박하고 조롱하는 사람들에게 보여 줄 것은 내가 죽어 주는 것밖에 없습니다. 그들과 다투며 논쟁하지 말고, 끝없는 희생과 용서로 십자가 지는 삶을 보여 주는 것이 내가 살아나는 길입니다. 우리의 죽음은 하나님과 함께하기에 다시 살아나는 죽음입니다. 죽어도 살고 살아도 사는 것이 요나의 표적입니다.

❖ 기도하고 예배드리면서도 병 낫는 것, 사업을 재기하는 것, 자녀가 합격하는 표적만을 구하고 있지 않습니까? "너가 원하는 모든 걸 해 주겠다"면서 자녀

에게 모든 것을 쏟아붓는 것보다, 힘든 상황 가운데 하나님께 무릎 꿇고 말씀대로 적용하는 모습을 보여 주는 것이 최고의 표적입니다. 말이 안 되는 상사에게 대들고 옳고 그름을 따지는 것이 아니라 예수님 때문에 인내하고 섬기는 것이 최고의 표적입니다.

하나님의 말씀을 채운 자가 하나님의 가족이 됩니다

43 더러운 귀신이 사람에게서 나갔을 때에 물 없는 곳으로 다니며 쉬기를 구하되 쉴 곳을 얻지 못하고 44 이에 이르되 내가 나온 내 집으로 돌아가리라 하고 와 보니 그 집이 비고 청소되고 수리되었거늘 45 이에 가서 저보다 더 악한 귀신 일곱을 데리고 들어가서 거하니 그 사람의 나중 형편이 전보다 더욱 심하게 되느니라 이 악한 세대가 또한 이렇게 되리라_마 12:43~45

악하고 음란한 세대는 성경을 안 보면 점점 더 악하게 된다는 것이 주님의 진단입니다. 하나님과 바른 관계에 있지 못하면 우리는 조카같이 먼 자식이 될 수밖에 없습니다. 귀신을 추방하는 것보다 더 중요한 것은 내 속을 말씀으로 채우는 일입니다. 회개했다고 하면서 악하고 음란한 세대의 세상 가치관을 안 버리면 금세 문제가 옵니다. 예수님을 믿는데 여전히 예수님이 아닌 병 고침과 대학 입시 등을 주인으로 모시면, 귀신이 이런 집을 가장 좋아한다고 합니다.

귀신이 나갔는데 어디로 갑니까? 물 없는 곳, 이곳은 광야입니다. '다니며', '구하되', '얻지 못하고' 이 세 동사는 습관적인 동작을 나타내는 현재형으로 쓰였습니다. 더러운 영은 습관적으로 쉴 곳을 찾아 헤맵니다. 그런데 말씀이 있는 곳이 아니라 습관적인 중독으로 가는 겁니다. 귀신이 다니며 구하되 얻지 못하고 계속 다닙니다. 얻지 못하니 다시 나왔던 곳으로 돌아갑니다.

죄와 중독을 끊은 뒤 말씀으로 채워야 하는데 그러지 못하니 기쁨이 없어서 다시 돌아갑니다. 더러운 귀신이 와 보니 그 집이 비고 수리되어 있습니다.

청소되고 수리된 상태는 적극적으로 악한 상태는 아니지만 그렇다고 선하지도 않은 중립적인 상태입니다. 그런데 이런 곳을 더러운 영은 가장 좋아합니다. 성경 주석가 헨드릭스는 "비고 청소되었다 함은, 악의는 없지만 거룩한 것은 아니다"라고 했습니다. 그러므로 예수 믿자마자 헌신해야 합니다. 예수 믿고 삶에 기쁨이 넘치면 교회에서 양육을 받고 말씀을 채워 넣어야 합니다. 말씀을 들으면 그것을 내 말씀으로 적용하며 신앙생활을 해야 하는데, 내가 예전보다 깨끗해졌다고 좋아하기만 하면 일곱 귀신이 떼로 몰려와 자리를 차지해 버립니다. 예전보다 형편이 더 나빠지는 것입니다.

저는 청년들에게 불신결혼을 하지 말라고 하는데 사실 정말 믿음 있는 사람을 만나기가 어렵습니다. 대부분 "아무리 찾아도 없어요" 하면서 결국 믿지 않는 사람과 결혼합니다.

먼저 불신자와 헤어지고 성령과 말씀이 있는 곳으로 가야 하는데 "외로워, 외로워" 하면서 물 없는 그 사람에게 도로 갑니다. 그 사람 떠나서는 못 산다고 합니다. 그런데 이런 사람들의 특징이 교회에 다녀도 공동체에는 속하지 않는다는 것입니다.

우리들교회는 목욕탕 교회입니다. 다 벌거벗고 나눔을 하니 혼자

껴입고 있으면 이상한 사람이 됩니다. 목욕탕 같은 공동체에 들어와서 따스하게 젖어 있으면 저절로 때가 불고, 그러면 때 밀고 뽀얘져서 나갑니다. 그런데 자기를 오픈하기 위해 벌거벗으면 혼자 미친 사람이 되는 사무실 같은 교회도 더러 있습니다. 여러분이 목욕탕 공동체에 들어오기만 하면 그 남자, 그 여자보다 더 좋은 사랑의 공동체를 만나 헤매지 않게 됩니다.

사랑의 공동체를 만나면 끊지 못하던 문제가 해결됩니다. 먼저 좋은 공동체를 찾아서 때를 벗겨야 그것을 끊을 힘이 생깁니다. 더 이상 이상한 곳, 물 없는 곳에서 쉼을 찾지 마십시오.

우리들교회에 제가 참 사랑하는 집사님이 있습니다. 의사로서 부러울 게 없는 분입니다. 한때 주식에 손을 댔다가 망해서 교회 다니게 되었는데, 그 간증이 얼마나 은혜로운지 모릅니다.

유복한 가정에서 태어나 유학까지 다녀온 이 집사님은 주식에 손을 댔다가 돈을 왕창 번 뒤로 끊지 못하고 오히려 의사인 주업이 부업이 될 정도로 푹 빠지고 말았습니다. 그러다 돈을 모두 잃었고, 기독교방송까지 나가 눈물로 간증했습니다.

그런데 우리들교회 개척할 즈음 두 번째로 망했습니다. 그때도 말씀으로 간증을 했습니다. 한때는 아예 병원을 관두고 주식의 길로 나서기도 했습니다. 우리들교회에 와서 모든 사람이 승리하는 것은 아닙니다. 그러나 적어도 우리들교회는 이런 과정들을 솔직하게 오픈합니다.

예수 믿는다고 하루아침에 변화되지 않습니다. 이 집사님이 너무 딱해서 그분이 왜 주식이라는 중독을 끊지 못할까 생각해 보았습니다. 그분은 성품이 악의가 없고 순수한 분입니다. 그래서 일곱 귀신이 거하기 가장 좋은 장소가 됐습니다. 맺고 끊음이 안 되고 고생을 안 해 봐서 탐심을 내려놓지 못합니다.

어떤 분이 고달픈 인생을 살다가 유명한 배우가 됐습니다. 돈도 인기도 얻었지만 상처를 받고 이혼했습니다. 그 후 전도를 받고 예수를 믿게 되어 기쁘게 살다가 교회 장로라는 한 남자를 만났습니다. 장로라기에 덮어놓고 결혼했는데, 알고 보니 사기꾼이었습니다. 온 재산을 털리고 모든 수입이 차압되었습니다. 분별이 안 되니 훨씬 악한 사람을 만났습니다. 깨끗이 비고 청소가 되었으면 그다음에는 성경으로 채워야 하는데, 나중 형편이 더 심하게 됐습니다.

링컨이 초등학교도 제대로 못 나왔지만 성경을 읽으며 대통령이 되었습니다. 오직 말씀으로 채웠기 때문에 표적 신앙이 아닌 요나의 표적, 십자가 신앙을 갖게 되었습니다. 우리 아이들에게도 성경적 가치관을 넣어 주면 앞으로 훌륭한 지도자가 될 줄 믿습니다. 훌륭한 남편, 현숙한 아내, 지혜로운 자녀가 줄줄이 나올 줄 믿습니다. 교회의 존재 이유도 이것입니다. '말씀 보는 교회'에서 이 사회의 지도자가 나와야 하며 또 그렇게 될 것입니다.

가끔 "교회가 다냐?"고 묻는 분이 계십니다. 예, 다입니다. 성도가 모이기를 폐하는 것을 주님은 원하지 않으십니다. 성냥개비 하나로는 불꽃이 금세 꺼지고 말지만 성냥 한 상자가 다 타면 그 힘이 대단합니다. 거듭난 사람들이 한데 모여서 사탄을 물리치고 힘을 내기 때문에 주일마다 역사가 일어나는 것입니다.

• 부흥회에서 은혜받고, 기도원 가서 기도하고 나서 나의 발걸음이 어디를 향합니까? 은혜를 '충전'한 뒤에도 여전히 끊지 못하는 악한 습관과 중독으로 돌아가고 있진 않습니까? 말씀으로 채우지 않으면 내가 죄짓던 자리로 되돌

아가게 마련입니다. 매일 말씀으로 연약한 나를 채워 달라고, 공동체에 속해 나의 시간과 감정을 헌신하게 해 달라고 기도하십시오.

하나님의 뜻대로 행하는 자가 하나님의 가족입니다

46 예수께서 무리에게 말씀하실 때에 그의 어머니와 동생들이 예수께 말하려고 밖에 섰더니 47 한 사람이 예수께 여짜오되 보소서 당신의 어머니와 동생들이 당신께 말하려고 밖에 서 있나이다 하니 48 말하던 사람에게 대답하여 이르시되 누가 내 어머니이며 내 동생들이냐 하시고 49 손을 내밀어 제자들을 가리켜 이르시되 나의 어머니와 나의 동생들을 보라_마 12:46~49

피를 나눈 혈육이라고 해서 다 하나님의 가족이 되는 건 아닙니다. 예수님이 식구들에게 책임을 다하셨지만, 제자들에게 보낸 사랑과는 달랐습니다. 가장 가까운 가족이 오히려 하나님 나라에서는 방해꾼 역할을 하기도 합니다. 지금 바리새인들이 예수님을 잡아 죽이려고 하는데, 그 말씀을 듣고도 식구들이 밖에 서 있습니다.

아무리 목사님이 훌륭해도 식구들이 다 밖에 서 있을 수 있습니다. 교회 안에도 그리스도 밖에 있는 사람이 많습니다. 예수님은 안에 있는 제자들을 가리키며 내 어머니와 내 동생이라고 하십니다. 이것이 불효막심한 것 같습니까? 그렇지 않습니다.

누구든지 하늘에 계신 내 아버지의 뜻대로 하는 자가 내 형제요 자매요

어머니이니라 하시더라_마 12:50

하나님 나라의 식구가 되고자 하는 사람은 자기 식구가 우상이 되어선 안 됩니다. 예수님의 가족은 대단한 예수님을 불러내어 부모 말을 잘 듣는 모습을 보여 주고 싶었는지도 모릅니다. 가족은 예수님을 걱정하는 것 같지만 죽이려 드는 바리새인과 서기관 앞에서 불러내는 걸 보면, 예수님을 인정 못 하고, 이해도 못 하고, 사랑하지 못한 것 같습니다. 예수님을 인정했다면 그 순간 예수님을 지켜 주고 편들었어야 하는 것 아니겠습니까?

다니엘서를 보면 느부갓네살 왕은 자신의 음식을 대접하며 다니엘과 유대 소년들을 3년간 길렀습니다. 하지만 그 목적은 소년들이 자라 느부갓네살 왕 자신을 잘 섬기게 하기 위해서였습니다.

부모는 자녀들에게 산해진미를 먹여 키우면서 "나 늙으면 알지? 내가 널 위해 이렇게 희생했다" 하며 내심 자녀들의 효도를 바랍니다. 최선을 다해 자녀를 키우되 이웃을 위해 살라고 가르쳐야 하는데 만날 "나 잘 모셔라"고 가르칩니다. 그러니 자녀들은 학교 성적으로 보상해 주려 이웃과 경쟁을 합니다. 남편과 자식을 위해 애쓰다가 남편이 바람을 피우면, 자녀가 대학에서 떨어지면 가족이 가장 위험한 적이 되고 맙니다.

우리들교회의 한 자매는 아직 미혼인데, 공인중개사와 세무사 자격증을 가지고 있고 지금은 법무사 시험을 준비하고 있습니다. 40대 중반인 이 자매는 자기가 자랑할 것은 믿음과 건강밖에 없다면서 소그룹 모임도 열심히 나가고 신앙생활도 열심히 합니다.

그런데 어느 날 제가 지나가면서 그 자매에게 "아무개 씨는 믿음이 없지?" 해서 몹시 속이 상했다고 합니다. 자기는 신앙생활을 한다고 하는데 목사가 믿음이 없다고 하니까 얼마나 속상했겠습니까.

그러던 어느 날 비가 와서 수요예배에 못 오자 친구가 휴대폰을 켜 놓고 설교를 생중계로 들려줬답니다. 자매의 열심이 정말 특출합니다. 그런데 그날 자매는 휴대폰으로 말씀을 들으면서 자신의 바리새인 같은 믿음을 회개했다고 합니다.

자매는 그동안 탈세를 많이 하는 세무사 일로 갈등하다가 최근 법무사 시험을 준비하면서 이제까지 누리지 못하던 기쁨이 충일했습니다. 법무사가 되려는 것도 이혼하려는 사람들을 도와주기 위해서였습니다.

그런데 이 자매에게 하늘이 무너지는 소식이 들려왔습니다. 바로 담도암에 걸렸다는 것입니다. 자기가 자랑하던 믿음과 건강이 다 무너진 것입니다. 하지만 자매는 아프고 힘든 중에도 하나님 나라 가족의 모습을 보여 줬습니다. 하나님 나라에 가는 날까지 이 병으로 사람들을 주님께 인도하고 싶다고 했습니다. 그러면서 비 오는 그 수요일에 휴대폰으로 말씀을 듣고 회개하지 않았다면 혼자 살다 죽는 것이 억울할 뻔했다고, 제게 감사하다고 했습니다. 저로 인해 실족하지 않고 오히려 위안과 힘을 주니 얼마나 감사한지 모릅니다.

이것이 바로 하나님 나라의 가족이라고 생각합니다. 내 말을 잘 듣고, 나를 잘 섬겨 줘서가 아니라 하나님의 뜻을 알게 하고 행하는 것이 하나님 나라 가족입니다. 고난을 피할 수 없는 인생에서 하나님의 말씀을 심어 주고 함께 나누는 것이 진정한 가족 사랑입니다.

* 수십 년 신앙생활을 하면서도 내 배우자, 내 자식만 부르짖는 가족우상주의에 빠져 있습니까? 내 말을 잘 듣고 나에게 잘하는 것이 가족 사랑이라고 착각합니까? 내 뜻이 아닌 하나님의 뜻을 따르게 함으로써 고난 속에서도 승리할 수 있는 믿음을 심어 주고 있습니까?

안 믿는 가족, 믿음을 핍박하고 조롱하는 사람들에게
보여 줄 것은 내가 죽어 주는 것밖에 없습니다.
그들과 다투며 논쟁하지 말고, 끝없는 희생과 용서로 십자가 지는
삶을 보여 주는 것이 내가 살아나는 길입니다.

말씀으로 기도하기

하나님 나라의 가족이 되기 위해서는 표적의 의미를 알아야 합니다. 십자가 지는 삶이 하나님의 자녀로서 보여 줄 표적입니다. 하나님의 가족은 말씀의 은혜 가운데 거하며 하나님의 뜻을 행하는 사람입니다. 하지만 우리는 악하고 음란하게 살기 위해 얼마나 땀 흘려 수고하는지 모릅니다. 자녀를 말씀으로 키우지 않으면 바리새인처럼 될 수밖에 없습니다. 가족 우상주의를 내려놓아야 가족을 돌려주십니다. 하나님 나라의 가족이 되기 위해서 가족 우상을 내려놓아야 합니다.

표적의 의미를 아는 사람이 하나님의 가족입니다(마 12:38~42).
내 삶을 해석하는 말씀의 승리를 맛보고도 여전히 육적인 표적에 목말라하는 것을 회개합니다. 십자가 구원과 부활의 은혜를 날마다 체험하며 가정과 직장에서 십자가를 지는 삶으로 믿음의 표적을 보이게 하옵소서.

하나님의 말씀을 채운 자가 하나님의 가족이 됩니다(마 12:43~45).
예수님을 영접하고 구원받은 것에 머물지 않고 날마다 하나님의 말씀으로 나를 채우기 원합니다. 말씀의 은혜로 악하고 음란한 죄와 중독을 끊게 하옵소서.

하나님의 뜻대로 행하는 자가 하나님의 가족입니다(마 12:46~50).

우리의 식구들이 믿음으로 하나 된 하나님 나라의 가족이 되게 하옵소서. 가족의 구원을 위해 내 집착과 기대를 내려놓고 때마다 하나님의 말씀을 전하기 원합니다.

우리들 묵상과 적용

"누구든지 하늘에 계신 내 아버지의 뜻대로 하는 자가 내 형제요 자매요 어머니이니라"고 하셨듯이 하나님을 믿고 하나님의 뜻을 행하는 자가 하나님의 가족이 될 자격이 있습니다(마 12:50). 대가족은 아니지만 1·4후퇴 때 월남하신 아버님 슬하에 4명의 아들, 자수성가하신 장인어른 슬하에 세 명의 딸, 그런 자녀들 사이에서 태어난 손자 손녀들을 모두 합해 27명의 가족이 저의 부모, 형제, 자녀입니다. 그런데 예수를 믿는 사람은 저와 아내 그리고 딸과 아들밖에 없습니다.

예수님과 동떨어진 삶을 살아오던 우리 집안에 하나님께서 보여 주신 표적은 저와 아내의 관계가 회복된 것입니다. 멀어지던 부부관계가 회복됨으로써 자녀들과 함께 예배드리며 우리 가족을 구원받은 하나님의 자녀 되게 하셨습니다. 그런데 주님이 보여 주신 표적으로 요나는 니느웨 백성에게 하나님을 전하였는데, 저는 '내 가정에서만 주님의 은혜를 누리면 된다'고 생각하여 다른 가족에게는 목사님 책을 전하는 정도의 형식적인 모습만 보였습니다. 성공과 행복만을 위해 살아온 부모 형제에게 예수를 전해 하나님의 진정한 가족이 되도록 해야 하는데 여전히 주님 밖에 서 있게 한 저의 무심함과 이기적인 마음을 고백합니다.

교회 지체들의 장례예배에 참석할 때면 부모님이 소천하시면 어떤 장례식을 치를까, 찬양과 기도 소리가 울려 퍼지는 장례예배가 될 수 있을까 걱정하게 됩니다. 이것 역시 가족 구원에 대한 애통함보다는 저의 외식하는 모습입니다.

얼마 전 장례예배를 마치고 돌아오는 길에 저의 이런 고민을 말하니 믿지 않는 가족으로 인해 예배와 찬양이 없는 장례식장보다 더 애통한 것은 예수 믿지 않아 천국 가지 못하는 부모 형제이며, 그들을 위해 믿는 자로서 근심하며 회개해야 한다는 어느 집사님 말씀에 큰 찔림을 받았습니다. 나의 입장만을 생각하는 이기적인 악 때문에 부모님과 가족이 천국에 가지 못할 수도 있는데 그럴듯해 보이는 장례식만 바라던 저의 외식을 회개합니다.

온 가족이 모이는 명절이면 제사를 지내는데, 저는 절하지 않고 뒤에서 홀로 기도합니다. 우리 부부와 자녀들을 복음으로 구원해 주시며 주님의 은혜 속에 살게 하심은 아직 구원받지 못한 가족에게 말씀을 전하고 예수를 믿게 하라는 것임을 이제 깨닫습니다. 가족에게 예수 믿는 본을 보이기 위해 매일 기도와 말씀 묵상으로 저 자신을 돌아보기 원합니다. 그리하여 다가오는 가족 모임에는 꼭 하나님을 전할 수 있기를 간절히 소망합니다.

영혼의 기도

하나님 아버지, 예배를 드려도 말씀을 봐도 큐티를 해도 마지막에 표적이 있습니다. 아무리 아니라고 외쳐도 그 마지막에는 표적을 구합니다. 병은 나았으면 좋겠고 대학에 붙었으면 좋겠고 진급하면 좋겠고 그것을 위해 작은 것도 양보 못 하면서 입으로는 십자가를 진다고 말합니다.

더러운 귀신이 나갔어도 성전보다 물 없는 곳을 찾아다니며 세상을 찾는 저의 모습을 불쌍히 여겨 주옵소서. 내가 끊지 못하면 일곱 귀신이 와서 처음보다 더 어렵게 된다고 하오니 경고로 받게 하소서. 일곱 배 힘 들어질까 두렵습니다.

문자적으로 악하고 음란한 남편과 아내, 자녀, 친척, 식구들을 위해 기도합니다. 그리스도 밖에 있는 그들을 불쌍히 여겨 주옵소서. 그들이 하나님 자녀가 되기 원합니다. 그러기 위해서 요나의 표적처럼 내가 죽어 지기 원합니다. 나의 악과 음란을 결박하기 원합니다. 내 악을 볼 때 내 가 족이 자신의 악과 음란을 보게 될 것입니다.

하나님 나라의 가족이 되기 위해서 가족 우상을 내려놓고 가족을 객 관적으로 볼 수 있도록 은혜를 내려 주옵소서. 예수님 이름으로 기도하옵 나이다. 아멘.

Part 3

반드시 사야 할
천국

10

결실을 맺는 자

마태복음 13:1~23

하나님 아버지,
결실을 맺는 인생을 살기 원합니다.
말씀하여 주옵소서. 듣겠습니다.

초등학교 6학년 때는 아버지를, 고등학교 때는 어머니를 여읜 소년 가장이 있습니다. 이 소년은 공부를 잘해서 경기고등학교 입학 1년 만에 검정고시를 봐 이듬해에 서울대 물리학과에 들어갔습니다.

가정교사를 하면서 여동생들을 보살피며 대학을 졸업했고, 서울대 행정대학원을 수석으로 졸업하여 미시간대학에도 수석으로 입학해 특별 장학생으로 박사과정을 밟았습니다. 그 박사과정도 2년 6개월 만에 마치고 플로리다대학 조교수로 임명받았습니다. 그때 나이 스물네 살이었습니다.

이 청년이 바로 정근모 박사입니다. MIT와 뉴욕공대, 핵융합연구소를 거쳐 32세에 금의환향해서 한국과학기술원의 부원장을 맡았습니다. 이후로도 한전 사장, 과학기술처 장관 등 세계적인 과학자로 우뚝 섰습니다. 혼자서 가정경제를 책임지면서 공부도 하고, 원하는 모든 것을 다 이루었으니, 그야말로 결실을 맺은 사람이 아닌가 합니다.

결실을 맺지 못하는 밭

10 제자들이 예수께 나아와 이르되 어찌하여 그들에게 비유로 말씀하시나이까 11 대답하여 이르시되 천국의 비밀을 아는 것이 너희에게는 허락되었으나 그들에게는 아니되었나니 12 무릇 있는 자는 받아 넉넉하게 되되 없는 자는 그 있는 것도 빼앗기리라 13 그러므로 내가 그들에게 비유로 말하는 것은 그들이 보아도 보지 못하며 들어도 듣지 못하며 깨닫지 못함이니라 14 이사야의 예언이 그들에게 이루어졌으니 일렀으되 너희가 듣기는 들어도 깨닫지 못할 것이요 보기는 보아도 알지 못하리라 15 이 백성들의 마음이 완악하여져서 그 귀는 듣기에 둔하고 눈은 감았으니 이는 눈으로 보고 귀로 듣고 마음으로 깨달아 돌이켜 내게 고침을 받을까 두려워함이라 하였느니라_마 13:10~15

밭은 우리의 마음이고 씨앗은 하나님께서 주신 최상의 것, 복음입니다. 이것이 제대로 심기면 아름다운 열매를 맺지만 밭이 좋지 못해 뿌리를 못 내리면 열매도 맺지 못합니다. 어떻게 하면 결실을 맺을 수 있을까요? 결실을 맺지 못하는 밭의 특징은 무엇일까요?

첫째로 비유를 알아듣지 못하는 자는 결실을 맺지 못합니다.
예수님이 아무리 말씀하셔도 서기관과 바리새인들이 못 알아들으니까 일상생활에서 볼 수 있는 씨 뿌리는 자의 비유로 천국 복음을 가르치십니다. 왜 비유로 가르치시느냐고 제자들이 물어봅니다.
앞에서 더러운 귀신 일곱을 데리고 들어와 나중 형편이 더 심하게 된 악한 세대에 대해 알아보았습니다. 예수님은 이 악한 세대를 반영하기 위해 비유로 하나님 나라의 비밀을 알려 주십니다. 이 비밀은 'Secret' 이 아니라 'Mystery', 즉 신비입니다. 통찰을 통해 알 수 있는 것이 아니라 하나님이 계시하지 않으시면 절대 알 수 없는 것입니다. 예수님이 기적을 베풀고, 설교를 하고, 구약의 예언을 통해 말씀하셔도 성경을 많이 아는 바리새인과 서기관들이 전혀 못 알아들었습니다.

그런데 주님께서 있는 자는 더 부해지고 없는 자는 있는 것도 빼앗긴 다고 하십니다. 저는 이것이 '적용'이라고 생각해 봅니다. 말씀을 전하면 서 생활에 적용한 이야기를 하면 신학자나 바리새인, 서기관들은 "별 시 시콜콜한 이야기가 다 있네" 하면서 더 확실하게 거절합니다. 제가 말씀 을 적용해 한 가정의 이혼을 막았다고 하면 "저 목사는 이혼 이야기 아니 면 할 소리가 없냐"고 말합니다. 적용을 시시한 것으로 듣기 때문입니다.

일상생활의 비유를 통해 더 확실히 알게 되는 사람이 있는가 하면, 더 확실히 문을 닫는 사람이 있습니다. 악하고 음란한 이 세대의 특징이 비유를 듣고 확고하게 거절하는 것입니다. 이 비유를 기점으로 서기관과 바리새인은 완전히 문을 닫습니다. 비밀은 알맞게 덮어 두는 것이고, 계 시는 열어젖히는 것인데 이들은 열지 못합니다. 천국의 비밀을 아는 것이 제자에게는 허락되었으나 그들에게는 안 되었다고 하십니다.

찰스 피니와 드와이트 무디는 매우 유명한 설교자입니다. 무디가 사 람들을 이끌고 대중 집회를 많이 했지만, 지나고 나서 보면 찰스 피니의 메시지가 훨씬 더 많은 사람을 믿음 안에 정착시켰다고 합니다.

찰스 피니는 '아무도 회심시키지 못하는 설교 방법'이라는 글을 쓰 면서, 설교자가 죄인을 구원하는 것보다 인기를 얻는 것에 관심을 두면 사람들은 많이 오겠지만 결국 그들을 회심시키지 못한다고 했습니다. 하 나님보다 청중을 기쁘게 하고, 사람을 많이 모으려고 일시적으로 선풍을 일으키는 주제에 관해서만 설교하고, 죄를 추상적으로 비난하고 성도들 안에 유포된 죄를 가볍게 지나가는 것은 아무도 회심시키지 못한다고 했습니다. 또한 천국의 영광에 대해서만 설교하고 죄에 대해서는 설교하지 않는 것, 하나님은 너무 선하기 때문에 지옥이 있어도 안 보내실 것이며, 하나님은 누구나의 아버지가 되시며 인간이 모두 형제라고 설교하면 아무도 회심시키지 못할 것이라고 했습니다.

> 귀 있는 자는 들으라 하시니라_마 13:9
> 그런즉 씨 뿌리는 비유를 들으라_마 13:18

계속해서 예수님이 "들으라, 들으라" 하셔도, 듣지 못하고, 보지 못하며 말 못하는 영적 병자이기에 결실을 맺지 못합니다. 이 비유를 들으면서 분 내지 말고, 이것을 알아듣는 여러분이 되시기 바랍니다.

> 뿌릴새 더러는 길 가에 떨어지매 새들이 와서 먹어버렸고_마 13:4
> 아무나 천국 말씀을 듣고 깨닫지 못할 때는 악한 자가 와서 그 마음에 뿌려진 것을 빼앗나니 이는 곧 길 가에 뿌려진 자요_마 13:19

둘째, 길가에 뿌려진 씨앗도 결실을 맺지 못합니다.
당시의 문화에서는 파종을 할 때 흙을 갈아 놓고 뿌리는 게 아니라 씨를 뿌리고 흙을 갈았습니다. 밭을 가는 짐승의 등 뒤에 씨를 매달고, 짐승이 움직일 때마다 씨가 저절로 떨어지도록 한 것입니다. 그러다 보니 길가, 돌밭, 가시떨기, 옥토에도 떨어집니다.
길가에 뿌려진 씨앗은 어떻습니까? 새들이 와서 다 먹어 버립니다.

길가에 뿌려져서 신앙이 깊지 못합니다. 날마다 앉아서 오는 사람, 가는 사람 말 다 듣고 궁금해하지만 길가에 앉아 있기 때문에 중심이 없습니다. 듣는 건 많은데 핵심은 뭔지 모르고, 전후 문맥은 다 잘라먹고 쉽게 오해하고 상처받습니다. 길가라 땅이 너무 단단해서 감동이 없습니다. 음치(音癡)가 아니라 영치(靈癡)인 사람들이 바로 길가입니다. 이들은 공동체에 들어가지 않기 때문에 '날 잡아 잡수' 하고 길가에 있다가 사탄의 밥이 됩니다.

몇 년 전 자기들이 낳은 자식을 연쇄 살인하고 유기한 엽기적인 남녀가 검거된 사건이 있었습니다. 첫째는 1년 동안 데리고 살다가 죽이고, 둘째는 낳은 지 40일 만에 죽였습니다. 경찰이 왜 죽였느냐고 물으니 "보채고 울어서 죽였다"고 답해 사람들을 경악하게 했습니다.

경찰서에 와서도 거짓말을 하고, 자기들끼리 쩧고 까불더랍니다. 그런데 이들에게는 별다른 전과가 없었습니다. "죽일 아이를 뭐 하러 낳았냐?"고 물었더니 "하나님이 주신 생명이라서 낙태하지 않았다"고 답하더랍니다. 이 부부는 가끔 다투기는 했지만 크게 싸운 적도 없고, 남편은 아내가 감옥에서 먼저 나가기를 간절히 바란다고 했습니다.

최근 범죄심리학에서 주목받는 개념이 '사이코패스'입니다. 이들은 놀라울 정도로 양심이 없고, 다른 사람의 고통을 이해하지 못합니다. 동정심과 사랑이 완전히 거세된 인간입니다. 미국의 한 사이코패스는 아기의 기저귀를 갈아 주다가 손에 변이 묻었다고 아기를 벽에 집어 던져 죽이기도 했습니다. 배고픔과 성욕만 해결하면 되는 기계 같은 인간입니다. 이들의 공통점은 반복적인 거짓말, 타인의 고통에 대한 무관심입니다. 어려서부터 규칙에 반발하고, 끊임없이 말썽을 부리고 체벌과 징계에도 상관하지 않습니다. 걸핏하면 늦게 들어오고 가출을 하며, 물건을 훔치고,

동물을 괴롭히거나 죽이기도 합니다. 기물 파괴나 방화를 저지르고, 이른 나이에 성 경험을 해서 가족에게 성폭력을 저지르기도 합니다. 정도의 차이는 있지만 사이코패스 같은 힘든 사람이 집집마다 있을 것입니다.

> 5 더러는 흙이 얕은 돌밭에 떨어지매 흙이 깊지 아니하므로 곧 싹이 나오나 6 해가 돋은 후에 타서 뿌리가 없으므로 말랐고_마 13:5~6
> 20 돌밭에 뿌려졌다는 것은 말씀을 듣고 즉시 기쁨으로 받되 21 그 속에 뿌리가 없어 잠시 견디다가 말씀으로 말미암아 환난이나 박해가 일어날 때에는 곧 넘어지는 자요_마 13:20~21

셋째, 돌밭도 결실을 맺지 못합니다.

이들은 말씀을 잠시 기쁨으로 받지만, 돌 같은 가치관 위에 받기 때문에 결실하지 못합니다. 그래도 바위는 길가보다는 낫습니다. 하지만 말씀이 바위틈에 잠깐 뿌리를 내렸다가도 습기가 없어 말라 죽습니다. 예배에서 은혜를 받고, 부흥회에서 소나기 같은 은혜를 받고 눈물을 흘려도, 들을 때만 잠깐 기쁘고 예배당을 나서는 순간 멀리멀리 갑니다. 바위 같은 가치관으로 말씀을 들었기 때문입니다.

바위는 날마다 조금씩 떨어지는 이슬비가 아니면 깨지지 않습니다. 저는 이 이슬비를 '큐티'라고 말씀드리고 싶습니다. 날마다 찾아오는 사건에서 환난이 주제가 되고 성경이 교과서가 되고 성령이 스승이 되어 바위 같은 우리의 가치관이 깨져야 합니다. 그래야 결실을 맺을 수 있는데, 가치관이 바뀌지 않는 사람은 환난이 오면 넘어집니다. 날마다 촉촉이 적셔 주는 이슬비, 매일의 말씀 묵상으로 가치관이 깨져야 하는데 돌같이 단단해서 여전히 세상 방식으로 살기 때문에 결실을 못 맺습니다.

더러는 가시떨기 위에 떨어지매 가시가 자라서 기운을 막았고_마 13:7

가시떨기에 뿌려졌다는 것은 말씀을 들으나 세상의 염려와 재물의 유혹에 말씀이 막혀 결실하지 못하는 자요_마 13:22

넷째, 가시떨기밭도 결실을 맺지 못합니다.

돌밭이 핍박이라면 가시떨기는 쾌락입니다. 셋 중에는 가장 영적으로 보입니다. 길가가 육적이고, 돌밭이 정신적이라면, 가시는 영적으로 보이는 사람입니다. 교회도 잘 가고 헌금도 잘하고 식구도 잘 거두는데, 아무리 교회를 오래 다녀도 열매가 없고 그 사람 때문에 변하는 사람이 한 명도 없습니다. 염려와 재물에 기운이 막혔기 때문입니다. 성경 공부를 하고 교회를 몇십 년 다녀도 세상 모임을 못 끊고, 여기도 좋고 저기도 좋습니다.

골프만큼 재미있는 스포츠가 없다고 합니다. 골프에 재미 들면 그 재미에 빠져서 교회도 못 나옵니다. 또 겨울이면 스키 타러 간다고 못 옵니다. 이런 세상 쾌락에 기운이 막혔으니 어떻게 예배에 나와 양육을 받겠습니까. 세상 재미를 추구하다 기운이 막혀서 영적인 일이 막히면 아무것도 안 됩니다. 헛수고입니다.

◆ 말씀을 나의 생활에 구체적으로 적용합니까? 말씀은 말씀, 생활은 생활로 분리하면서 예수님의 비유를 무시하는 바리새인처럼 살고 있습니까? 공동체에 속하지 않고 혼자 교회만 왔다 갔다 하면서 은혜도 빼앗기고 상처만 받는 길가입니까? 말씀을 들어도 감동이 없고 다른 사람의 간증도 공감하지 못하는 단단한 돌밭입니까? 쾌락과 염려로 기운이 막혀 예배도 설교도 흥미 없는 가시떨기밭입니까? 나의 예배와 기도와 전도가 결실을 맺기 위해 날마다 말씀

결실을 맺는 밭

더러는 좋은 땅에 떨어지매 어떤 것은 백 배, 어떤 것은 육십 배, 어떤 것은 삼십 배의 결실을 하였느니라 _마 13:8

좋은 땅에 뿌려졌다는 것은 말씀을 듣고 깨닫는 자니 결실하여 어떤 것은 백 배, 어떤 것은 육십 배, 어떤 것은 삼십 배가 되느니라 하시더라

_마 13:23

좋은 땅에 뿌려진 씨앗은 결실을 맺습니다. 말씀을 듣고 깨닫는 자가 좋은 땅입니다. 그런데 살면서 부족함이 없는 사람은 좋은 땅이 되기가 어렵습니다. 좋은 환경에서 아쉬울 것이 없는데 말씀이 사모 되겠습니까?

높은 땅에 아름다운 나무들이 자랄지는 몰라도 그 땅은 척박하고 산소가 부족합니다. 너무나 깨끗하지만 숨쉬기가 어렵습니다. 홀로 고고하고 우아해도 곁에 있는 사람은 숨쉬기가 어렵습니다.

그래서 제일 좋은 땅은 맨 아래에 있는 땅입니다. 위에서부터 빵 봉지, 깡통, 유리 깨진 것, 오물 등 각종 더러운 것들이 내려오고, 내려오다가 더 이상 갈 곳이 없어서 처박힌 곳이 가장 낮은 땅이고 좋은 땅입니다. 우리는 늘 하소연합니다. "왜 나만 괴로움을 겪어? 내가 동네북이야?" 네, 동네북입니다. 여러분이 옥토이기 때문입니다.

앞서 언급한 사이코패스는 아들의 똥도 더러워서 죽였다는데 이것

을 어떻게 받아들이겠습니까. 싫은 사람을 외면하면서 "주여! 옥토가 되게 하옵소서!" 기도만 하면 되겠습니까. 유리와 깡통 같은 쓰레기는 썩을 때까지 수백 년이 걸립니다. 수백 년이 지나도 달라질 것 같지 않은, 밖에서는 쓰레기처럼 여기는 내 가족을 그대로 품고 사는 것이 옥토입니다.

그 낮은 땅에 가장 필요한 것이 무엇입니까? 햇빛입니다. 말씀의 빛입니다. 그렇게 낮은 옥토이다 보니 말씀이 사모 되는 겁니다. 유리병 같고 깡통 같은 사람하고 살려니까 말씀이 필요합니다.

이런 사람은 백 배, 육십 배, 삼십 배의 결실을 맺습니다. 삼십 배, 육십 배, 백 배가 아니라 백 배부터 내려옵니다. 이것은 내 힘으로 하는 게 아니라 하나님이 하신다는 의미입니다. 내 노력으로 결실을 늘려 가는 것이 아니라 하나님이 원하시면 당장 백 배의 결실도 맺을 수 있다는 뜻입니다. 마가복음에는 삼십 배부터 시작했는데, 이것은 시작은 미약하나 나중은 창대하다는 의미입니다. 하나님이 우리가 전혀 상상하지 못한 결실을 주실 줄로 믿습니다.

하나님 나라 사역에는 언제나 방해가 따릅니다. 마태복음 13장부터 나오는 천국은 완성된 나라입니다. 예수님의 천국에는 가시덤불이 있고, 새들이 있고, 타는 햇볕이 있습니다. 방해하는 세력이 천국에 같이 있다는 것입니다. 좋은 것만 있지 않습니다.

농부에게는 새들이 고통이지만, 그것을 인내하면 백 배, 육십 배, 삼십 배의 결실이 있습니다. 만날 새들이 쪼아 먹고, 햇볕에 타들어 가고, 실패하고, 열매 맺지 못할 것 같지만 그래도 이곳이 천국입니다. 우리는 옥토에만 씨를 뿌리지 왜 길가나 돌밭에 뿌리는가 싶지만, 그래도 옥토에 한 알이 뿌려지면 그것이 백 배의 열매를 맺기 때문에 계속해서 씨를 뿌려야 합니다. 남편과 자식이 사이코패스 같아도 씨를 계속해서 뿌려야 합니다. 언제 열매를 맺을지 모르기 때문입니다.

씨 뿌리는 자이신 하나님의 주권을 인정하는 것도 믿음이고, 내가 옥토가 되겠다고 하는 자유의지 또한 믿음입니다. 하나님의 통치는 무력에 의한 회복이 아닙니다. 하나님의 말씀이 선포되고, 그 말씀에 개인의 영혼이 반응하는 것으로 이루어집니다. 기적이 아닌 권위 있는 말씀을 통해 내가 인내하고, 각종 쓰레기 같은 사람을 담아내는 그 마음이 천국입니다.

물론 환난 자체가 목적이 되어서는 안 됩니다. 환난받는 자체가 축복은 아닙니다. 초신자 남편이 사업을 시작했는데 망하지 않게 해 달라고 한 집사님이 교회 홈페이지에 기도 제목을 올렸습니다. 그것을 보고 어떤 분이 "우리들교회 버전은 망하는 게 축복 아닙니까?"라고 댓글을 올렸습니다. 이것이 바리새인의 해석입니다. 하나님을 만나고 그 뜻을 깨닫기 위해 환난이 축복일 수 있으나 환난 자체를 목적으로 삼아선 안 됩니다. 환난은 깨달음을 위해 주신 것일 뿐입니다.

◆ 지저분하고 골치 아픈 일은 다 내 차지라고 한탄합니까? 깨진 유리병같이 나를 찔러대는 자녀, 구겨진 종이처럼 종일 인상을 쓰는 배우자가 있습니까? 내버리고 싶은 그들을 묵묵히 받아 내며 어떤 일도, 어떤 사람도 품을 수 있는 옥토가 되고 있습니까? 힘든 환경이기에 누구보다 말씀을 사모하며 말씀의 빛이 찬란하게 비치는 복을 누립니까? 변할 것 같지 않은 내 가족에게도 하나님께서 백 배, 육십 배, 삼십 배의 결실을 맺게 하실 것을 기대합니까?

결실을 잘 맺기 위한 예수님의 모범

그 날 예수께서 집에서 나가사 바닷가에 앉으시매 _마 13:1

앞서 마태복음 12장에 보면 예수님의 가족이 밖에 서서 예수님을 불러냈습니다. 그러자 예수님은 하나님의 뜻대로 행하는 자라야 가족이라고 말씀하시면서, 말씀을 듣는 제자들이 형제요 어머니라고 했습니다. 얼핏 가족을 무시한 것처럼 보이지만 말씀을 보니 집에서 나가셨다고 했습니다. 집을 계속 떠나 계신 것이 아니라 집에서도 생활하셨기 때문에 "집에서 나가사"라는 본문이 나왔을 것입니다.

주님도 가족에 대한 책임을 다하십니다. 그러나 복음을 전하기 위해 또 나가시는 것을 봅니다. 그러니 이것을 잘 적용해야 합니다. 내 생활과 관계의 질서에 복종하고, 가정에서 순종하는 이유는 내가 편하기 위해서가 아니라 복음을 전하기 위해서입니다.

가정의 질서인 남편에게 순종한다고 믿지 않는 남편을 핑계로 주일예배도 안 드리고 신앙생활을 저버리는 경우가 있습니다. 그것은 구원과는 전혀 상관없는, 내가 편하기 위한 순종입니다. 그렇게 해서 남편을 전도하는 것이 아니라 본인의 믿음까지 잃게 마련입니다.

당연히 가족에게 책임을 다해야 합니다. 믿지 않는 부모님이라도 순종해야 하고, 믿지 않는 남편이라도 가정의 머리로 인정하고 순종해야 합니다. 그렇게 순종하는 최종 목적은 복음을 전하기 위해서입니다. 내 속이 편하라고, 내가 인정받기 위해서 하는 것은 순종이 아니라 맹종입니다.

가족의 구원을 위해서 집에 머물며 순종해야 할 때가 있고, 예수님처럼 나가야 할 때가 있습니다. 흑백논리로 무엇이 옳고 그르고 하는 건 없습니다. 날마다 구원을 위해서 기도하며 말씀을 들여다보면 지금이 집에 있으면서 순종할 때인지 나갈 때인지를 분별하게 해 주십니다. 영혼 구원에 대한 애통함이 있어야 가족을 진정으로 사랑할 수 있고, 사랑을 하면 지혜가 생깁니다.

> 큰 무리가 그에게로 모여 들거늘 예수께서 배에 올라가 앉으시고 온 무리는 해변에 서 있더니 _마 13:2

큰 무리가 모였을 때 예수님은 늘 배에 올라가서 앉으십니다. 큰 무리를 앞에 두고 그들이 다 들을 수 있는 자리를 찾아 말씀하십니다. 바다를 등지고, 사람들을 언덕에 앉히고 목소리가 자연스럽게 들리는 방법을 사용하셨습니다. 복음을 전하기 위해 이렇게 지혜로워야 합니다. 가능한 한 큰 소리를 내셨을 것입니다. 온유하고 겸손하신 주님께서 구원에 대해서는 큰 소리를 내십니다.

예수님은 기적을 베풀어서 사람이 많이 모이면 그다음에 꼭 십자가 복음을 전하셨습니다. 각종 병을 고치신 후에는 가난한 자, 애통한 자가 복이 있다고 하시는 팔복 설교를, 오병이어 기적으로 사람들이 모이면 주님 자신이 하늘에서 내려온 산 떡이라고 증거하셨습니다. 그러니까 제자들 중 많은 사람이 물러갔습니다. 기적을 베푸실 때는 몰려오다가도 십자가 복음을 이야기하면 떨어져 나갑니다. 그러나 그들이 듣든지 아니 듣든지 주님은 말씀을 전하십니다.

복음은 이렇게 전하는 것입니다. 머물 때와 나갈 때를 분별하고, 잠잠할 때와 외칠 때를 분별하고, 기적을 바라는 무리에게는 십자가를 전하고, 병들고 가난한 자들에게는 필요를 베푸는 것이 예수님의 전도 방법입니다. 그리고 그 모든 것보다 우선해서 때를 얻든지 못 얻든지 항상 전해야 하는 것이 구원의 복음입니다.

그러면 무엇이 진짜 결실일까요? 앞서 정근모 박사가 젊은 나이에 여러 가지 일을 성취했다고 했습니다. 그러나 그것이 결실의 전부는 아닙니다.

정근모 박사가 10년을 승승장구하면서 걸어왔는데, 아들 진후가 태어났습니다. 그런데 하나뿐인 이 아들이 만성신장염으로 5년밖에 못 산다는 진단을 받았습니다. 한국에 있다가 아들의 치료를 위해 미국으로 가고, 직장도 미국 과학재단으로 옮겼습니다. 그런데 아들은 몸이 아팠을 뿐 아니라 심한 우울증까지 얻었습니다. 갖은 치료법을 다 썼으나 일주일에 세 번씩 네 시간이나 투석하는 단계까지 갔고, 끝내 신장을 이식해야 한다는 결론이 났습니다. 이때가 1970년대입니다. 그때만 해도 참 어려운 일이었습니다.

처음에는 만성신장염이라고 하니 저절로 "하나님" 하고 불렀습니다. 투석 단계까지 가니 신앙생활을 열심히 했고 장로까지 되어 하나님께 부르짖었습니다. 1979년 아버지 정근모 박사는 세계적인 의사를 통해 자기 신장을 하나 떼어 아들에게 이식했습니다. 그런데 수술 결과가 나빠서 손쓸 수 없는 지경에 이르렀습니다.

아들은 잠시 회복되는 듯했으나 또래와 다른 자기 자신에게 절망하여 두 번이나 자살을 시도했습니다. 육적으로도 아픈데 영적으로도 안 돌아오는 겁니다. 너무 힘이 든 정근모 박사는 아들 진후를 위해서, 또 자신을 위해서 성령 체험을 간절히 원했고 부흥회에도 참석하며 열심을 냈습니다.

그러던 어느 날 주일예배에서 에베소서 2장 1절에서 8절까지 성경을 읽어 나가는데 "그는 허물과 죄로 죽었던 너희를 살리셨도다"라는 말씀에 이유를 알 수 없는 눈물을 쏟았습니다. 그날 저녁예배에서 기도하던 중에도 울음이 터졌습니다. 그리고 하나님의 음성을 들었습니다.

"내가 너를 얼마나 사랑하는 줄 아느냐. 이 작은 십자가를 지고 가는 네 아들로 인해서 감사해 본 적이 있느냐."

"내가 내 아들 때문에 어떻게 감사할 수 있습니까. 나는 부모를 기쁘게 한 효자였고 순종적인 사람이었습니다. 내가 무슨 죄를 지었기에 진후 같이 아픈 아들을 얻어야 합니까."

정 박사는 기도하며 통곡했습니다. 그때 하나님은 이런 말씀을 하셨습니다.

"네가 부모에게 효자이고 자랑거리인 것이 네 부모의 영생, 구원과 무슨 상관이 있느냐. 진후 때문에 너희 식구가 다 예수 믿고 구원되지 않았느냐."

순간 걷잡을 수 없는 눈물이 쏟아졌습니다. 하나님께 아들을 맡기지 못하고 자기 힘으로 돌보겠다고 최고 병원, 최고 의사를 쫓아다녔으나 결국 수술까지 제대로 되지 못했습니다. 정 박사는 방성대곡을 하며 회개했습니다. 그러자 하나님이 그를 감싸 안으며 "네 아들에 대해서 감사하라"고 반복해서 말씀하셨습니다.

그렇게 1982년 3월 14일 정근모 박사는 다시 태어났습니다. 아들 진후가 아파서 교회에 열심히 다녔고, 착실하게 병구완한 지 10년이 가까워서야 비로소 하나님 앞에서 깨어졌습니다. 정근모 박사는 식구들에게 용서를 구하며 울었고 식구들도 모두 울며 통성으로 기도했습니다.

정 장로님이 무엇을 잘못했습니까. 예수 믿는 사람은 그렇게 병구완을 했어도 내가 먼저 무조건 손잡고 잘못했다고 고백할 수 있는 사람입니다. 이런 사람이 옥토입니다. 하나님이 역사하셨는데, 그 하나님 앞에서 우리가 잘한 게 뭐가 있겠습니까.

그렇게 진후를 내려놓으며 하나님께 맡기고, 아들을 미국에 두고 장로님은 고국의 부름을 받고 한국으로 돌아왔습니다. 이 일 저 일로 바빠서 예배에 소홀해지니 이번에는 하나님이 장로님을 치셔서 피를 토했다고 합니다. 때마다 고난을 통해서 조금씩 더 깨달아 갔고 회개했습니다. 진후의 상태가 안 좋다고 연락이 오면 그저 기도하고 성경을 보았습니다.

그래도 이 과정을 통해 하나님이 진후를 회복시키셨습니다. 스무 살에 팬암항공사에 취직을 하고, 결혼까지 했다고 합니다. 정 장로님도 한전 사장으로서 임기를 마치고 미국에 가서 진후를 만났는데, 결혼 후 얼굴이 너무 밝아졌고 긍정적으로 바뀌었습니다. 그런데 진후가 다시 뇌출혈로 쓰러졌습니다. 소식을 듣고 장로님은 병원으로 가면서 진후의 삶을 생각했다고 합니다.

진후가 만성신장염으로 늘 자기 삶을 힘들어했고, '하나님', '예수님', '성령 충만', '중생', '회복', '신유'라는 말만 들으면 거부했는데, 이제는 모든 것을 주님께 바칠 만큼 온전한 그리스도인으로 거듭났습니다. 진후가 아픈 동안 가슴 철렁한 적이 얼마나 많았는지 모릅니다. 하지만 그 아픈 진후로 인해 온 식구가 구원을 받았습니다.

병원에 도착하니 의사가 천사 같은 진후의 얼굴을 보면서 이제 자기도 교회 나가기로 했다고 말했습니다. 장로님은 그렇게 사랑하던 아들 진후의 산소 호흡기를 떼면서, 이제는 진후가 자유의 몸이 되었구나 싶어 한 시간 동안 그 얼굴을 하염없이 바라보았습니다. 장로님은 지금은 진후의 고통으로 만난 하나님을 간증하기 위해 전 세계를 다니고 계십니다.

똑똑한 장로님에게 하나님은 그 아들을 왜 22년간 붙이셨을까요?

진후는 그 집안에 허락하신 축복의 통로였습니다. 장로님을 옥토로 만든 복의 근원이었습니다. 우리 곁에 인내할 수밖에 없는 가족이 있다면 그가 바로 복의 근원임을 알기 바랍니다.

장로님의 진정한 결실은, 사랑하던 진후가 천국에 갔어도 감사하면서 하나님을 전하게 된 것이라고 생각합니다. 세계적인 과학자, 장관의 자리보다 아들을 통해 만난 하나님을 간증하는 것이 최고라고 생각합니다. 아무리 힘들어도 우리가 진후 아버지만큼 힘들었겠습니까. 12년을 가슴 졸이며 병원을 쫓아다니고 고통스러워하는 진후를 바라봐야 하는 아버지의 심정을 알 수 있겠습니까. 하지만 진후는 그 똑똑한 장로님을 구원하기 위해 무거운 십자가를 진 축복의 통로였습니다.

우리에게도 백 배의 결실을 주려고 힘든 식구를 허락하셨습니다. 내가 살아 있는 동안 그들이 돌아오지 않는다고 해도, 사이코패스 같은 식구들이 변하지 않고 나를 괴롭힌다고 해도, 내가 그들을 어떻게 대하는지를 하나님이 보고 계십니다. 그들에 대해 얼마나 인내하는지, 그들의 구원을 위해 얼마나 애통하며 수고하는지를 하나님이 보고 계십니다. 그래서 언젠가는 반드시 하나님께서 결실을 맺게 하십니다. 낮은 땅이 되어 힘들고 어려운 이들을 품고 기도드릴 때 나의 식구들을 구원의 열매로 맺어 주십니다.

◈ 가정에서 나의 책임을 다하고 있습니까? 전도한다고 밖으로 열심히 다니면서 가족의 구원은 '때가 되면 되겠지' 하고 방관합니까? 평소엔 내 역할과 질서에 순종하며 예배와 전도를 위해서는 큰 소리를 냅니까? 반대로 평소엔 큰 소리를 내지만 복음을 전할 때는 입을 다뭅니까? 구원의 결실을 맺기 위해 머물러야 할 때와 나가서 외쳐야 할 때를 분별하게 해 달라고 기도하십시오.

머물 때와 나갈 때를 분별하고,
잠잠할 때와 외칠 때를 분별하고,
기적을 바라는 무리에게는 십자가를 전하고,
병들고 가난한 자들에게는 필요를 베푸는 것이
예수님의 전도 방법입니다.
그리고 그 모든 것보다 우선해서 때를 얻든지 못 얻든지
항상 전해야 하는 것이 구원의 복음입니다.

말씀으로 기도하기

예수님은 일상생활의 씨 뿌리는 비유로 복음을 전하십니다. 말씀을 일상
생활에 적용하는 것을 시시하게 여기지 않고 비유를 잘 알아듣는 것이 결
실을 맺는 비결입니다. 결실을 맺지 못하는 길가, 돌밭, 가시떨기밭이 되
지 않고, 어떠한 사람도 다 받아 내는 좋은 땅이 되기를 기도합니다. 힘든
가족도 언젠가는 구원의 열매로 응답해 주실 줄 믿고 예수님의 모범을 따
라 복음을 전하며 구원의 결실을 맺기 원합니다.

결실을 맺지 못하는 밭이 있습니다(마 13:4~7, 9~15, 18~22).
말씀을 일상생활에 적용하는 것을 시시하게 여기기 때문에 결실을
맺지 못함을 알았습니다. 날마다 말씀을 묵상하고 그것을 삶에 적용해서
돌 같은 가치관이 깨어지게 하옵소서. 은혜를 빼앗기는 길가 같고, 세상
가치관으로 단단해진 돌밭 같고, 쾌락과 염려로 기운이 막힌 가시떨기밭
같은 저의 모습을 회개합니다.

결실을 맺는 밭이 있습니다(마 13:8, 23).
날마다 말씀을 듣고 묵상하고 깨달음으로 백 배, 육십 배, 삼십 배의
결실을 맺는 좋은 땅이 되기 원합니다. 힘든 일, 힘든 사람도 품을 수 있는
옥토가 되어 인내와 사랑으로 구원의 결실을 맺게 하옵소서.

결실을 잘 맺기 위해 예수님이 모범을 보이십니다(마 13:1~2).

복음을 위해 가족에게 책임을 다하되 밖으로 나가시는 예수님의 모범을 따르게 하옵소서. 때에 맞는 순종으로 결실을 맺는 인생을 살기 원합니다.

우리들 묵상과 적용

시골에서 태어났지만 대기업에 취업하고 결혼도 하여 남부럽지 않은 삶을 살고 있을 때 셋째인 아들 쌍둥이 중 하나를 잃었습니다. 내 열심과 의로 살면 신앙은 필요 없다는 신조로 살아왔는데 자식을 잃는 사건으로 하나님 앞에 무릎을 꿇을 수밖에 없었습니다.

그러나 학교 공부하듯이 성실하게 눈도장을 찍으며 교회를 다녀도 삶은 바뀌지 않았습니다. 다니던 직장에서 인간관계에 불만이 생길 때마다 별다른 고민 없이 직장을 옮겼습니다. 하지만 관계의 문제가 반복되어 급기야 회사에서 해고를 당하는 상황까지 이르렀습니다.

그때까지 직장을 옮기거나 해고를 당하면서 단 한 번도 하나님의 말씀을 보거나 기도하지 않았고, 믿음의 공동체에서 제 상황을 오픈해 상담한 적도 없습니다. 끊임없이 인정받고 재물을 모으는 욕망에 사로잡혀, 말씀 묵상이나 주의 일을 하는 것을 저와는 전혀 상관없는 일로 여겼습니다. 몇 개월 전부터 취업이 안 되고 실직 상태가 지속되었기 때문에 가정 경제가 심각한 상태였습니다. 교회에서 양육을 받으며 이제는 과거의 경력과 지위를 모두 내려놓고 낮아지는 마음으로 최소한의 수입이라도 벌 수 있는 일을 하겠다고 입으로 선포하였습니다. 그러면서도 그런 일을 열심히 찾지 않았습니다.

도저히 어쩔 수 없는 상황이 되어서야 차량으로 하는 퀵서비스를 하기로 마음먹고 상담하고 왔습니다. 그날 밤늦도록 잠을 설치며 멍하게 시간을 보냈는데, 겉으로는 낮아지는 적용을 했다고 하면서도 속으로는 수

긍하고 싶지 않았습니다.

　일을 하면 대부분 고객의 짐만 배달하는데 한번은 고객과 함께 이동을 하게 되었습니다. 이동하는 동안 무슨 연유로 짐을 가지고 가는지 물으면서 대화가 시작됐습니다. 그분은 열심히 중국집을 운영하다가 실패하여 월세방에 살고 있지만 누구도 원망하지 않는다고 했습니다. 제가 부모의 도움 없이 학창 시절을 지내면서 무능한 아버지에 대한 원망이 있었다고 하니까, 그분이 사소한 일로 아버지한테 맞은 얘기를 해 주었습니다. 조금씩 마음이 열리고 대화의 길이 트이는 것을 느끼면서 하나님께서 지금까지 인간관계로 힘들고 결실이 없던 이유를 잘 보라고 하시는 것 같았습니다. 지금까지 말씀대로 살지 못하여 실패하였고, 질서에 순종하지 못하고, 사람을 싫어하고, 환경을 싫어하는 모습이 있었음을 다시금 깨달았습니다.

　옥토는 각종 더러운 오물들까지 받아들이는 맨 아래의 땅으로서 말씀의 빛을 받아서 인내함으로 결실을 맺는다는 것을 깨닫게 하시니 감사합니다(마 13:22~23). 적은 수입이지만 감사하며 신앙고백으로 헌금을 드리고, 사명지인 직장에서 동료의 구원을 위해 힘쓰며 만나는 고객에게 진정성 있게 섬기는 모습을 보여 주겠습니다. 지금까지 알고 있던 세상적인 지식을 뛰어넘어 하나님께서 주시는 지혜를 간구하며 사는 삶이 되도록 늘 깨어 있겠습니다.

영혼의 기도

하나님 아버지, 결실을 맺는 옥토가 되기를 원합니다. 그러나 아직도 길가에 앉아 오는 사람 가는 사람을 평가하고 상처받으면서 공동체에 속하지 못하는 것을 불쌍히 여겨 주옵소서. 바위에 앉아서 환난이 오면 넘어지고, 재물과 염려의 가시떨기에 막혀서 영적인 열매가 없는 것을 불쌍히 여겨 주옵소서.

　옥토는 말씀을 듣고 깨닫는 자라고 하셨는데 내 힘으로 어떻게 말씀을 깨닫겠습니까. 잘 깨달으라고 사이코패스 같은 부모와 자녀, 배우자를 주심을 감사합니다. 그래서 말씀을 사모할 수밖에 없습니다. 낮은 땅이 되어서 깡통 같고 오물 같은 사람이 나에게 내려오는 환경에서 예수님처럼 복음 때문에 순종하며 백 배의 결실을 맺기 원합니다.

　힘든 우리의 식구들이 이 땅에서 변화되지 않더라도, 주님의 보혈의 피는 고치실 수 있음을 믿습니다. 결실 맺는 내 가정, 나 자신이 되기 원합니다. 주님이 함께하여 주옵소서. 쓰레기를 담아내는 낮은 땅, 좋은 땅이 되기로 결단합니다. 말씀을 사모하기로 결단합니다. 예수님이 보이신 모범을 따라 머물 때와 나아갈 때, 잠잠할 때와 외칠 때를 잘 분별하며 내 옆에 힘든 식구들을 품고 기도함으로 구원의 열매가 맺히게 하옵소서. 예수님 이름으로 기도하옵나이다. 아멘.

11

천국을 누려야 한다

마태복음 13:24~30, 36~43

하나님 아버지, 천국을 누리기 원합니다.
누려야만 합니다. 그럴 수 있도록
말씀하여 주옵소서. 듣겠습니다.

우리들교회의 공동체 고백 중 한 집사님의 글을 소개합니다.

나의 사랑, 나의 우상, 나의 가족! 그러나 그토록 믿으며 사랑하던 남편이
간통죄를 저질렀습니다. 우리 부부는 8년 연애 끝에 결혼했고, 남편을 향
한 저의 믿음은 대단했습니다. 귀하게 얻은 두 아들과 함께 우리 가족은
저의 둘도 없는 사랑이자 우상이었습니다.

그러나 남편의 간통 사건으로 그 우상은 산산조각 났고, 저는 마음을 분
노로 채우다 끝내 이혼했습니다. 이혼 후 교회는 다녔지만 폐쇄적인 생활
을 하며 절망 가운데 살았습니다. 그러던 중 김양재 목사님의 설교를 듣
고 제 죄가 깨달아져 삼 일 밤낮을 통곡하며 울었습니다. 주일예배와 소
그룹 예배, 수요예배를 통해 주시는 말씀으로 큰 은혜를 받았습니다. 그
러면서 저로 많은 날을 분노로 보내게 한 남편을 향한 사랑도 다시 생겨
났습니다. 남편이 저를 위해 수고해 주었다는 것이 깨달아지며 저절로 남
편의 구원에 대한 애통함도 생겼습니다.

이후로 저는 깨어진 가정을 회복하고자 힘썼습니다. 남편에게 편지 쓰기, 전화하기, 생활비 보내 준 것에 대해 감사 문자 보내기 등 소그룹에서 조언해 주신 것들을 그날그날 말씀에 따라 적용했고, 가정 회복과 남편의 영혼 구원을 위해 애통한 마음으로 기도했습니다.

2~3주에 한 번씩 남편을 만나 외식도 했는데 그때마다 저를 자상하게 대해 주는 남편의 태도에 저는 희망을 품었습니다. 어느 날 제가 조심스럽게 "혹시 재혼했어?"라고 묻자 남편은 사생활이라며 더 이상 말하고 싶어 하지 않았습니다. '과거 간통죄에 대한 수치스러움에 그러는가 보다' 하고 생각했습니다.

언젠가부터 남편 차에 타면 기독교방송이 흘러나왔고 함께 하나님 얘기도 나누게 되었으며 제가 선물로 준 김양재 목사님의 로마서 강해 테이프도 들었다고 했습니다(참고로 남편은 4대째 모태신앙인입니다). 또다시 소그룹 지체들은 말씀에 대한 적용으로 남편에게 구체적으로 물어보라고 권면했습니다. 마음이 쓰였으나 한 번은 겪을 일이기에 저는 남편에게 솔직한 마음을 전했습니다. 그러자 남편의 입에서 믿고 싶지 않은 말이 흘러나왔습니다.

"나 재혼한 지 3년 됐어. 나도 이 길을 가는 게 너무 힘들어. 나는 너무나 이기적인 놈이야. 당신과 아이들을 보면 너무 미안하고 가슴이 찢어져. 나도 이혼한 사실이 용납이 안 되고 사업도 힘들어져 인생을 접으려고도 했어. 하지만 아이들이 너무 불쌍해서……. 당신과 아이들한테 너무 미안해. 그리고 당신 편지를 받고 많이 울었어. 그러나 지금은 내가 너무 멀리 와서 돌아갈 수 없어. 이제는 마음을 추슬러 하나님 앞에서 똑바로 살고자 노력하고 있어. 죽어서 다시 만날 수 있다면 그때 내가 잘해 줄게. 당신과 아이들 생활은 끝까지 책임질게."

순간 아찔했습니다. '도대체 하나님의 뜻은 무엇이란 말인가?' 머릿속으로 질문들이 하염없이 쏟아졌습니다.

여러분은 이 집사님의 질문에 어떤 대답을 주시겠습니까? 남편을 용서하고 사랑하기까지도 힘들었는데, 1년 동안 그토록 잘해 주어 재결합을 원했건만 재혼한 지 3년째라니, 피가 거꾸로 솟지 않겠습니까. 4대째 믿는 집이고 목사님의 주례로 결혼까지 했는데 왜 이런 일이 생겼을까요? 어떻게 여기서 천국을 누릴 수 있을까요?

좋은 씨가 밭에 뿌려져야 천국을 누릴 수 있습니다

예수께서 그들 앞에 또 비유를 들어 이르시되 천국은 좋은 씨를 제 밭에 뿌린 사람과 같으니_마 13:24
밭은 세상이요 좋은 씨는 천국의 아들들이요 가라지는 악한 자의 아들들이요_마 13:38

씨는 어떤 것을 발생시킵니다. '씨'란 단어는 식물의 씨앗이 되기도 하고 동물의 정액이 되기도 합니다. 씨는 헬라어로 '스페르마'로서 신약에서 43회 쓰였습니다. 이 단어는 '언약의 후손'이라는 의미이기도 하고, 오늘 말씀대로 '천국의 아들'이라는 뜻도 있습니다.

예수 믿는 성도에게도 문제가 생깁니다. 그러나 하나님은 우리가 어떤 문제에서도 좋은 씨를 밭에 뿌린 자처럼 살기 원하십니다. 한마디로 천국을 누리기 원하십니다.

좋은 씨를 밭에 뿌렸다는 것은, 이 세상 어떤 곳이든 어떤 영역이든 좋은 씨인 예수 씨가 뿌려져 다른 생명을 잉태했다는 것입니다. 이것이 천국입니다. 한마디로 전도하고 회개에 합당한 열매를 맺는 것이 천국입니다. 배우자가 바람을 피우건 아니건, 자식이 말을 듣건 안 듣건 그 자체가 문제가 아니라, 내가 오늘 내 환경에서 전도하는 게 천국입니다. 그러면 내가 노력해서 좋은 씨가 됩니까? 아닙니다. 내 공로가 하나도 없습니다. 그래도 우리는 씨가 뿌려지기를 간구해야 합니다.

아무리 교회를 다녀도 전도하고 생명 낳는 일을 못 하면 천국을 누리지 못합니다. 이 집사님도 겉으론 잘 사는 것 같았어도, 사랑하는 남편과 자녀에 빠져서 한 번도 전도하지 못했습니다. 그래서 하나님이 사랑하여 간섭하셨다고 생각합니다.

좋은 씨는 옥토에 뿌려지면 백 배의 결실을 맺습니다. 예수 씨가 있는 한 사람이 우리 집안에, 교회에, 사회에 부름받으면 곳곳에 천국이 임합니다. 그 한 사람이 공동체에 들어오면 전도와 회개의 열매, 성령의 아홉 가지 열매가 주렁주렁 맺히고 궁극적으로는 영생의 열매를 맺습니다.

◆ 나는 좋은 씨입니까? 예수님이 뿌려지기 위해 기도하고 있습니까? 오늘 나의 사건을 약재료로 삼아 예수님을 전하고 있습니까? 사건이 힘들어 두문불출하며 내 문제에만 골몰하여 나도 남도 힘들게 하지는 않습니까? 내 사건이 약재료가 되어 다른 사람에게 예수님을 전하게 해 달라고, 입을 열어 전도할 용기를 달라고 기도하십시오.

천국을 누리기 위해 잠들지 말아야 합니다

사람들이 잘 때에 그 원수가 와서 곡식 가운데 가라지를 덧뿌리고 갔더니_마 13:25

내가 좋은 씨로 뿌려진 은혜를 알면서도 사람들은 잠을 잡니다. 이 집사님도 가족과 남편에 취해서 잠을 잤습니다. 잠자는 것은 순간입니다. 그렇게 잠이 들면 성경적이지 못한 생각이 나를 점령하기 시작합니다. 열심히 교회 다녀도 돈과 외모, 학벌과 권력 때문에 악한 자의 아들들과 타협하게 됩니다.

우리가 스스로 깨어 있기 어렵기 때문에 하나님은 사건을 주시고, 교회 공동체를 허락하십니다. 여러분은 지금 어디에 잠들어 있습니까? 돈입니까, 명예입니까, 게임입니까, 야망과 쾌락입니까? 집사님이 8년이나 연애하며 서로 사랑한다고 착각하면서 결혼하고, 이후에도 인간의 사랑에 깊이 잠자고 있었기 때문에 이런 집사님을 깨우기 위해서 하나님이 사건으로 찾아오셨습니다.

제가 처음에 큐티 모임을 인도할 때는 방학을 하지 않았습니다. 직업으로 한 것도 아니고, 몇 달만 하고 그만둘 생각이었기 때문에 이왕에 하는 것 열심히 하려고 한 번도 쉬지 않았습니다. 가르치려고 한 것이 아니라 너무 죽어 가는 영혼이 많아서 안타까운 마음으로 했습니다.

그러다가 제가 신대원 학업을 병행하면서 몸이 너무 고되어 큐티 모임을 방학했더니, 개학 때면 사람이 줄어들었습니다. 방학을 했더니 큐티까지 방학해 버리고 멀리멀리 간 것입니다. 교회를 개척하고 나서부터는 방학하지 않아도 되니 정말 좋습니다. 큐티 모임과 비교하면 교회는 영광이 있고 힘이 있습니다. 비교할 수 없을 만큼 많은 사람이 변화됩니다. 교회 공동체는 여러분이 잘 수 없게 만드는 곳입니다. 그곳에 가만히 몸만 담고 있어도 깨어 있을 줄 믿습니다.

✦ 오늘 나에게 주신 사건은 잠들어 있는 나를 깨우려는 주님의 사인임이 믿어집니까? 예수 믿고 복음 전할 사명을 주셨는데 내가 "조금만, 조금만" 하면서 잠들어 있는 곳은 어디입니까?

천국을 누리기 위해서는 가라지가 있다는 걸 인정해야 합니다

싹이 나고 결실할 때에 가라지도 보이거늘_마 13:26

인생이 100% 죄인이기 때문에 가라지가 없는 공동체는 이 땅에 없습니다. 좋은지 나쁜지도 분별 못 하고 결혼하고 취직을 했는데, 힘들어서 깨닫고 보니 이때는 이미 가라지가 한창 자라고 있습니다.

가라지는 '가짜 밀', '독보리'를 말합니다. 씨였을 때는 구분이 안 되어 몰랐는데 싹이 나고 결실할 때가 되어서야 보입니다. 처음에는 벼하고 똑같다 못해 독초가 벼보다 더 예쁘게 생겼습니다. 사약의 재료로 쓰이는 독초의 꽃이 얼마나 아름다운지 모릅니다.

집사님의 남편은 너무 잘해 주다가 바람을 피웠고, 이혼해서도 전부인인 집사님에게 잘해 주었습니다. "나 재혼했다"고 미리 한마디만 했으면 좋았을 텐데 절대 싫은 소리를 못 합니다.

그렇게 결혼하고 이혼했으면서도 그 독초가 또 좋아 보여서 부인 집사님도 분별을 못 합니다. 무조건 나에게 잘해 준다고 좋은 게 아닙니다. 혹시 '난 정말 남편(아내)을 잘 만났어. 그는 나를 한 번도 실망시킨 적이 없어'라고 생각합니까? 하나님 외에는 누구든지 나를 실망시킬 수 있습니다. 우리는 모두 100% 죄인이고 100% 죄인과 결혼했기 때문에 당연히 실망이 따르게 마련입니다.

인생이 100% 죄인이기 때문에 가라지 없는 공동체는 이 땅에 없습니다. 또 누구에게나 예외 없이 가라지가 있습니다. 가라지를 처음부터 원천봉쇄 할 사람은 없습니다. 부부지간뿐만 아니라 인생에 숱한 가라지가 있습니다.

심리학자 레스 패로트는 그의 책 『까다로운 사람 상대하기』에서 상대하기 힘든 유형으로 비판적인 사람, 자기 연민으로 가득한 사람, 항상 부정적인 사람, 둔감한 사람, 비밀을 누설하는 수다쟁이 등을 꼽았습니다. 이런 사람들이 직장과 가정, 시댁에 가라지로 있습니다.

집 주인의 종들이 와서 말하되 주여 밭에 좋은 씨를 뿌리지 아니하였나이까 그런데 가라지가 어디서 생겼나이까_마 13:27

종들이 물어보는 '어디서'는 사람도 되고 장소도 됩니다. 좋은 씨는 '스스로 발행하다'라는 뜻이 있는데, 가라지는 스스로가 아니라 외적인 요인에 의해 씨가 뿌려지고 자랍니다. 교회 안에서도 악이 득세할 수 있습니다.

백만 종류의 바이러스가 있는데, 병균과 무균은 같이 존재해야 우리 몸이 건강하다고 합니다. 침으로 살라지고 위산으로 살라지면서 바이러스들이 퇴치되는데, 그래도 없애지 못하는 것이 바로 암세포입니다. 암세

포는 귀신같이 온갖 영양분을 다 빨아먹고, 자기네들끼리 딴딴하게 결속해서 인체를 죽입니다. 가라지도 그렇습니다. 그런데 내가 빼 버릴 수가 없습니다.

제 남편은 장로님 집안의 아들이었습니다. 믿는 집안, 믿는 사람이라고 결혼했는데 남편은 정말 힘든 사람이었습니다. 어느 날은 오징어를 굽는데 가스 불에 바짝 대고 구웠더니 남편이 "젓가락으로 30cm 띄워서 천천히 구워!" 하면서 소리를 질렀습니다. 성의 없이 굽는다고 "너나 먹으라"고 했습니다. 장로님 댁에 완벽한 조건인 줄 알고 시집을 갔는데 막상 결혼해 보니 시댁 식구 중에 남편만 완고하고 힘든 사람이었습니다. '이 남편은 데려온 자식인가……'라는 생각이 들 정도였습니다. 가라지가 어디서 왔느냐고 묻는 종들의 질문이 이와 똑같습니다.

> 이에 예수께서 무리를 떠나사 집에 들어가시니 제자들이 나아와 이르되 밭의 가라지의 비유를 우리에게 설명하여 주소서_마 13:36

"주님, 이 가라지를 어떻게 할까요?" 물어봐야 합니다. 설명해 달라고 부탁하면 됩니다. 목사님께, 교회 공동체에 설명해 달라고 해서 들으면 됩니다. 우리 주님은 뭐라고 말씀하십니까?

> 28 주인이 이르되 원수가 이렇게 하였구나 종들이 말하되 그러면 우리가 가서 이것을 뽑기를 원하시나이까…… 39 가라지를 뿌린 원수는 마귀요 추수 때는 세상 끝이요 추수꾼은 천사들이니 40 그런즉 가라지를 거두어 불에 사르는 것 같이 세상 끝에도 그러하리라_마 13:28, 39~40

뽑기를 원하시냐고 물었더니 그것은 원수가 한 일이라고, 하나님이 하신 것이 아니라고 합니다. "네 결혼을 하나님이 시킨 게 아니다. 네가 자느라고 막지 못했다"는 것입니다. 결국 가라지가 뿌려지는 것을 막을 수 없습니다. 그러면 뽑아내야 할까요?

주인이 이르되 가만 두라 가라지를 뽑다가 곡식까지 뽑을까 염려하노라_마 13:29

"가만두라"고 하십니다. 더 나아가 함께 자라게 두라고 하십니다. 아무리 잘못되었어도 가만두라는 것입니다.

이 세상은 하나님의 자녀와 사탄의 자녀가 끊임없이 영적 전쟁을 하는 곳입니다. 인간관계에서 잘못된 사람, 잘못된 배우자를 뽑아내다 보면 곡식까지 뽑힙니다. 가라지의 뿌리와 곡식의 뿌리가 얼기설기 얽혀 있기 때문에 자칫 잘못하면 곡식이 뽑힙니다.

가라지 같은 사람은 워낙 사교성이 좋아서 교회에 와서도 여러 사람과 친분을 쌓습니다. 그를 뽑으면 미성숙한 이삭이 알곡이 되기 전에 같이 뽑혀 나올 수 있습니다. 한 사람을 치리하면 모두가 걸려 넘어져서 이삭이 알곡의 사명을 다하지 못하고 넘어집니다. 그래서 가만두어야 합니다. 알곡이 빼곡하게 자라 곡식이 되어 식탁에 올라갈 때까지 기다려야 됩니다. 알곡이 곡식이 될 때까지 가라지가 수고를 하는 겁니다. 뽑아내고 싶지만 원수가 덧뿌리고 간 가라지는 제거할 대상이 아니라 하나님이 없애 주실 때까지 인내하고 기다려야 하는 대상입니다.

내 옆의 가라지 때문에 힘들다면 오늘도 어김없이 똑같은 결론으로 내 속의 가라지를 봐야 합니다. 내 속의 가라지를 뽑아내려고 내 옆에 가라지를 주셨습니다.

"내가 대체 왜 이런 사람을 만났나", "내 자식은 대체 왜 이 모양인가" 하십니까? 내가 잠들었기 때문입니다. 공동체도 마찬가지고, 결혼도 마찬가지입니다. 어떤 경우에도 우리에게는 버리고 뽑아낼 권리가 없습니다. 쫓겨날 수는 있지만 버리고 쫓아낼 수는 없습니다. 동일한 방법으로 동일한 사람이 나를 괴롭히는 것, 일곱 번을 일흔 번까지라도 당해 주는 것이 하나님의 훈련 방법입니다.

내가 잠들었기 때문에, 깨어 있지 못해서 덧뿌려진 가라지를 뽑아낼 생각을 하지 말기 바랍니다. 내 아내, 내 남편, 내 자녀, 내 상사, 모든 식구가 내 삶의 결론입니다. 하나님이 뽑아내실 때까지, 죽음이 갈라놓을 때까지, 끝까지 안 변한다고 해도 우리에게는 선택할 권리가 없습니다. "가만두라" 하신 주님의 음성을 듣기 바랍니다.

앞의 일화에서 집사님은 영혼 구원에 애통해서 그 남편과 합쳐 보려고 1년 동안 갖은 수고를 다했지만 남편은 이미 재혼한 상태였습니다. 하지만 이 상황에서도 집사님은 천국을 누렸습니다. 자신을 깨우는 공동체에서 하나님의 말씀을 듣고 있었기에 천국을 누릴 수 있었습니다.

집으로 돌아오면서 남편 앞에서 참았던 눈물이 터져 나왔습니다. 행여 아이들이 볼까 얼른 화장실로 들어가 슬피 울며 "왜요, 하나님?" 하고 따졌습니다. 그런데 그 말들이 방언으로 터져 나오면서 깨달아졌습니다. "얘야, 너한테는 내가 있지 않느냐!" 그 순간 남편을 의지하고 싶던 마음이 걷히고 "네, 저는 이제 예수님밖에 없어요"라는 고백이 나왔습니다. 다음 날 제게 주실 말씀이 너무 궁금해 새벽에 일찍 일어나 큐티책을 폈습니다.

그날 본문은 다니엘이 사자 굴에 들어가게 될 것을 알면서도 전에 하던 대로 기도하며 하나님께 감사하는 내용이었습니다. 그때 식탁 위에 놓인 목장보고서가 보이며 제 기도 제목이 눈에 띄었습니다. 기도 제목은 "그리 아니하실지라도의 믿음을 제게 주시고 아이들 앞에서도 그 믿음을 보이며 살게 해 주세요"였습니다. 눈물이 났습니다.

주일예배 설교에서 정근모 박사의 아들 일화를 들었습니다. 정근모 박사의 아픈 아들이 구원받았지만 끝내 가족의 품으로 돌아오지 못하고 죽었다는 이야기가 제가 당한 일과 비슷하여 눈물바다를 이루었습니다. 그다음 날, 다니엘이 오직 하나님을 의뢰함으로 몸이 조금도 상하지 않고 사자 굴에서 나온 말씀을 묵상하면서 전율했습니다.

하나님을 만나고 그 후로 1년간 가정의 회복을 위해 끊임없이 기도했는데 이것은 저를 양육하시려는 하나님의 뜻이었습니다. 남편은 이미 3년 전 재혼했지만 제가 사자 굴에서 상하지 않도록 하나님이 그 소식을 막아 주시고, 그를 위해 기도하게 하시며 제가 말씀 위에 설 수 있도록 인도하셨습니다.

만일 제가 하나님을 만난 후 바로 남편의 재혼 소식을 들었다면 분노로 몸을 떨었을 것입니다. 큐티하지도 못했을 것이고, 제 죄를 보지도 못하고, 남편과 시댁의 영혼 구원을 위해 기도할 수도 없었을 것입니다. 남편의 재혼 사실이 슬프기는 하지만 영적으로는 요동되지 않았고, 하나님의 뜻은 무엇일까에 초점을 맞출 수 있었습니다.

또한 이 사건이 일어나기 얼마 전 시간제로 일하던 곳에서 직원으로 채용될 기회가 있었습니다. 갈등 끝에 목자님의 조언으로 그 일을 내려놓고 교회 양육 훈련을 받기로 결정했습니다. 이것 역시 하나님의 기가 막힌 세팅이었음을 깨닫습니다.

만일 일을 내려놓기 전에 남편의 재혼 사실을 알았다면 아마 저는 힘든 마음에 양육 훈련을 시작도 하지 못했을 것입니다. 저의 연약함을 아시고 환경을 인도해 가시는 100% 옳으신 하나님! 주님을 위해 살겠다는 결단이 저절로 나옵니다.

가라지를 뽑는다고 이혼했지만, 회개하고 내 속의 가라지를 보게 되면 이제는 하나님 아버지의 나라에서 해같이 빛나는 인생이 될 줄 믿습니다. 저는 이 집사님의 글을 보면서 '우리들교회에 필요한 사람을 주셨구나' 생각했습니다. 이 집사님의 약재료가 이혼한 분들을 위해 사용되길 바랍니다. 이혼을 하고 안 하고가 문제가 아니라 어떻게 천국을 누리는가가 문제입니다.

이 시대에 이혼이 얼마나 많습니까. 자신이 이혼의 사자 굴을 경험했기에 이혼 불가를 외치는 선지자가 필요합니다. 이혼해 본 사람이 이혼하면 안 된다고 외쳐야 합니다. 이분이 그러한 선지자 역할을 하기 바랍니다.

> 41 인자가 그 천사들을 보내리니 그들이 그 나라에서 모든 넘어지게 하는 것과 또 불법을 행하는 자들을 거두어 내어 42 풀무 불에 던져 넣으리니 거기서 울며 이를 갈게 되리라 43 그 때에 의인들은 자기 아버지 나라에서 해와 같이 빛나리라 귀 있는 자는 들으라_마 13:41~43

우는 것은 감정적인 고통이고, 이를 가는 것은 육체적인 고통입니다. 한마디로 지옥의 고통입니다. 이 땅에서 감정과 육체의 고통을 당하는 것이 도리어 복일 수 있습니다. 나중에 당할 고통을 미리 당함으로써 영원한 고통을 피해 갈 길을 알게 되기 때문입니다. 이 땅에서 불법을 행하고도 한 번도 울지 않고 이를 갈아 보지 않은 인생처럼 비참한 삶은 없습니다.

집사님의 글은 이렇게 마무리됩니다.

많은 시간을 주어 남편을 용서하라는 사인을 보내신 하나님을 외면하고 살아온 이 죄인에게 이렇게 하나님 나라의 안식을 누리게 하시니 감사드리며 찬양합니다. 행복하던 이전 시절과 고난을 통해 하나님을 만난 시간 중에서 선택하라면 조금도 주저함 없이 후자를 선택할 수 있는 믿음을 주신 하나님, 사랑합니다.

할렐루야. 이것이 천국을 누리는 삶입니다. 남편이 돌아오고 안 돌아오고는 문제가 아닙니다. 저는 이혼하신 분들이 얼마든지 우리들교회에 오셨으면 좋겠습니다. 그것 가지고 정죄하지 않습니다. 그저 그 순간부터 해같이 빛나는 인생을 살아서 하나님을 만나기만 하면 그것이 복이고 천국입니다.

9장 '하나님의 가족'에서 소개한 40대 자매가 담도암으로 수술을 했습니다. 자매가 수술실에 들어가는 날, 믿지 않는 어머니에게 전화를 했습니다. 연로하신 어머니는 막내의 암 소식을 모른 채 그저 몸이 조금 아픈 줄 알고 있었습니다. 자매가 "당분간 전화하지 마세요. 몸이 좀 나아서 이제 성지순례 가요" 했더니 어머니께서 "언제쯤 돌아오냐" 하십니다. "한 녁 주 걸릴 거예요" 하니 "어디로 가는데?" 하고 어머니가 또 물으셨습니다.

자매가 대답했습니다. "예수님이 십자가 지고 가셨던 곳 가요."

자기가 암에 걸려 오늘내일해도 부모님을 생각하는 이 마음이 천국 아닙니까. 자매의 병상을 지켜 준 다른 집사님이 이런 글을 올려 주셨습니다.

하늘의 총명이 임한 정자 씨를 병상에서 보며 정자 씨의 수술 길이 정말 성지순례라는 생각이 들었습니다. 오직 나는 죽고 주님만이 사신다는 십자가의 믿음으로 세상의 뿔을 도려내려고 들어간다는 말씀 묵상을 나누어 주고 4시에 성지순례를 떠난 정자 집사님.
오늘 수술이 무척 길어져 아직도 이 시간까지 진행 중입니다. 오늘도 여러 지체들이 성지순례 길을 떠나는 정자 씨와 늦은 시간까지 함께하는 사랑의 수고를 하셨습니다. 내일 날이 밝으면 주님이 함께한 순례길을 정자 씨께 물어볼 생각입니다.

천국을 못 누릴 어떤 환경도 없습니다. 우리는 까다로운 사람 상대하려고 이 세상에 태어났습니다. 리더십은 아무 가능성 없는 사람을 일하게 만들어 주는 예술이라고 합니다. 잘할 수 있는 사람을 일하게 해 주는 것이 무슨 리더십이겠습니까.

천국을 누리기 위해서는 좋은 씨가 밭에 뿌려져야 합니다. 절대로 자면 안 됩니다. 가라지가 있다는 걸 인정해야 합니다. 나는 이 가라지를 뽑아낼 권한이 없습니다. 추수할 때까지 가만두어 자라게 두어야 합니다.

풀무 불에서 이를 갈지 말고 해와 같이 빛나는 의인이 되어야 하는데, 그러기 위해 내게 꼭 맞는 가라지를 주셨습니다. 뽑아내고 싶은 가족, 상사를 정확하게 주셨습니다. 그들을 뽑아내지 않고 주님이 심판하실 때까지 가만두면 여러분의 인생을 해같이 빛나게 하실 줄 믿습니다.

내가 당한 환경에서 기뻐하면서 갈 때, 알곡이 되어 하나님의 식탁에 올라가는 쓰임받는 인생이 될 것을 믿습니다.

◆ 뽑아내고 싶은 내 옆의 가라지는 누구입니까? 그 가라지가 교회 공동체에 속하지 않고, 하나님 말씀에 잠들어 있던 내 인생의 결론임을 인정하십니까? 그들을 애써 바꾸려 하지 않고, 뽑아내려 하지 않고 그를 통해 내 모습을 보게 해 달라고 기도합시다. 변하지 않는 그들을 보며 하나님 앞에 질기게 안 변하는 나의 모습을 회개합시다.

•••

내 옆의 가라지 때문에 힘들다면 오늘도 어김없이
똑같은 결론으로 내 속의 가라지를 봐야 합니다.
내 속의 가라지를 뽑아내려고 내 옆에 가라지를 주셨습니다.

•••

말씀으로 기도하기

하나님께서 좋은 씨를 뿌리셨어도 내가 잠들어 있기 때문에 가라지가 덧뿌려집니다. 내 인생의 가라지는 내가 살아온 결론임을 인정하는 것이 천국을 누리는 길입니다. 가라지를 뽑아내고 싶어서 이를 갈며 사는 것이 풀무 불 같은 지옥입니다. 어떤 상황에서도 내 속의 가라지를 보고 회개하며, 내 옆의 가라지를 인정하는 것이 해와 같이 빛나는 의인입니다. 가라지가 없어서 천국이 아니라 가라지로 인해 내 죄를 깨닫고 하나님께 쓰임받는 인생이 천국입니다.

좋은 씨가 밭에 뿌려져야 천국을 누릴 수 있습니다(마 13:24, 38).
　나와 내 가정에 좋은 씨, 예수님의 생명의 씨가 뿌려지기를 간구합니다. 내가 좋은 씨로 가정과 공동체에 뿌려져서 믿음의 결실을 맺으며 천국을 누리게 하옵소서.

천국을 누리기 위해 깨어 있어야 합니다(마 13:25).
　하나님의 은혜를 경험하고도 깨어 있지 못하고 쾌락과 나태함으로 잠들어 있는 내 모습을 회개합니다. 나를 깨우려고 주신 사건에 감사하며 믿음의 공동체에 들어가 잘 깨어 있기 원합니다.

천국을 누리기 위해서는 가라지가 있다는 걸 인정해야 합니다
(마 13:26~29, 36, 39~43).

내가 깨어 있지 못해서 덧뿌려진 가라지를 "가만두라"고 하시는 주
님의 음성을 듣기 원합니다. 뽑아내고 싶은 가족, 지체를 통해 내 속의 가
라지를 깨달으며, 가라지로 인해 쓰러지는 것이 아니라 더 알찬 알곡이
되게 하심을 믿습니다. 가라지를 원망하며 이를 갈지 말고 내 죄를 깨닫
고 고백함으로 해와 같이 빛나는 인생이 되게 하옵소서.

우리들 묵상과 적용

가정 형편이 어려워 열등감이 깊었던 저는 학벌과 스펙이 좋은 지금의 남편을 만나 결혼했습니다. 그러나 남편과 저는 그야말로 '불통 부부'였습니다. 화만 내는 남편이 무서워 하루하루가 힘겨웠던 저는 말씀을 듣는 공동체에 와서야 조금씩 살아났습니다.

그런데 늘 조용하던 아들이 고등학교에 입학하면서부터 갑자기 말이 많아지고 거칠게 행동하기 시작했습니다. 학교생활과 입시에 대한 두려움으로 급성 조증이 온 것이었습니다. 아들은 어려서부터 틱 장애와 ADHD(주의력 결핍 및 과잉 행동 장애)가 있었지만, 성실히 공부를 잘했기에 특별히 걱정하지 않았습니다. 그런데 급성 조증이라니…… 저는 믿어지지 않는 현실 앞에서 마음이 한없이 무너져 내렸습니다. 영혼이 시들어 죽어 가던 저를 주님이 좋은 공동체에 좋은 씨로 뿌려 주셨는데, 제가 세상 성공과 가족 우상에 잠들어 있다 보니(마 13:25) 아들이 병들어 가는지도 몰랐던 것입니다.

이후 저는 교회 공동체에 상황을 긴급히 알리고 중보기도를 요청했습니다. 믿음의 선배들은 말씀으로 이 사건을 해석해 주었고, 아들이 속한 교회 청소년부 선생님들도 바로 달려와 주셨습니다. 청소년부 선생님들이 심방을 오신 날, 저는 그제야 아들의 속마음을 알게 되었습니다. 남편이 화를 낼까 늘 긴장하며 살던 제 아래서 아들도 눌려 있다가 한계 상황이 오자 감정이 폭발해 버린 것입니다. 모든 아픔의 근원이 저였다니…… 너무 미안했습니다. 다음 날, 저는 아들에게 무릎을 꿇고 "엄마 욕심으로 너를 힘들게 해서 미안하다"라고 진심으로 용서를 구했습니다.

아들은 이후로도 세 차례나 조증이 왔고, 잠도 못 자며 불안해하는 아들을 보며 저는 풀무 불에 던져진 것 같은 고통에 통곡할 수밖에 없었습니다(마 13:42). 할 수 있는 것이 아무것도 없음을 처절히 느끼며 예배만 저절로 사모되었고, 교만과 가족 우상으로 똘똘 뭉친 저의 악을 직면하게 되었습니다. 이 모든 일이 평생 학벌 우상을 따르며 연약한 아들에게 큰 짐을 지웠던 제 삶의 결론인 것이 인정되었습니다. 정말 뽑혀야 할 가라지는 내 속의 욕심인 것이 깨달아지며 원망도 그치게 되었습니다(마 13:28). 그러자 이전에 알지 못했던 예배의 기쁨이 차오르며 천국을 누리게 되었습니다.

이제 아들은 편안한 날이든, 조증으로 불안한 날이든 여전한 방식으로 날마다 큐티를 합니다. 또 소통 불가였던 저희 가정이 한자리에 모여 가정예배를 드립니다. 아들이 언제까지 치료를 받아야 할지는 모르지만, 저에게 딱 맞게 주신 환경임을 인정하며 하나님이 정하신 때까지 잘 기다리기 원합니다. 내 욕심에 잠들어 있던 저를 사건으로 찾아와 주셔서 죄를 보게 해 주신 주님, 감사합니다. 가라지 같던 저를 뽑아 버리지 않고 "가만두라" 하시며(마 13:29) 오랫동안 기다려 주신 주님, 사랑합니다.

영혼의 기도

하나님 아버지, 주님의 좋은 씨로 뿌려졌는데도 내가 잠을 잤기 때문에 원수가 와서 가라지를 덧뿌렸고 그것이 자랐습니다. 그런데도 나는 그 가라지를 뽑기 위해 심혈을 기울입니다.

뽑았으면, 없어졌으면 하는 그 가라지를 가만두라고 하십니다. 더 자라게 함께 두라고 하십니다. 내 힘으로는 가라지와 함께 갈 수 없지만 그 가라지 뽑아내다가 알곡인 나까지 죽을 수 있다고 하십니다. 내가 알곡이 되기 위해 가라지가 수고하는데, 뽑아내면 내가 알곡이 될 수 없음을 인정합니다. 나를 천국에 합당한 자로 만들기 위해 수고하는 가라지를 지금 뽑아내면 안 됩니다.

나의 가라지는 있어야 합니다. 내 남편, 아내, 자녀, 부모는 내 삶의 결론입니다. 책임 전가하지 않도록 도와주옵소서. 내가 어찌 옥토에 뿌려지는 좋은 씨가 되겠습니까. 내가 둔하기 때문에 외모로 보았고, 교만하고 이기적이기 때문에 지체와의 교제도 없이 잠을 자고 있었던 내 인생의 결론입니다. 깡통 같고 쓰레기 같은 가라지를 허락해 주셔서 감사합니다. 옥토가 되어서 해같이 빛나는 인생이 되기를, 하늘나라 천국을 누리기를 원합니다.

배우자 때문에 힘들어하는 가정을 위해 기도합니다. 먼저 본인이 천국을 누리기 원합니다. 이혼의 올무에서 힘들어하는 사람을 위해 기도하오니, 이혼하고 안 하고의 문제가 아니라 어떤 상황에도 천국을 누리는 모습을 보여 주며 이혼 불가를 외치는 선지자가 되어 하나님의 식탁에 올라가는 쓰임받는 그릇이 되길 기도합니다. 나 때문에 얼마나 많은 사람이 수고하는가 생각하고 내 속의 가라지를 보기 원합니다. 나의 이기심을 보게 하시고 끝까지 승리할 수 있도록 힘주옵소서. 천국을 누리게 하옵소서. 예수님 이름으로 기도하옵나이다. 아멘.

12

감추인 천국

마태복음 13:31~46

하나님 아버지,
감추인 천국을 보기 원합니다.
말씀하여 주옵소서. 듣겠습니다.

어떤 분이 주변에 남편과 사별하여 너무 힘들어하는 분이 있다면서 격려해 달라기에 제가 사별하신 집사님께 힘내시라는 내용의 메일을 보냈습니다. 그런데 며칠 후 답장이 오기를, 제 책을 읽었는데 아무리 목사님이 선을 봐서 결혼했다지만 남편이 죽었는데 어떻게 구원받아서 기쁘다고 할 수 있느냐고 따졌습니다. 그러면서 제가 예수 중독이 되어 기쁨과 슬픔을 구별하지 못한다고 했습니다.

운명이 어차피 주어진 것이라면 노력이 무슨 소용이냐고, 하나님이 미리 정하셨다면 기도해도 안 해도 하나님 마음대로 하실 것 아니냐고도 했습니다. 다른 집사님들이 "하나님이 더 좋은 것으로 채워 주실 것이다"라고 위로해도 신랑도 없는 여자가 이 세상에 더 좋을 게 뭐가 있나 싶고, 세상에 있는 남편들이 모두 동시에 죽어 버렸으면 좋겠고, 종일 울어도 살기가 싫다고 했습니다.

이분은 그동안 교회도 열심히 다녔고, 십일조와 감사헌금도 철저하게 했고, IMF 외환위기 때 시련이 있었지만 그것도 감사하다고 여기며 더

222

열심히 새벽제단을 쌓았다고 합니다. 그렇게 열심히 신앙생활을 했건만 어째서 하나님이 이 같은 시련을 주시는지 이해할 수도, 용납할 수도 없다고 했습니다.

저나 그분이나 남편의 사별이라는 똑같은 사건을 만났는데, 저는 그 후로도 30여 년간을 이렇게 씩씩하게 살고 있습니다. 왜일까요? 저는 남편의 죽음 속에 감추인 천국을 보았기 때문입니다.

천국은 지극히 작은 겨자씨와 같습니다

31 또 비유를 들어 이르시되 천국은 마치 사람이 자기 밭에 갖다 심은 겨자씨 한 알 같으니 32 이는 모든 씨보다 작은 것이로되 자란 후에는 풀보다 커서 나무가 되매 공중의 새들이 와서 그 가지에 깃들이느니라
_마 13:31~32

보기엔 너무 작은 씨가 겨자씨입니다. 이스라엘에 다녀온 분들이 겨자씨라고 코팅해서 아주 작은 씨를 주고받곤 하는데 그것은 사실 담배씨이고, 겨자씨는 그것보다 조금 더 큰, 은단 정도 크기라고 합니다. 겨자나무는 일년생 풀로서, 이 겨자씨가 자라면 대략 1m, 크면 3m까지 된다고 합니다.

겨자나무에 새들이 앉으면 풀이 휘기는 하지만 감춰진 천국처럼 새들이 쉬다 가는 나무가 됩니다. 천국이 이와 같습니다. 천국은 모두에게 진정한 쉼을 주는 오아시스 같은 곳입니다.

우리는 이 세상에서 좋은 것, 좋은 곳이 천국이라고 생각합니다. 그

러나 반복적으로 나오는 가라지의 비유는 천국에 명백한 방해 세력이 있음을 말해 줍니다. 악한 자의 아들들이 그 역할을 합니다.

이 말씀을 쉽게 알아들으려면 '비유'라는 단어를 나의 '사건'으로 바꾸면 됩니다. "비유를 들어 이르시되"는 곧 '내 사건에서 해석하여 이르시되'입니다. 내 환경에서 하나님의 메시지를 들으면 그 환경 속에 감춰진 천국을 만나게 됩니다.

"갖다 심은"의 원어는 '씨를 흩뿌렸다'는 뜻입니다. 그 씨앗이 옥토에 떨어지면 저절로 확장됩니다. 겨자씨 비유는 외적으로 성장한다는 의미가 있습니다.

천국은 외적으로도 성장하는 것을 보여 줘야 합니다. 릭 워렌 목사의 『목적이 이끄는 삶』이 굉장한 베스트셀러가 되었습니다. 불신자들도 많이 사서 읽고, 그 책을 읽고 전도했다는 사람도 많습니다. 저는 큰 교회, 우뚝 선 교회도 많아야 한다고 생각합니다.

몇 년 전만 해도 우리들교회는 냉난방이 잘 안 되는 학교 강당에서 예배를 드리다 보니 믿음 없이는 오기 힘든 교회였는데, 시설을 잘 갖춘 판교 채플이 생긴 후로는 누구나 들러 보기 쉬워졌습니다. 그래서 외적인 성전도 있어야 합니다. 그뿐만 아니라 교회에서 링컨 같은 대통령도 나와야 하고 장관도 나와야 하고 연예인도 나와야 합니다. 우리는 이런 분들을 위해서 기도해야 합니다. 청소년들은 목사의 설교보다 연예인의 한마디를 더 잘 받아들입니다. 그래서 교회가 외적으로도 성장하고, 자랑할 만한 열매도 있어야 합니다.

그런데 문제는 겨자씨로 감추어져 있기 때문에 그 작은 겨자씨를 보면서 천국을 보기 어렵다는 데 있습니다. 씨 중에서 큰 씨는 호박씨이고 작은 씨는 겨자씨입니다. 그러나 크든 작든 썩기 전에는 그저 씨에 불과

합니다. 그러므로 겉으로 드러난 것을 보고 무시하거나 교만하지 말아야 합니다.

겨자씨는 비록 작지만 땅에 들어가 썩으면 키가 큰 나무가 됩니다. 반면에 호박씨는 덩굴밖에 되지 않습니다. 이 땅을 누리는 사람은 썩어지기가 어렵습니다. 이 땅에서 조금 큰 호박씨가 되면, 그것 때문에 감춰신 천국을 보지 못합니다.

한 집사님의 남편은 대기업에 다니는 능력 있는 분으로 친정 빚을 5,000만 원이나 갚아 주고도 생색 한번 내지 않았습니다. 소문난 효자였으며 가족에게 싫은 소리 할 줄 모르는 착한 남편이었습니다. 이렇게 착한 남편이 세상을 일찍 떠났습니다. 시어머니는 며느리를 위로하며 극진하게 대했지만, 손주들 성화에 못 이겨 교회 출입을 한 번 한 뒤로는 "더 이상 나에게 예수 믿으라 하지 말라"고 못 박으셨습니다. 그리고 시어머니 역시 세상을 떠났습니다.

집사님은 혼자 교회에 다니면서 시어머니와 남편의 구원을 위해 애통해하지 않았습니다. 저는 장로님 댁에 시집갔어도 너무 힘들었기 때문에 저절로 겨자씨가 되었고, 구원을 위해 열심히 기도했습니다. 그런데 집사님은 남편과 시어머니가 인간적으로 잘해 주니 결정적일 때 맥을 못 추고 말았습니다. 사건이 왔을 때 해석하지 못했습니다.

"초막이나 궁궐이나 내 주 예수 모신 곳이 그 어디나 하늘나라……." 이 찬양처럼 어떤 환경에서도 천국을 맛보는 것이 겨자씨 천국입니다. 눈에 보이는 것이 없어도 믿음으로 내 사건을 해석하며 천국을 누릴 때 많은 사람이 깃드는 큰 나무로 우뚝 설 수 있습니다. 저는 남편의 죽음 전에도 천국이 임했고 남편의 죽음에도 천국이 임했으며, 죽음 이후에도 천국이 임한 것을 믿습니다.

◆ '비유'는 나의 '사건'입니다. 성경의 비유가 나의 사건을 해석하는 말씀으로 들립니까? 나는 겨자씨입니까, 호박씨입니까? 교회 다니면서도 좋은 집, 좋은 차, 품질 좋은 자녀들을 가진 사람들을 부러워하고 있습니까? 내 갖춰진 조건 때문에 힘든 환경의 사람들을 무시하고 있지는 않습니까?

천국은 변화를 가져오는 누룩입니다

또 비유로 말씀하시되 천국은 마치 여자가 가루 서 말 속에 갖다 넣어 전부 부풀게 한 누룩과 같으니라 _마 13:33

밀가루 속에 누룩을 넣으면 발효해서 부풀어 오릅니다. 밀가루가 전혀 다른 성질인 빵이 되어서 먹을거리가 됩니다. 이렇게 하나님의 통치 안에 들어오면 변하지 못할 사람이 없습니다. 숨겨져 있어도 누룩의 역할은 대단합니다. 새로운 피조물로 나도 변하고 남도 변화시키고, 드러나지 않게 조용히 은밀하게, 그러나 완전하게 변화시킵니다.

그런데 여기서도 문제는 전혀 알려지지도, 드러나지도 않는다는 사실입니다. 일반 밀가루와 누룩을 넣은 밀가루는 눈으로 보면 그 차이를 알 수 없습니다. 시간이 한참 지나서 발효가 되어야 둘의 차이를 분명하게 알 수 있습니다. 세상적 관점으로 보면 천국은 누리기가 참 힘듭니다. 드러나지 않고 주목받지 못하기 때문입니다. 그러나 시간이 지나면 가루 서 말을 전부 부풀게 합니다. 무언가 되려고 열심히 해서가 아니라 천국이 임한 사람이 가만히 들어가 있는 것만으로도 주변 사람들이 변하고 그 공동체가 바뀌게 됩니다.

벤자민 워필드는 누룩 같은 인생을 사신 분입니다. 유명한 조직신학자로서 34년간 프린스턴대학에서 신학을 연구하고 가르쳤고 『성경의 영감과 권위』라는 책을 썼습니다. 이분이 1876년에 결혼해서 신혼여행으로 독일 선교를 갔는데, 풍랑에 벼락을 맞아 그만 부인이 불구가 되었습니다. 이후 39년 동안 다른 사람의 도움 없이는 움직일 수 없는 중증 장애인 부인을 돌보느라 하루에 두 시간 외에는 외출을 해 본 적이 없다고 합니다. 1915년 부인이 먼저 간 뒤 1921년에 그도 하나님 나라로 갔습니다.

그의 삶에는 애굽의 총리가 된 요셉처럼 화려한 결말이 없습니다. 다만 39년간 한결같이 한 여자를 사랑하고 인내한 모습만 남았습니다. 하지만 그의 책은 모든 사람에게 영향을 주고 변화를 가져다주는 명저가 되었습니다. 무명한 자 같으나 유명한 자가 되었습니다.

◆ 가정과 교회, 직장에서 아무도 나를 알아주지 않는 것 같은 힘겨운 시간을 보내고 있습니까? 내가 누룩처럼 잠잠히 말씀으로 준비되어 있으면 하나님이 나를 들어 쓰십니다. 별 인생 없음을 알게 해 주시고, 별을 나눠 주는 인생이 되게 해 주십니다. 내가 뭔가 하려고 애쓰는 것이 아니라, 말씀과 동행하는 나의 삶으로 주변이 변화되게 해 달라고 기도합시다.

천국은 감추인 보화와 같습니다

34 예수께서 이 모든 것을 무리에게 비유로 말씀하시고 비유가 아니면 아무 것도 말씀하지 아니하셨으니 35 이는 선지자를 통하여 말씀하신 바 내가 입을 열어 비유로 말하고 창세부터 감추인 것들을 드러내리라

알 듯 모를 듯 신비하게 말씀하십니다. 비유란 나의 사건이라고 했습니다. 그러므로 사건이 없으면 말씀이 들리지 않습니다. 서기관과 바리새인들은 예수님의 비유를 전혀 못 알아들었습니다. 나의 사건으로 해석할 수 없었기 때문입니다. 그래서 어떻게 했습니까? 예수님을 죽였습니다. 말씀이 들리지 않는 사람은 중도적 입장도 아니고 아예 예수님을 죽입니다. 그러나 주님은 사건을 통해서 말씀하십니다.

창세로부터 감춰진 것이 드러난다고 했습니다. 제가 모태신앙인으로 4대째 믿었어도, 결혼 후 5년 만에 무너짐의 사건을 경험하고 나서야 나의 감춰진 욕심과 죄를 보게 되었습니다. 죽기까지 십자가 지신 그 복음이 임하니 저절로 비유가 이해되고 내 인생의 사건이 해석됐습니다. 지금도 사건이 없는 사람은 말씀을 이해 못 하고 아리송할 것입니다.

> 천국은 마치 밭에 감추인 보화와 같으니 사람이 이를 발견한 후 숨겨 두고 기뻐하며 돌아가서 자기의 소유를 다 팔아 그 밭을 사느니라_마 13:44

그냥 보화가 아니라 감추인 보화입니다. 겨자씨도 감춰졌고 누룩도 감춰졌습니다. 보물찾기로 감춰 놓은 무언가를 찾으면 나의 능력으로 찾은 것입니까? 그저 하나님의 은혜로 찾은 것 아닙니까? 그렇기에 자랑할 것이 없습니다. 어느 날 생각지도 못한 하나님의 은혜로 회개가 되고, 주님이 내 맘에 들어오시는 것입니다.

당시에는 외세의 침략이 많아서 보화를 항아리에 넣어 땅속에 깊이 묻어 두었습니다. 그런데 보화를 묻어 둔 곳이 자기 밭이 아니라 남의 밭입니다. 자기는 그 밭에서 소작하는 사람입니다. 그 역시 겨자씨나 누룩처럼 형편없지만 보화를 발견한 것입니다. 그리고는 자신이 소작하는 밭에 숨겨 두고 기뻐하면서, 자기의 모든 소유를 팔아서 그 밭을 삽니다. 자기 소유가 아니니 소유로 만들 때까지 참은 것입니다.

이렇게 안목이 있는 사람이 있는 반면에, 앉은 자리에서 보화를 잃어버리는 사람도 있습니다. 대표적인 인물이 그 귀한 예수님을 은 삼십에 팔아 버린 가룟 유다입니다. 다이아몬드와도 비교가 안 되는 보화 같은 예수님을 우습게 여기고 놓칩니다. 그런데 본문의 사람은 그게 보화인 것을 알아보았습니다. 무엇이 귀한 것이고 무엇이 귀하지 않은 것인지 알아볼 수 있어야 합니다.

그런데 왜 보화만 갖지 않고 밭을 샀을까요? 보화를 가지려면 밭을 사는 힘든 수고, 쓸데없고 귀찮아 보이는 수고와 헌신이 필요합니다. 복음을 차지하기 위해 치러야 할 대가가 있습니다. 기쁜 것은 그렇게 값을 치러도 아깝지 않은 것입니다.

> 45 또 천국은 마치 좋은 진주를 구하는 장사와 같으니 46 극히 값진 진주 하나를 발견하매 가서 자기의 소유를 다 팔아 그 진주를 사느니라
> _마 13:45~46

진주 장수는 좋은 진주를 찾아 헤매다가 마침내 좋은 진주를 만나자 자기의 소유를 다 팔아 삽니다. 감추인 보화의 비유는 내가 가만히 있어도 천국은 선물처럼 찾아오지만(엡 2:8), 한편으로 열심히 적극적으로 찾아야 하는 것임을 알려 주고 있습니다. 이 두 가지가 다 믿음입니다. 내 공로는 하나도 없지만 그 천국을 소유하기 위해 열심을 내야 합니다.

아주 오래전 이야기입니다. 미국인 선교사가 복음의 불모지인 중국에 가서 열심히 선교를 하는데 중국인들이 선교사를 배척하고 도무지 말을 들어 주지 않았습니다. 그러던 중 전염병이 돌았습니다. 곳곳에서 사람들이 죽어 나가자 사람들이 선교사를 찾아와 따지고 돌을 던지며 핍박했습니다. "당신이 믿으라고 해서 믿었는데 해 준 게 뭐 있는가? 영원히 산다더니 왜 사람이 죽는가?" 하며 선교사를 원망하고 미워했습니다.

선교사는 면역항체를 만들기 위해 전염병 균을 가지고 의학이 발달한 미국으로 가려 했습니다. 하지만 검역소에서 얼마나 철저하게 조사하는지 발각되면 폐기될 것이 두려워 선교사는 아예 병균을 먹어 버렸습니다. 얼마 후 고열에 어지럼증으로 쓰러졌고 곧바로 병원으로 후송됐습니다. 선교사는 죽음을 앞둔 상태에서 자기 몸에 지금 중국에서 번지고 있는 전염병 균이 있으니 빨리 이 병균을 뽑아 면역체를 만들어 달라고 부탁했습니다.

저는 이 선교사야말로 천국의 가치를 알고 자기의 모든 소유를 팔아 천국을 산 분이라고 생각합니다.

이제는 외적인 성장인 겨자씨에서 누룩으로 옮겨 가야 합니다. 다른 사람의 필요를 채우는 빵이 되어야 합니다. 그러려면 워필드 교수처럼 39년 동안 아무도 알아주지 않는 일을 해야 하고, 중국의 선교사처럼 자기 몸을 드려 천국을 값 주고 사야 합니다.

우리들교회 홈페이지에 올라온 생생한 공동체 고백입니다.

모태신앙이지만 부모님께서 보여 주신 적용이 없어서 하나님이 내 옆에 있다고 생각하지 못하고 자랐습니다. 부모님의 이혼을 겪고, 지금의 남편을 고등학교 때부터 만나 10년의 연애 기간을 거쳐 결혼했습니다. 아버지는 믿지 않는 집안과 결혼해선 안 된다고 말리셨지만, '내가 잘하면 된다, 내가 그 집안을 변화시킬 것이다'라고 확신하며 거기가 얼마나 뜨거운 풀무 불인지도 모른 채 뛰어들었습니다.

남편과 저는 주위의 도움을 전혀 받지 않고 15평 임대아파트에서 시어머니와 함께 신접살림을 차렸습니다. 남편을 사랑해서 한 결혼이지만 시어머니와 시누이들이 너무 싫어서 이혼할 각오로 가출을 했습니다. 시어머니는 제가 친정 부모를 닮아 쉽게 이혼하겠다고 말한다면서 제 가슴에 비수를 꽂았습니다.

우여곡절 끝에 우리 부부는 분가했습니다. 하지만 대출을 받아 간신히 마련한 반지하 단칸 월세방은 직장암 수술을 하고 죽을 몸이 된, 갈 곳 없는 친정엄마가 차지했습니다. 도움을 받아도 모자란 지경에 왜 이렇게 지고 가야 하는 짐이 많은지, 정말 죽고만 싶었습니다.

그런데 죽으려고 마음먹은 순간, 하나님이 생각났습니다. 교회에 다시 나갔고 『복 있는 사람은』이란 책을 읽게 되었습니다. 그때의 감동은 아직도 잊을 수 없습니다.

그 무렵 불임 부부에게 무료로 1년간 불임클리닉을 받게 해 준다는 모 잡지의 프로젝트에 응모하여 당첨이 되었습니다. 기초 검사부터 시작해서 인공수정을 거쳐 시험관 아기 시술까지 무료로 받았습니다. 처음에 저는 '이런 엄청난 일을 통해 하나님께서 가난한 우리 부부에게 아기를 주시려나 보다' 생각했습니다.

그런데 예배 시간에 목사님께서 시험관 아기 시술은 하나님의 방법이 아니라는 말씀을 하시는 겁니다. 그렇다면 이 프로젝트에 참여하게 하신 이유가 뭘까, 하나님의 뜻이 무엇일까 궁금했습니다. 그러면서도 이 기회를 놓치고 싶지 않았습니다.

그런데 놀랍게도 첫 번째 시험관 아기 시술에서 임신이 되었습니다. 결혼한 지 5년 만에, 하나님을 만난 지 4년 만에 아기를 주시다니 너무나 감격스러웠습니다. 하지만 6주 만에 유산하고 말았습니다.

그날 어떤 상황에서도 하나님 때문에 기뻐하고 감사하며 살겠다고 했던 우리 부부는 쓰러지고 말았습니다. 남편은 "아무것도 들어주지 않는 하나님한테 지쳤다. 너까지 신앙생활 하지 말라는 말은 못 하겠지만, 이제부터 나한테 교회 가자고 다시는 말하지 마라" 하면서 세상 속으로 멀리 멀리 가 버렸습니다. 저는 하루아침에 아이도 잃고 남편도 잃었습니다.

제가 20대 중반에 당시엔 남자 친구였던 남편과의 사이에서 임신을 한 적이 있는데, 저는 부모님을 보면서 '책임지지 못할 자식을 낳으면 안 된다. 사랑이 아닌 자식 때문에 결혼하면 안 된다'고 생각해서 임신 6주 만에 낙태했습니다. 무덤까지 가져가려던 비밀이었는데 그게 악이라고 하시는 목사님의 말씀을 듣고, 소그룹 모임에서 유산의 사건을 회개하며 고백했습니다.

저는 두 번 임신을 했고, 꼭 6주 만에 하나는 버리고, 하나는 잃었습니다. 주셔도 버려 버리는 악한 저입니다. 그러면서도 하나님이 데려가실 때는 '어떻게 이럴 수 있느냐'며 대들었습니다. 그런 제게 "네가 첫 번째 아이를 버릴 때 내 마음이 지금의 네 마음처럼 아팠다" 하시는 것 같았습니다.

그런데 남편이 일하는 회사가 망했습니다. 그렇게 믿었던 회사가 망하자 정말 사건이 왔구나 가슴이 철렁했습니다. 남편은 고개를 숙이고 힘이 빠진 목소리로 저에게 돈 걱정 시켜서 정말 미안하다고 했습니다. 예전 같으면 하늘이 무너져 내린 듯 남편보다 더 낯빛이 검어져서 염려하고 절망했을 것입니다. 하지만 힘이 빠진 남편에게 저는 웃는 얼굴로 이렇게 말했습니다.

"하나님을 인정하지 않으면 망한대. 지금 당신을 돌이키려고 그냥 죽이지 않고 회개의 기회를 주신 거야. 이 상황에서 할 일은 당신의 예루살렘을 다시 세우고, 하나님을 인정하고, 내 힘으로 살아 보려 했던 교만을 버리는 거야. 하나님은 당신에게 예수님이라는 그루터기를 남겨 놓으셨어. 돈을 벌어서 부자가 되는 것도, 돈을 못 벌어서 망하는 것도 내일 일이야. 우리한테는 오늘과 주님 오시는 날 이틀밖에 없어. 그러니 내일 일을 걱정하는 것도 교만이야.

다니엘서 말씀을 보니까 하나님은 풀무 불에서도, 사자 굴에서도 머리털 하나 그슬리지 않고 옷깃 하나 찢기지 않게 다니엘을 지켜 주셨어. 내가 원하던 모습이 아니어서 그렇지 하나님은 우리를 지금껏 지켜 주셨어. 돌이키는 동시에 회복시키신다는 그 하나님을 믿어 보자. 그리고 그리 아니하실지라도 우리는 하나님만 믿고, 주일을 지키고 그러다가 일을 못 얻으면 그냥 굶자. 금식하고 죽으면 천국 간다는데 그냥 우리 천국 가자. 이 땅에서 하나님 없이 잘살아 봐야 결국 멸망뿐이라는데 그것 때문에 하나님께 미움 사며 살지 말자."

남편은 다시 예배를 드리기 시작했고, 부부 소그룹 모임의 장소로 처음으로 저희 집을 오픈하기로 했습니다. 그런데 저희 집을 오픈하기로 한 전날에 남편에게 지방에 일자리가 있으니 내려오라는 전화가 왔습니다.

하필이면 소그룹 모임을 하기로 한 날, 그것도 지금 거절하면 언제 또 일이 들어올지 모르는 절박한 상황에서 사탄의 계략이 들어온 것입니다. 저는 남편에게 거절하기를 부탁했고, 남편은 "내가 지금 이럴 때가 아닌데……" 하면서도 거절했습니다.

그렇게 우리는 시험을 이기고 무사히 소그룹 예배를 드렸습니다. 그런데 토요일 오후가 되니 또 전화가 왔습니다. 주일에 일이 있으니 지방으로 오라는 것입니다. '첫 주일인데……' 하며 또 흔들렸습니다. 저는 "하나님 때문에 손해 보는 것 같아도 꼭 갚아 주시는 하나님을 믿어 보자. 아니 안 주셔도 우리 오늘만 생각하자" 하며 남편을 설득했고 주일예배까지 무사히 드렸습니다.

매일의 큐티를 통해 하나님은 큰 전쟁에 대해 말씀해 주시고, 그 일이 참 되다고 하셨습니다. 나의 기도를 듣고 응답으로 온 사건이니 겁내지 말라고 하셨습니다. 그래서 사건이 왔지만 말씀이 있어서 잠들 수 있었습니다. 도저히 잠들 수 없고 웃을 수 없는 상황인데 잠들게 하신 하나님께 너무 감사했습니다.

하나님은 다니엘에게 하셨듯이 남편도 어루만지시며 "내가 내게 이르는 말을 깨닫고 일어서라"고 하십니다(단 10:11). 수요예배 때마다 졸던 남편이 이 곤란한 때에 말씀을 깨닫습니다.

길가에 갔다가, 돌밭으로 갔다가, 가시덤불로 갔던 제가 옥토가 되었습니다. 저를 살려 주신 지체들과 목사님처럼 저도 저처럼 죽어 가는 이들에게 말씀으로 사건을 해석해 줄 수 있는 사람이 되었으면 좋겠습니다.

겨자씨같이 형편없어 보여도 예배를 기뻐하고 말씀으로 사건을 해석하니 이분들이야말로 감춰진 천국을 보는 분들 아닙니까?

억울할 수밖에 없는 인생을 해석해 주는 이 비유를 들으시기 바랍니다. 하나님 말씀을 들으라고 사건을 주셨는데, 듣지 못하면 손해입니다. 가라지 비유가 반복된 것은, 감추인 천국을 보기 위해 내 곁의 가라지가 한 역할을 하고 있음을 알라는 것입니다.

내가 겨자씨 같고 누룩 같고 감추인 보화를 발견한 소작농처럼 형편없다고, 남을 부러워하거나 나를 정죄하지 말기 바랍니다. 성경 어디를 보아도 약한 것이 복이라고 합니다. 우리의 약함을 통해 감추인 천국을 발견하고, 하나님의 강함으로 채워지기를 간절히 기도합니다.

자식이 없고 돈이 없어도 하나님의 말씀이 있으니 천국입니다. 말씀이 있으니 범사에 총명이 있어서 바른 결정을 하게 됩니다.

빠듯한 형편에 하루라도 일을 안 하는 것이 힘들겠지만 그 값을 치르고 예배를 드리는 것이 천국을 사는 적용입니다. 환경이 당장 변하지 않아도 감추인 천국을 보고 누리고 있으면 누구보다 부유한 삶을 사는 것입니다. 그래서 내가 사는 천국을 다른 이들에게도 보여 주며 천국의 복을 나누는 가정이 될 것을 기대하고 축복합니다.

◆ 나는 예배의 자리, 말씀 듣는 자리를 사모하며 찾고 있습니까? 오늘 내가 천국을 값 주고 사기 위해 해야 할 손과 발이 따라가는 헌신은 무엇입니까?

말씀으로 기도하기

예수님이 비유로 하시는 말씀이 오늘 나에게 찾아온 사건입니다. 하나님 말씀을 깨달으라고 사건을 주십니다.

가라지 비유가 반복된 것은, 감추인 천국을 보기 위해 내 옆의 가라지가 수고하기 때문입니다. 내가 겨자씨처럼 작고, 누룩처럼 드러나지 않고, 감추인 보화를 발견한 소작농처럼 형편없다고 해도 천국을 보고 누릴 수 있습니다. 우리의 약함을 통해 감추인 천국을 발견하고, 하나님의 강함으로 채워지기를 간절히 기도합니다.

천국은 지극히 작은 겨자씨와 같습니다(마 13:31~32).

지극히 작은 겨자씨처럼 당장 눈에 보이는 것이 없어도 그 속에 감추인 천국을 보게 하옵소서. 내 안에 말씀의 씨앗이 뿌려져서 고난의 사건도 믿음으로 해석하며 천국의 쉼을 누리기 원합니다.

천국은 변화를 가져오는 누룩입니다(마 13:33).

드러나지 않고 인정받지 못해도 잠잠히 순종함으로 주위를 변화시키는 누룩의 역할을 감당하기 원합니다.

천국은 감추인 보화와 같습니다(마 13:34~35, 44~46).

고난의 사건을 통해 말씀하시는 주님의 비유를 깨닫게 하옵소서. 천국을 누리고 전하기 위해 밭을 사는 수고를 하게 하시고, 진주 장수처럼 적극적인 헌신을 하게 하옵소서.

우리들 묵상과 적용

얼마 전 양육훈련을 받는 중에 음란물의 유혹을 끊을 수 없는 저의 죄를 고백했습니다. 그때 훈련을 인도하시는 김 집사님으로부터 "집사님은 음식에 대한 탐식이 있으시지요?"라는 질문을 받았습니다. 지금껏 한 번도 그렇게 생각한 적이 없기에 순간적으로 아니라고 부인했습니다. 김 집사님은 제가 끊지 못하는 것은 중독임을 지적하시고, 그 근원이 어디인지 잘 돌아보고 필요하면 상담도 받아 보라고 말씀하셨습니다. 그러나 '중독'이라는 말을 인정하고 싶지 않았고 스스로 전보다 나아졌다고 생각했기에 마음속으로 '그건 아닙니다!'를 외쳤습니다. 그렇게 2~3일을 불편한 마음으로 지내다가 또다시 음란물에 무너지는 제 모습을 보며 중독을 인정할 수밖에 없었습니다.

제게는 또 다른 중독이 있습니다. 며칠 전 근무하는 학원에서, 교무실 여직원에게 책자 10권을 주며 일부 내용을 복사해 달라고 부탁했습니다. 그런데 나중에 책자 3권이 분실된 채로 돌아왔습니다. 화가 난 저는 "이 책은 매우 귀중한 자료이고 한 부씩밖에 없다"고 말했습니다. 여직원은 어쩔 줄 몰라 하며 책을 찾기 시작했고, 누가 책을 가져갔는지 알아보겠다고 CCTV의 녹화된 화면까지 살펴보러 갔습니다.

그러나 사실 책 내용의 원본은 제 컴퓨터에 문서로 저장되어 있었기에 분실해도 그렇게 큰 문제는 아니었습니다. 그러나 '내 책을 소홀히 다뤘으니 당신도 고생 좀 해 봐야 한다'는 생각에 그 사실을 말하지 않았습니다. 일부 사실만 강조하고 또 다른 사실은 숨김으로써 교묘하게 진실을 왜곡한 것입니다. 다음 날 그 직원에게 어제 고생시켜서 미안했다고 사과했지만 나머지 진실은 말하지 못했습니다.

이 일을 겪으며 제게는 불리한 사실은 숨기고 유리한 사실만을 말하려는 성향이 오래전부터 뿌리 깊게 자리 잡고 있음을 알게 되었습니다. 지금까지는 이렇게 가려서 말하는 것이 거짓말이라고 생각한 적이 없습니다. 그런데 며칠 동안 중독을 묵상하다 보니 이런 습관이 '거짓말 중독'일 수 있음을 깨달았습니다. 그리고 저는 사람뿐만 아니라 하나님께도 이런 거짓된 태도를 취해 왔음을 깨달았습니다. 자기연민과 교만에 빠져 자신을 솔직하게 인정하지 못하고 거짓으로 덮고 살아왔습니다.

하나님의 말씀을 들어도 자아가 죽는 것이 너무 싫어서 귓등으로 흘리며 변화되기를 거부하는 '자아 중독'에 빠져 있었습니다. 마지막 심판 때 풀무 불에 태워지며 울며 이를 가는 인생이 되지 않도록 두렵고 떨리는 마음으로 내 안의 악을 토설하고 성령님의 도우심을 구합니다(마 13:42). 끊지 못하는 중독으로 불법을 행하는 자가 되지 않고, 내 죄를 회개함으로 해와 같이 빛나는 의인이 되기 원합니다(마 13:43).

영혼의 기도

하나님 아버지, 이 땅에서 우리는 고작 겨자씨와 호박씨의 차이일 뿐인데, 내가 호박씨가 되어서 뭘 가진 줄 알기에 사건을 해석하지 못합니다. 아직도 겨자씨인 것이 부끄럽고, 겨자씨 같은 사람을 무시하며 외모로 사람을 봅니다.

누룩처럼 인정받지 못하는 것이 힘들고 그렇기에 아무 소리 안 하고 살기가 힘듦을 고백합니다. 제 속의 가라지를 불쌍히 여겨 주시고, 있는 모습 그대로 천국을 믿고 살고 누리게 하옵소서. 진주 장수처럼 온 정성과 시간을 들여서 천국을 살 수 있도록 도와주옵소서.

옥토가 되게 하시고 겨자씨가 되게 하시고 무시받는 소작농이 되게 하시니 감사합니다. 말씀대로 믿고 살고 누려서 내 환경에서 천국을 보이겠습니다. 감추인 천국을 모든 사람에게 보여 주는 그런 사람이 되기 원합니다.

내 사건에서 주님의 말씀을 듣기 원합니다. 말씀하여 주옵소서. 예수님 이름으로 기도하옵나이다. 아멘.

13

이 모든 것을 깨달았느냐?

마태복음 13:47~58

하나님 아버지,
이 모든 것을 깨달았느냐고 말씀하실 때
"그러하오이다" 답하게 하옵소서.
천국 비유를 깨닫기 원합니다.
말씀하여 주옵소서. 듣겠습니다.

해군 전사(戰史)에 큰 족적을 남긴 두 사람이 있습니다. 두 사람은 초급 장교로 출발한 것도 같고 압도적으로 우세한 수의 적을 물리친 것도 같고, 장렬하게 전사한 것도 같고, 수백 년이 지난 후에 사람들에게 기억되는 것도 같고, 끊임없이 그에 대한 책이 나오는 것도 같습니다. 이 두 사람은 바로 이순신 장군과 넬슨 제독입니다.

그런데 결정적인 차이가 있습니다. 바로 유언입니다. 이순신은 "내 죽음을 다른 사람에게 알리지 말라"고 유언했고, 넬슨은 "하나님께 감사한다. 내 임무를 다했다"고 했습니다. 이순신은 아군이 패배하지 않도록 전략적인 유언을 했고, 넬슨은 하나님에 대한 감사의 유언을 했습니다. 이것은 천국을 아는가 모르는가의 차이입니다. 당시 복음을 전해 주는 이가 없기에 그랬겠지만 요점은 아무리 이순신같이 훌륭한 사람도 천국을 모를 수 있다는 것입니다.

예수님이 "이 모든 것을 깨달았느냐" 하실 때 여러분이라면 어떻게 대답하겠습니까. 13장까지 천국의 일곱 가지 비유를 이야기하시면서, 이 모든 것을 깨달았느냐고 물으시면 여러분은 "그렇습니다" 하고 대답할 수 있겠습니까?

천국에 심판이 있다는 것을 깨달아야 합니다

> 47 또 천국은 마치 바다에 치고 각종 물고기를 모으는 그물과 같으니 48 그물에 가득하매 물 가로 끌어 내고 앉아서 좋은 것은 그릇에 담고 못된 것은 내버리느니라_마 13:47~48

어부가 그물을 바다에서 끌어내면 그다음엔 앉아서 그물에 담긴 물고기를 정리합니다. 좋은 것은 그릇에 담고 나쁜 것은 버립니다. 하나님도 좋은 것과 못된 것을 그렇게 구별하십니다.

> 49 세상 끝에도 이러하리라 천사들이 와서 의인 중에서 악인을 갈라 내어 50 풀무 불에 던져 넣으리니 거기서 울며 이를 갈리라_마 13:49~50

이 땅에서 좋은 것, 못된 것이 무엇일까요? 물고기로 볼 때 좋은 것은 물속에 살든지 식용으로 먹히든지, 다시 말해 쓰임받는 인생, 즉 섬기는 인생입니다. 그러면 못된 것은 무엇일까요? 물이 없으면 못 사는 물고기가 물 없는 환경으로 가는 것입니다. 물이 없으면 금세 죽어 버리기에 어디에도 쓸모가 없습니다. 쓰임받지 못하는 인생, 그래서 비참한 죽음으로 가는 것이 심판입니다.

세상 끝에 의인 중에서 악인을 갈라내신다고 했는데 여러분은 세상 끝을 경험하셨습니까? 이미 그 시기가 지났습니까, 아니면 지나고 있습니까? 심판은 반드시 있습니다. 예방 주사로서 이 땅에서 심판을 미리 맛보고 영원한 심판을 당하지 않아야 하는데, 배부르고 등 따듯한 환경에서는 악인을 갈라내기가 어렵습니다. 욥처럼 하루아침에 물질이 없어지고 자식이 대풍에 죽는 환난을 당해야 의인과 악인이 명확히 갈라집니다. 이 땅에서 심판을 맛보지 않고는 확실한 천국을 이야기할 수 없습니다. 인생이 100% 죄인이기 때문에 그렇습니다.

그러므로 이 땅에서 어떤 모양으로든 심판을 맛보고, 풀무 불의 고통을 느끼는 것이 복입니다. 물고기가 물이 없는 환경에 버려지면 그곳이 바로 풀무 불입니다. 이런 환경은 사람들에게도 주어집니다. 돈이 전부인 사람에게 돈이 없어지면 그것이 풀무 불이고, 권세가 전부인 사람이 권세를 잃으면 거기가 풀무 불입니다. 숨이 차서 어쩔 줄을 모릅니다.

하나님이 모든 것을 심판하신 후에 그보다 더 무섭고 영원한 풀무 불이 있다는 것을 가르치시는 이유는 미리 알고 하나님께 무릎 꿇으라는 뜻입니다. 이 세상에서 풀무 불의 고통을 맛보지 않다가 마지막에 영원한 심판으로 갈 수도 있습니다.

어떤 분은 교회도 열심히 다니고 큐티도 열심히 했는데 자녀가 대학 입시에서 떨어지자 감당하지 못합니다. 이것이 풀무 불입니다. 열심히 교회 다녔으나 자녀의 불신결혼을 허락했다가 이를 갈 일이 생기니 감당이 안 되는 사람도 있습니다. 이것이 풀무 불입니다.

그러나 이때라도 돌아오면 감사한 것입니다. 심판당할 사람에게 심판이 있다고 이야기하는 것이 복입니다. 오늘 성경을 읽으면 아무리 힘든 환경에 있다 해도 오늘은 복된 날입니다.

◆ 세상 끝과 같은 고난을 경험하셨습니까, 아니면 지금 경험하고 있습니까? 나에게 온 사건이 너무 힘겨워서 말씀을 보고 있다면 그것은 영원한 형벌을 면하게 하시려는 하나님의 은혜입니다. 내가 감당하기 힘든 이 풀무 불을 피하게 해 달라고 기도할 것이 아니라, 이 속에서 말씀이 깨달아지고 내 모습이 보이게 해 달라고 구하십시오.

하나님 창고에 있는 것을 꺼내어 씁니다

> 51 이 모든 것을 깨달았느냐 하시니 대답하되 그러하오이다 52 예수께서 이르시되 그러므로 천국의 제자된 서기관마다 마치 새것과 옛것을 그 곳간에서 내오는 집주인과 같으니라_마 13:51~52

내 사건을 말씀으로 해석하면 신구약의 진리를 마음껏 나누어 주는 사람이 됩니다. 새것과 옛것은 신약과 구약으로, 집주인은 그저 곳간에서 꺼내 주기만 하면 됩니다. 자기가 만들어 내는 것이 아닙니다. 그런데 내 사건을 말씀으로 해석하지 못하면, 예수님의 비유가 깨달아지지 않습니다. 내가 깨닫지 못했는데 어떻게 성경을 보고 남에게 나눠 줄 수 있겠습니까. 성경 66권을 다 읽어도 그 진리를 나눠 줄 수가 없습니다.

마태복음 13장 36절에 제자들이 비유를 설명해 달라고 하니까 예수님이 알려 주시고는 "깨달았느냐"고 물어보십니다. 제자들은 어리석어도 모르면 물어보았고, 물어보니 예수님은 가르쳐 주셨습니다. 그런데도 우리가 자꾸 잊어버리니 끊임없는 비유와 크고 작은 사건으로 양육해 주십니다. 그런데 지도자, 기득권층은 비유를 들어도, 사건이 와도, 듣고 보아도 깨닫지 못합니다. 그럼에도 묻지 않고 물어보려고도 하지 않습니다. 이것이 바로 바리새인, 서기관들의 특징입니다.

구약은 '오실' 예수님, 신약은 '오신' 예수님에 대한 이야기입니다. 신구약을 나를 위해 죽어 주신 예수님 이야기로 풀어서 다른 사람에게도 나눠 줘야 하는데 내게 고난의 사건이 없다면 이 보석 같은 비유를 어떻게 깨닫겠습니까.

13장에 나온 일곱 가지 비유, 겨자씨처럼 작아지고 누룩처럼 낮아져서 죽어지고 썩어지는 경험을 해 보지 않은 사람은 말씀의 곳간에서 아무것도 꺼낼 수 없습니다.

곳간에 모든 것이 있기 때문에 만들어 낼 필요도 없습니다. 꺼내 주기만 하면 됩니다! 그런데 겨자씨와 누룩이 되어 보지 못한 사람은 이 곳간의 보화를 볼 수가 없습니다. 있는 듯 없는 듯한 겨자씨, 인정받지 못하는 누룩이 되어 보지 않으면, 작은 자로서 아무 곳이나 들어가지 못하고, 아무 사람이나 돕지 못합니다. 인간은 100% 죄인이라 자존적인 교만이 있기에 스스로 고개를 숙이고 무릎을 꿇지 못합니다. 구원을 위한 무조건적인 순종을 못 합니다. 돈 때문에는 비굴하게 무릎을 꿇면서 사랑 때문에는 못 합니다. 겨자씨와 누룩 같은 사람은 자신이 작아지니까 천국 문에 들어갈 수 있습니다. 각계각층의 사람을 이해할 수 있고, 그들에게 맞는 양식을 마음대로 내줄 수 있습니다.

고난의 간증을 가진 사람일수록 하나님의 곳간을 마음대로 열게 되니 부자이고 능력자입니다. 이 능력은 안 쓰면 녹습니다. 재산목록으로만 두지 말고 말씀으로 사건이 해석되면 곳곳에 써야 합니다. 평소 재산목록을 잘 읽어 두어야 쓸 수 있는데 몰라서 못 쓰는 경우가 많습니다. 원자탄이 하나님 곳간에 있는데, 구공탄을 쓰고 있는 겁니다.

하나님의 창고 열쇠는 무엇입니까? 바로 힘든 사건입니다. 힘든 사건을 통해 하나님의 곳간을 열게 됩니다. 소그룹 모임마다 가족마다 이 열쇠로 마음대로 곳간에 들어가서 가족과 지체들에게 꺼내 주십시오. 슬픈 사람에게는 위로를, 교만한 사람에게는 겸손을 꺼내 주고, 거짓된 사람에게는 정직을, 어리석은 사람에게는 지혜를 꺼내 주기 바랍니다.

어려서부터 천국 창고를 열도록 아이들을 말씀으로 양육해야 합니다. 어려서는 잘 받아들이지만 어른이 되면 세상 걱정하느라 설교가 안 들립니다. 그래서 어릴 때 말씀 교육이 정말 중요합니다.

저는 우리들교회의 비전으로 기독유치원과 기독초등학교를 품고 있습니다. 교회와 부모, 학교가 삼위일체가 되어서 아이들을 말씀으로 가르칠 수 있으면 좋겠습니다. 학교에서는 진화론을 가르치고 교회에서는 창조론을 가르치는 게 아니라, 교회와 부모와 학교가 하나 되어 말씀 교육을 해야 합니다.

어릴 때부터 말씀으로 양육되면 혹여 청소년 시절, 대학 시절에 딴 길로 가더라도 반드시 주님께로 돌아옵니다. 그리스도의 심장으로 가르치는 교사가 있을 때 뒤집어지는 역사가 일어날 것입니다. 그래서 말씀을 따르는 지도자가 나오면 나라가 바뀝니다. 개인 구원이 나라를 바꾸는 것입니다. 구원의 확신이 있는 사람들이 교회와 가정과 나라를 바꿀 것을 믿습니다.

◆ 하나님이 주신 힘든 사건은 피하거나 숨겨야 할 것이 아닌 나의 재산 목록입니다. 이 사건을 말씀으로 해석하게 해 달라고 기도합시다. 매일의 큐티를 통해 내 사건을 해석받고 공동체에서 나눔으로 다른 사람을 도와야 합니다. 힘들어하는 내 가족을 돕는 최선의 방법은 말씀을 나누고 복음을 알게 하는 것

입니다. 나는 내 자녀에게 무엇을 최우선으로 가르칩니까? 말씀보다 성적이, 예배보다 학원이 중요하다면서 자녀의 재산목록을 없애고 있습니까?

그 능력과 지혜가 어디에서 나오는지 깨달아야 합니다

53 예수께서 이 모든 비유를 마치신 후에 그 곳을 떠나서 54 고향으로 돌아가사 그들의 회당에서 가르치시니 그들이 놀라 이르되 이 사람의 이 지혜와 이런 능력이 어디서 났느냐 55 이는 그 목수의 아들이 아니냐 그 어머니는 마리아, 그 형제들은 야고보, 요셉, 시몬, 유다라 하지 않느냐 56 그 누이들은 다 우리와 함께 있지 아니하냐 그런즉 이 사람의 이 모든 것이 어디서 났느냐 하고 57 예수를 배척한지라 예수께서 그들에게 말씀하시되 선지자가 자기 고향과 자기 집 외에서는 존경을 받지 않음이 없느니라 하시고_마 13:53~57

사람들은 예수님께 지혜와 능력이 있다는 것을 인정하지 않을 수 없었습니다. 그런데 놀라서 받아들이는 것이 아니라 놀라서 거절했습니다. 만인 앞에서 사실로 나타난 것을 인정하고 믿으면 되는데, 의아하게 생각하고 고정관념과 편견으로 해석하다가 곁길로 빠졌습니다. 주님이 능력을 행할 수 없도록 다른 길로 갔습니다. 전혀 새로운 가르침이라면서, 내가 살아나는 길인데도 굳이 배척했습니다.

왜 이들이 놀라서 거절했을까요? 듣고 보았어도 단 한 번도 겨자씨가 되어 보지 않았기에 설득되지 않고 무시합니다. "응, 지혜가 있네. 능력이 있어" 하면서도 결국 자기 것으로 받아들이지 못합니다. 출신을 따지면서 "목수의 아들이 아니냐?" 합니다. "그 엄마는 처녀로 임신한 마리아 아니냐? 형제는 야고보, 요셉, 시몬, 유다가 아니냐", "의자나 고치는 목수 집안 출신 아니냐? 내가 그 의자 쓰고 있는데 그 집 아들 아니냐?" 합니다. 능력이 있어도 도저히 이해가 안 됩니다.

친하면 친할수록 "나 쟤 알아, 그 집 부모도 다 알아" 하면서 본능적인 선입관이 발동합니다. 친하다고 해서 예수님의 구세주 되심을 다 아는 게 아닙니다. 모태신앙의 위험이 여기에 있습니다. 모태신앙인이라고 모두가 예수 믿는 놀라움과 감격이 있습니까? "다 알아, 다 알아. 내가 큐티도 해 봤다니까" 하면서 오히려 더 배척하는 사람도 많습니다.

> 그들이 믿지 않음으로 말미암아 거기서 많은 능력을 행하지 아니하시니라_마 13:58

믿음이 있다면 능력을 볼 수 있지만, 예수님을 목수의 아들로만 보면 능력을 알 수 없습니다. 마리아의 아들로 아는 것으로도 안 됩니다. 그 형제가 야고보, 시몬이라고 알고 있기 때문에 이렇게 배척합니다.

강인선의 『힐러리처럼 일하고 콘디처럼 승리하라』는 책에서 본 내용입니다. 콘디(콘돌리자 라이스의 애칭)는 갖은 편견과 차별에 노출된 흑인 여자이지만, 부모는 콘디에게 발레, 피겨스케이팅, 프랑스어 등 백인 사회에서 중요시하는 것들을 훈련시켰습니다. 자기 훈련이 잘 된 인생으로 가르치고 교육했습니다. 콘디는 기록적인 경력을 쌓으며 미국 정치계에서 승승장구했습니다.

그러나 그녀의 성공을 비판하는 사람들은 그녀가 흑인 여자라서 소수자 특혜 정책의 혜택을 많이 받았다고 주장합니다. 그런데 주로 이렇게 말하는 사람은 교육을 많이 받은 백인 남자입니다. 얼마나 시시하고 못난 소리입니까? 자기에게 맞지 않는 문화에 휩쓸리지 않고 자기 자신을 지키는 일에는 엄청난 자기 통제력이 요구됩니다. 강한 여자는 거칠고 사나운 여자가 아니라 자기다움을 유지하는 여자라고 이 책은 말하고 있습니다.

제가 목사라고 해서 여자다움을 잃으면 곤란합니다. 저는 늘 여자는 여자다워야 한다고 주장합니다. 남편한테 순종하고 시부모에게 복종하며 자기 역할에 충실하라고 강조합니다. 이런 말을 할 사람이 필요했기에 여자인 제가 목사로 세워졌다고 생각합니다. 자기 자신을 잃지 않으려면 세상의 모든 잣대에서 유능하다는 평가를 받아야 합니다.

천재 발명가 에디슨은 "나는 실패한 적이 없다. 다만 내가 원하지 않는 대로 일이 되는 천 가지 방법을 발견했을 뿐이다"라고 말했습니다. 되는 천 가지 방법이 아니라 안 되는 천 가지 방법을 배워서 결국은 성공했다는 것입니다. 오프라 윈프리는 "탁월함은 모든 차별을 압도한다"고 말했습니다. 콘디도, 오프라도 모두 행동으로 증명했습니다.

"난 고향에서 배척받았다" 그런 말을 하지 마십시오. 배척받을 수 있지만 나의 탁월함으로 모든 배척과 차별을 압도할 수 있습니다. 얼마든지 그런 인생이 될 것입니다. 무엇으로요? 오직 믿음으로!

돈 없어서 못 한다는 소리도 그만하십시오. "나는 학벌이 없어", "난 차별을 당해" 그런 말 하지 말고 박해와 배척을 받더라도, 믿든지 안 믿든지 말씀을 전하십시오. 그러면 하나님께서 역사하실 것입니다. 부족한 저를 이렇게 쓰셨듯이, 여러분도 각자의 환경에서 가장 탁월하게 사용하실 줄 믿습니다.

믿기만 하면 외적으로 모든 것이 잘 될까요? 제 자녀들은 입시에도 여러 번 실패했고 취직도 안 되었습니다. 저는 무서운 시집살이를 겪었고 남편도 일찍 떠났습니다. 예원학교의 피아노 선생을 하면서 학부모 성경 공부를 인도하던 시절에, 예원학교에 제 딸을 포함한 30명이 응시했습니다. 제가 가르친 학생 중 29명이 붙었는데 제 딸만 떨어졌습니다. 실기를 보던 날 제가 가르친 30명의 학생을 일일이 호명하며 기도해 줬는데 우리 딸만 떨어진 겁니다.

그러자 어느 누구도 제가 이끄는 성경 공부 모임에 오려고 하지 않았습니다. 29명이 합격한 사실은 온데간데없고 딸이 떨어진 사실만 드러나서 아무도 오지 않았습니다. 당시에 욥기를 큐티하고 있었는데, 제 입에서 저절로 "하나님 너무하십니다"라는 말이 나왔습니다. 남을 위해 이렇게 열심히 사는데 왜 우리 딸만 떨어뜨리셨을까 생각했습니다. 딸은 대학입시 때도 실기를 앞두고 손을 다쳐서 깁스를 했습니다. 그뿐만 아니라 저는 과부인데다가 친가와 시가의 부모님도 모두 돌아가셨습니다. 완전히 아무것도 없는 무(無) 상태입니다.

그런데 저는 주님이 제게 넘치도록 능력을 행하셨다고 생각합니다. 어쩌면 이렇게 저를 편애하시는가 하는 생각이 들 정도입니다. 사건이 올 때마다 하나님이 어쩌면 저를 이렇게 사랑하시는가 생각합니다. 그러니 힘든 가운데 영혼 구원의 열매를 넘치도록 주셨습니다.

하나님이 욥의 물질과 자녀를 데려가시자 욥은 하나님을 귀로만 듣다가 눈으로 본다는 간증과 고백을 했습니다(욥 42:5). 사건이 오고 갈 때마다 하나님께서 제 인생을 해석하여 '이르시되' 말씀해 주시기 때문에 행복합니다. 예수님의 고향 사람들은 믿음이 없으니까 예수님의 많은 능력을 경험하지 못했지만, 저에게 온 사건으로 저는 곳간에서 말씀을 내어주는 부유한 삶을 살 수 있었습니다.

고향 사람들이 배척해도 그들이 믿고 안 믿고는 하나님의 뜻입니다.

어떤 상황에서도 하나님에 대해 알려 주기만 하면 언젠가는 하나님이 역사해 주실 것입니다. 그러므로 배척받는다는 원망을 그만하기 바랍니다. 우리는 이 땅의 환경에 순종하면서 걸어가기만 하면 됩니다. 여자가 목회를 하는 것이 결코 쉽지 않음에도, 하나님이 여자인 저를 구원의 일에 동참하게 하신 것이 얼마나 기쁜지 모릅니다. 여러분도 이런 정체성을 갖기 바랍니다.

어떤 이들은 사랑이 에너지와 힘의 원천이라고 주장합니다. 물론 사랑은 상당한 힘이 있습니다. 하지만 알다시피 인간의 사랑에는 한계가 있습니다. 사랑으로 다 할 수는 없습니다. 참된 지혜와 능력은 내가 아무것도 할 수 없다는 사실을 아는 것입니다. 저는 고난이 왔을 때 힘들어하며 하나님께 푸념도 했지만, 근본적으로는 하나님을 원망하는 마음이 들지 않았습니다. 이것이 은혜입니다. 내가 아무것도 할 수 없기 때문입니다.

인간의 최고 감정은 사랑도 미움도 아닌 회개입니다. 내가 무엇이기에 하나님이 나에게 날마다 회개하는 마음을 주시는가 싶어서, 이것이 저를 향한 하나님의 편애처럼 느껴집니다. 이것이 능력이요, 은혜입니다.

우리들교회에 유명한 우유 배달 자매가 있습니다. 고단한 환경에서 우유 배달을 하며 아이를 키우고 있습니다. 남편은 다른 여자를 만나 집을 나갔습니다. 그래도 누구보다 말씀의 은혜 속에 살면서 아름다운 믿음의 고백들을 교회 홈페이지에 나누어 주고 있습니다. 제 책마다 자매의 간증이 실렸습니다. 그런데 제가 "여러분은 우유 배달 자매가 부러우세요?" 하고 성도님들께 물으면 목자이신 분들도 "뭐 그렇게 부러울 것까지야……" 합니다.

여러분은 어떻습니까? 부럽습니까? 여러분도 "뭐 부러울 것까지야……" 하십니까? 우유 배달 자매가 아무리 말씀을 잘 적용하고 나눠도 우리는 근본적으로 무시합니다. 예수님 보고 "목수 아들 아니냐" 하는 것과 같습니다. 우유 배달 하는 아줌마지, 돈이 있나 남편이 있나 집이 있나, 딱 무시가 됩니다.

저는 그래서 더 열심히 자매의 나눔을 소개합니다. 아무도 이 자매를 부러워하지 않기 때문입니다.

자매의 남편은 집을 나간 지 1년이 됐는데 어느 회사에 다니는지, 어떻게 지내는지 통 알려 주지 않았습니다. 그러던 어느 날 자매가 우유 배달을 하는 동료 언니를 만났습니다. 자매의 나눔입니다.

옆 구역에서 배달하는 언니를 한동안 만나지 못하다가 어제 함께 이야기하게 되었습니다. 언니가 갑자기 물었습니다.

"자기 남편 우리 집 앞에 있는 회사 다니지?"

순간 당황하며, 언니 집도 모르면서 이렇게 대답해 버렸습니다.

"어-엉. 언니 집에서 가까워. 그런데 우리 남편 얼굴 어떻게 알아?"

"애들 데리고 가는 것 보고 자기 남편인 줄 알았지."

순간 제 얼굴이 굳어졌습니다. 언니는 남편 회사에 우유를 넣는데 남편을 가끔 본다고 했습니다. 남편이 봉제회사에 다닌다고 말했는데 '혹여 그 직장이 봉제회사가 아니면 어쩌나' 찔리고 언니의 눈빛이 꼭 '아닌데' 하는 것 같았습니다. 한번 확인해 보고는 싶지만 시간을, 감정을, 제가 누린 천국을 낭비하고 싶지 않습니다. 감추인 천국의 보화를 잃고 싶지 않고, 그 밭의 보화를 오늘도 열심히 사 둬야 하기 때문입니다. 저의 평안한 때에 남편을 위해 더 안타깝게 기도하라는 하나님의 숨소리가 느껴졌습니다. '내 옆의 모든 사람이 하나님이 나를 위해 사용하시는 스태프들이구나!'

제 옆의 모든 사람이 하나님을 기뻐하는 그날까지 하나님과 동행하는 저의 발자취가 나의 삶에, 나의 큐티책에 재산 목록으로 낱낱이 기록되었으면 좋겠습니다.

"그칠 줄 모르는 고통 가운데서도 기뻐하는 것은 내가 거룩하신 이의 말씀을 거역하지 아니하였음이라"(욥 6:10)는 욥의 고백이 쓸데없는 저의 생각을 쪼개 주는 것 같습니다. 정말이지 제가 무슨 기력으로 남편을 기다릴 수 있겠습니까! 모두가 저를 꺼리는 음식물같이 여길지라도 나의 도움이 내 속에 없음을 아는 것이 오늘이 기쁘고 내일이 기쁜 비결인 것 같습니다(욥 6:7, 13).

할렐루야! 이렇게 말씀을 잘 깨닫는데 왜 부럽지 않습니까. 이분이 겨자씨로 내려갔기 때문에 이런 고백을 합니다. 병들고 남편이 없고 자식이 속을 썩여도, 내가 이런 고백만 할 수 있다면, 예수만 믿을 수 있다면 기쁜 것입니다. 그런데 우리들교회 목자님들도 이 자매가 부럽지 않다고 하니 우리가 이렇게 악합니다. 예수님을 배척한 고향 사람들과 무엇이 다르겠습니까.

돈이 많아도 해결이 안 되어서 풀무 불에서 이를 갈고 있는 사람들이 있는데, 돈 없고 남편도 없이 우유 배달을 하는 자매는 교회 홈페이지에 자신의 고난의 간증을 나눔으로써 전 세계에 은혜를 끼치고 있습니다. 아무것 없어도 천국 창고에서 나눠 주고 있습니다.

남들이 보면 풀무 불 가운데 있는 것처럼 보여도 자매처럼 말씀을 깨닫는 사람은 천국을 누릴 수 있습니다. 나의 고난이 열쇠가 되어서 하나님의 말씀을 때마다 꺼내어 쓰며, 주님께서 "깨달았느냐" 물을 때 "그렇습니다" 대답하는 인생을 살 수 있습니다.

◆ 나의 선입관과 편견으로 예수님을 제한하고 있는 것은 무엇입니까? 학벌과 외모, 성품과 갖춘 것으로 사람을 판단하고 은혜받아야 할 데서 은혜를 못 받고 있지는 않은지 돌아보기 바랍니다. 예수님은 배척받으셨지만 개의치 않고 천국 복음의 사역을 계속하셨습니다. "내가 이것 때문에 주의 일을 못 해!" 하는 원망은 이제 하지 마십시오. 다른 이들이 나를 알아주지 않는다고, 내가 섬기려 하는데 도움이 안 된다며 정죄하는 것을 그만하십시오. 믿음은 내가 아무것도 할 수 없다는 것을 아는 데서부터 시작됩니다. 내 힘으로 할 수 없는 사건이 올 때 감사하고 회개하는 은혜가 나에게 있습니까?

말씀으로 기도하기

심판이 있음을 알아야 합니다. 이미 심판이 임하여 고난의 풀무 불 가운데 있다면 원망하지 말고 그 고난을 열쇠로 삼아 하나님의 천국 창고를 열어야 합니다. 모든 지혜와 탁월한 능력이 믿음에서 나옵니다. 고정관념으로 예수님을 배척하는 고향 사람들에게는 주님이 능력을 행하실 수 없습니다. 믿음이 아닌 외모로 차별하고 판단하는 말을 하지 않기를 기도합니다. 재산, 학벌이 능력이 아니라 고난 속에서도 말씀을 깨닫는 믿음이 최고의 능력입니다.

천국에 심판이 있다는 것을 깨달아야 합니다(마 13:47~50).
세상 끝 같은 나의 고난에서 심판을 깨닫게 하시니 감사합니다. 이 땅에서 심판을 경험함으로 영원한 지옥의 풀무 불에 던져지지 않고 천국 가는 인생을 살기 원합니다.

하나님 창고에 있는 것을 꺼내어 씁니다(마 13:51~52).
고난의 간증을 열쇠로 말씀의 은혜가 가득한 하나님의 곳간을 열게 하옵소서. 깨닫게 하신 말씀을 다른 이들에게도 나누어 주는 풍성한 삶을 살게 하옵소서.

그 능력과 지혜가 어디에서 나오는지 깨달아야 합니다
(마 13:53~58).

눈에 보이는 것으로 사람을 판단하고 차별하는 나 때문에 능력을 행하실 수 없음을 알았습니다. 믿음을 배척하고 예수님을 배척하는 나의 고정관념을 회개하며 예수님의 능력이 임하는 은혜를 얻기 원합니다.

우리들 묵상과 적용

스스로 엄격한 도덕적 잣대를 적용하며 큰 흠이 없음을 자랑으로 여기며 살았습니다. 그런 제게 기독교인은 기피 대상 1호였습니다. 겉으로만 경건한 척 살아가는 주변의 기독교인들을 경멸하고, 지인들이 전도하려고 해도 저의 흠 없음을 자랑하며 하나님을 결코 인정하지 않았습니다. 그러다가 우상처럼 여기던 저의 도덕성이 무너지는 '은혜의 유흥주점 사건'을 계기로 하나님을 만났습니다.

그전에도 저는 분위기에 휩쓸려 유흥주점에 몇 번 따라가긴 했지만, 그때마다 의가 발동하여 오래 앉아 있지 못하고 박차고 나오곤 했습니다. 그것이 자랑이던 저였기에, 유흥주점에서 술에 취해 흥청거리고 술집 웨이터에게 이끌려 외박까지 한 사실은 스스로 도저히 용서할 수 없는 일이었습니다.

이후 심적으로 곤고한 시간을 보내다가, 아내를 데리러 몇 번 나간 교회에서 말씀을 듣게 되었습니다. "만일 우리가 죄가 없다고 말하면 스스로 속이고 또 진리가 우리 속에 있지 아니할 것이요"(요일 1:8)라고 하신 말씀처럼, 그동안 제가 음란한 죄를 숨기고 스스로 죄 없다 속이고 살았음을 깨달았습니다. 이후 유흥주점 사건은 저의 수치의 사건이 아니라 저 자신을 객관적으로 보게 한 은혜의 사건이며, 결국 저의 구원의 사건이 되었습니다.

그 후 기쁨에 넘쳐 예배가 우선인 삶을 소망하게 되었고, 은혜를 지인들과 나누고 싶었습니다. 예수님이 배척받을 줄 알면서도 고향으로 가서 천국 복음을 가르치셨듯이, 저도 제가 만난 예수님을 속히 가족과 지인들에게 전하고 싶었습니다(마 13:53~55).

가장 먼저 어머니께 달려가 천국 복음을 전했지만, 어머니는 저의 변화에 놀라면서도 "네가 마누라한테 단단히 홀렸구나" 하고 언짢아하셨습니다. 저를 잘 아는 사람일수록 더 놀라면서 심히 걱정했습니다. 특히 학창 시절을 함께 보낸 선후배들은 제가 하나님을 믿게 된 동기에 대해 호기심을 나타냈지만, 이내 대수롭지 않은 일에 혼자 호들갑이라는 반응을 보였습니다. 가족과 친구, 선후배, 직장 동료들이 저를 직접 배척하지는 않았지만 저로 인해 예수님은 철저히 배척당하셨습니다. 모두가 삶으로 보여 주지 못한 제 삶의 결론이었습니다.

세상에서 제가 가장 사랑하는 가족에게 예수님을 전하기가 제일 어렵습니다. 그러나 예수님이 고향 사람들에게 배척을 받더라도 생명의 복음을 전하셨듯이, 저 또한 누구보다도 가족이 생명의 복음을 받아들이기를 간절히 소망합니다. 비록 배척을 당하더라도 멈추지 않고 불신 가족에게 담대히 복음을 전하겠습니다. 하나님께서 저희 가족 중에 저를 택하여 축복의 통로로 삼아 주셨으니, 끝까지 낙심하지 않고 제 역할을 잘 감당하기를 소망합니다. 저의 힘든 사건을 열쇠로 삼아 천국의 곳간에서 말씀을 꺼내어 쓸 수 있도록 날마다 묵상하고 회개하는 삶을 살겠습니다(마 13:52).

영혼의 기도

하나님 아버지, 천국의 모든 것을 깨달은 것 같은데도 아직도 풀무 불에서 이를 갈고 원망하는 모습이 있음을 고백합니다. 하나님의 창고를 마음대로 여는 지체들을 보면서도 그들이 겨자씨라고 본능적으로 무시하는 버릇이 있습니다. "목수의 아들이 아니냐, 마리아의 아들이 아니냐" 하는 생각이 저에게 있음을 고백합니다. 이렇게 외모로 사람을 판단하고 무시하는데 주님이 어떻게 나에게 능력을 행하실 수 있겠습니까. 툭 치면 튀어나오는 악을 불쌍히 여겨 주시옵소서.

주님, "이 모든 것을 너희가 깨달았느냐"고 하시지만 아직도 낮아지지 못해서 깨닫지 못하고 천국 창고를 못 엽니다. 원망과 괴로움 속에 있는 저를 불쌍히 여겨 주시고, 오직 믿음으로 모든 차별과 환경을 극복하기 원합니다. 나의 환경 때문에 무시당하는 게 아니라 내가 내 환경을 무시하기 때문에 남도 나를 무시한다는 것을 알게 하옵소서. 내 속의 악을 보게 하옵소서.

특별히 자녀의 풀무 불, 질병의 풀무 불, 가난의 풀무 불, 재난의 풀무 불에 있는 지체들을 위해 기도합니다. 우리가 이 풀무 불 속에서 악인이 되지 않고 의인이 되기 원합니다. 이 모든 힘든 사건을 말씀으로 깨닫고, 심판이 있다는 것을 확실히 알고, 섬기는 인생, 쓰임받는 인생이 되게 은혜를 내려 주시옵소서. 예수님 이름으로 기도하옵나이다. 아멘.

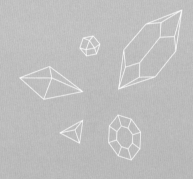

Part 4

천국을
보여 주는 삶

14

당신의 죽음을 준비하라

마태복음 14:1~12

하나님 아버지,
우리가 죽음을 잘 준비하기 위해
어떻게 해야 되는지 이 시간 찾아오셔서
말씀하여 주옵소서. 듣겠습니다.

한 자매의 어머니가 예수 믿고 신앙생활을 4개월간 너무나 기쁘게 하시다가 교회 가는 길에 교통사고를 당해서 돌아가셨다는 이야기를 들었습니다. 중환자실에 계신 첫날에 병상세례도 받으시고, 의식이 없는 가운데서도 구원에 대한 이야기에 반응하셨기에 믿지 않는 가족에게 믿음의 역사를 보여 주고 가셨습니다.

그런데 그 자매가 어느 분의 간증을 들었는데, 그분이 새벽기도 때마다 안전을 위해 기도했더니 사고가 한 번도 안 났다고 해서 순간 기분이 나빠졌다고 합니다. 어머니는 교회에 가시다가 교통사고로 돌아가셨는데, 누구는 기도 응답으로 하나도 안 다쳤다고 하니 무엇이 옳으냐고 저에게 물어 왔습니다.

저는 이 자매가 어머니가 천국에 가셨다는 확신이 없어서 그런 것이 아닐까 생각합니다. 나의 죽음이 다른 사람에게 확신을 줄 때 또 다른 사람을 생명으로 인도할 수 있습니다. 헨리 나우웬은 그리스도 안에서 잘 죽는 것이 평생 살았을 때보다 더 영향력이 있다고 했습니다. 어떻게 사는가도 중요하지만, 어떻게 죽는가가 훨씬 더 중요합니다. 세례 요한의 죽음을 통해 그리스도인으로서 어떻게 죽음을 준비해야 할지 보기를 원합니다.

죽음을 두려워하지 말아야 합니다

1 그 때에 분봉 왕 헤롯이 예수의 소문을 듣고 2 그 신하들에게 이르되 이는 세례 요한이라 그가 죽은 자 가운데서 살아났으니 그러므로 이런 능력이 그 속에서 역사하는도다 하더라_마 14:1~2

우리는 죽음이 너무 두렵습니다. 죽음을 두려워하는 자들의 특징을 헤롯을 통해 알 수 있습니다. 죽음이 두려운 사람은 죄책감으로 괴로워합니다.

"그때"란 예수님의 지혜와 능력이 소문나고, 모든 사람이 놀라는 가운데 고향 사람들이 예수님을 배척하던 때입니다. 그런데 그 소문이 분봉 왕 헤롯에게도 들렸습니다. 내가 예수 믿는 소문은 고향에도, 생각지 못한 권력자에게도 들리게 됩니다. 좋은 왕 나쁜 왕 상관없이, 나에게 잘하든지 못하든지 예수의 소문은 들리게 되어 있고, 그로 인해 내가 배척받을 수도 있습니다.

분봉 왕 헤롯이 소문을 듣고 뭐라고 합니까? 세례 요한이 살아났다고, 그의 권능이 예수님께 역사한다고 말합니다. 또한 헤롯은 세례 요한과 예수님의 능력을 동일하게 보았습니다. 헤롯은 온 천하를 창조하신 예수님의 능력과 세례 요한의 능력은 보았지만, 요한을 죽였다는 죄책감에서는 벗어날 수 없었습니다.

우리는 예수 믿는다는 이유로 나를 핍박하는 사람을 두려워할 필요가 없습니다. 그들은 평생 죄책감에 시달리기 때문입니다. 그래서 두려워하는 대신 불쌍히 여겨야 합니다. 죄책감과 회개는 다릅니다. 회개는 죄의 길에서 돌아서는 것이지만, 죄책감은 죄를 합리화하기 위해 더 죄를 짓고 두려움이 더해 가는 것입니다. 죽음에 이르는 두려움을 이기지 못해서 스스로 삶을 포기해 버립니다. 가룟 유다가 죄책감 때문에 자살하지 않았습니까. 죄책감에는 자유와 기쁨이 없습니다.

많은 사람이 리더가 되고 임금이 되기 위해 수많은 사람의 목을 베고 그 자리에 앉습니다. 그래서 죄책감으로 힘들어하다 제 명에 죽지 못하는 사람들도 많습니다. 무의식적으로 두려워하면서도 궁극적으로 가치관이 바뀌지 않기 때문에 불안해합니다. 범죄자가 범죄 현장을 다시 방문하는 것은 불안감 때문입니다. 죄를 지으면 뭔가 뒤에서 목을 잡고 끌어당기는 것처럼 두렵습니다.

하나님 나라의 복음을 듣고도 방황하는, 패역하고 음란한 이 세대 사람이 바로 헤롯입니다. 헤롯은 분봉 왕으로 로마 권력 밑에서 통치권을 행사하던 자였습니다. 이스라엘의 4분의 1만 통치하면서도 스스로 왕으로 자처한 것은 이스라엘을 다스리려는 야망과 열망 때문이었습니다. 이렇게 세상에서 누리는 자는 죄 가운데 있기 쉽고, 이런 사람이 죄를 지으면 온 세상이 두렵고 적이 됩니다. 일명 '세례 요한 증후군'입니다.

> 3 전에 헤롯이 그 동생 빌립의 아내 헤로디아의 일로 요한을 잡아 결박하여 옥에 가두었으니 4 이는 요한이 헤롯에게 말하되 당신이 그 여자를 차지한 것이 옳지 않다 하였음이라 _마 14:3~4

죄책감에 가득한 사람이 음욕을 절제하지 못합니다.

빌립의 아내 헤로디아의 일로 요한이 헤롯을 책망했습니다. 그런데 '헤롯의 부인'이 아니라 '동생 빌립의 아내'입니다. 동생 빌립이 살아 있는데도 제수와 결혼했다는 것입니다. 도덕이 땅에 떨어진 행동이었습니다.

하지만 누가 감히 왕의 일을 잘못했다고 책망할 수 있겠습니까. 헤롯은 왕으로서 사람을 맘대로 죽이는 권세까지 가졌습니다. 죽음을 각오하지 않으면 그를 책망할 수 없습니다. 그럼에도 그를 책망한 것이 세례 요한의 능력이며 예수님의 능력입니다.

헤롯은 이두매 사람, 즉 에서의 후손입니다. 에서의 후손인 헤롯이 영적 후손, 야곱의 후손인 이스라엘을 악하고 음란하게 통치하고 있습니다. 로마인에게는 유대인으로 행세해서 분봉 왕 자리를 따냈고, 유대인에게는 믿음의 사람인 양 자처하면서 로마 황제처럼 살고픈 야망으로 가득차 이스라엘 사람을 무시하며 다스립니다.

그러면서도 에서의 후손이라서 믿는 사람을 표방하고 말씀을 달게 들을 때도 있었다고 합니다. 양심의 가책도 느꼈습니다. 9절에서는 헤로디아의 딸이 세례 요한의 머리를 달라고 하자 헤롯이 근심했다고 합니다. 말씀을 잘 들으나 욕심이 하늘을 찌르는 사람이었습니다. 말씀을 달게 들을 때는 왕복을 벗어 놓고 가서 듣지 않았겠습니까? 그럴 때는 또 멋있고 순수해 보입니다. 그런데 하나님 뜻이 아닌 자기 뜻대로 근심을 하기 때문에, 믿음 있어 보여도 끊임없이 믿음의 소리를 거부했습니다. 한마디로 적용이 안 되는 사람이었습니다.

요한의 목을 벨 때도 아주 괴로워했을 것입니다. 그런데 헤로디아의 딸 살로메가 잔치 자리에서 춤을 추어서 자기를 기쁘게 해주니까 살로메의 소원대로 요한의 목을 뱁니다. 음욕이 절제가 안 되니 음란한 춤에 넘어갑니다. 모든 죄가 뒤섞인 인간이 바로 헤롯입니다.

헤롯이 헤로디아의 일로 요한을 옥에 잡아 가두었듯이, 나에게 충고하는 말이 듣기 싫어서 그를 잡고 옥에 가둔 일은 없습니까? 나의 음욕을 꾸짖을 때 감사해야 하는데, 우리는 바른말을 듣는 것을 싫어합니다. 헤롯이 힘과 권세를 가지고 요한을 가두었지만, 우리는 힘과 권세가 없어서 못 가둘 뿐입니다. 딱 한 계단만 높은 데 있어도 아랫사람이 말하는 걸 못 듣습니다. 그런데 어떻게 왕에게 바른말을 할 수 있겠습니까.

죽음을 두려워하면 타협할 수밖에 없고 물러설 수밖에 없습니다.

헤롯이 맹세로 그에게 무엇이든지 달라는 대로 주겠다고 약속하거늘
_마 14:7

죽음을 두려워한 헤롯의 다음 수순이 헛맹세입니다.

참사랑이 아닌 순간적 감정이 동기가 되어 헛맹세를 합니다. 육신의 정욕, 안목의 정욕, 이생의 자랑이 동기가 되어 백성의 것을 자기 마음대로 주겠다고 합니다.

자녀가 원하는 대로 해 주는 부모야말로 자녀를 악으로 이끄는 어리석은 자임을 헤롯을 통해 보기 바랍니다. 다른 복음서에는 나라의 절반도 주겠다고 했는데(막 6:23) 이것이 말이 됩니까? 어떻게 나라 것을 자기 것처럼 주겠다고 합니까? 그런데 이런 부모, 이런 배우자와 하루라도 살아 보고 싶은 사람이 많습니다. 가든파티도 열어 주고, 씀씀이도 크고, 내가 하는 말은 모두 들어주니 얼마나 멋있어 보입니까?

희대의 탈옥수인 신창원이 도망 다닐 때 그의 주변 여자들이 다 알면서도 신고하지 않았습니다. 왜 그렇습니까? 남편은 콩나물 값도 안 주

는데 신창원은 1억 원짜리 반지를 주고 거기다 잘생기기까지 했습니다. 들킬까 봐 그렇지 안 들킨다면 누가 이런 사람을 신고하겠습니까. 우리가 이렇게 헛맹세를 좋아합니다.

여러분은 어떤 때 헛맹세를 합니까? 사람의 눈치를 보며 잘못 행한 것은 없습니까? 자녀들에게 "100점 맞으면 어디 보내 줄게" 하며 시험 점수를 가지고 헛맹세하지 마십시오. "교회 오면 뭐 사줄게" 이건 좀 해도 됩니다. 대신 구원 때문에 적용해야지, 야망 때문에 헛맹세를 하면 안 됩니다. 헛맹세하는 사람들 뒤에는 대개 문제 부모와 문제 부부가 많습니다.

> 마침 헤롯의 생일이 되어 헤로디아의 딸이 연석 가운데서 춤을 추어 헤롯을 기쁘게 하니_마 14:6

내 뜻을 관철시키는 날, 내가 원하는 것을 다하고자 하는 날이 심판의 날이 될 수 있음을 아시기 바랍니다. 이날이 헤롯에게는 심판의 날이요, 요한에게는 순교의 날입니다. 제가 프랑스 루브르 박물관에서 헤로디아의 딸 살로메를 그린 명화를 봤는데, 야하게 생긴 게 아니라 너무나 순진무구하고 신비하게 생겼습니다. 보고 있어도 보고 싶게 생겼습니다. 그런 살로메가 춤을 추는데 아버지인 헤롯이 안 넘어갔겠습니까.

헤롯은 가족우상주의의 대표격입니다. 잔인하다는 후세인이 가족한테는 얼마나 자상하고 인자했는지 모릅니다. 헤롯 역시 아내와 자녀 일이라면 두 팔 걷고 나서는 타입입니다.

> 8 그가 제 어머니의 시킴을 듣고 이르되 세례 요한의 머리를 소반에 얹어 여기서 내게 주소서 하니 9 왕이 근심하나 자기가 맹세한 것과 그 함

살로메가 어머니의 시킴을 듣고, "세례 요한의 머리를 소반에 얹어 여기서 내게 주소서" 했습니다. 어떻게 십 대 소녀가 이런 잔인한 말을 합니까. 엄마 헤로디아는 얼마나 미인이었는지 왕이 둘이나, 그것도 형제끼리 다퉈 가며 아내로 삼고자 했습니다. 한 번도 되기 힘든 왕비를 두 번이나 한 것입니다. 딸도 요정처럼 예쁘고 부모 말을 잘 듣습니다.

선한 여자는 악한 남자를 선한 만큼 끌어올리지만 악한 여자는 선한 남자를 악한 만큼 끌어내립니다. 헤로디아는 자신의 미모로 멸망할 선택을 했습니다. 여인이 낳은 자 중에 가장 위대한 세례 요한을 죽인 것입니다. 살로메는 좋은 환경에서 교육받고, 어머니의 말을 잘 듣는 순종적인 딸이었지만, 세례 요한의 목을 구한 것이 그 삶의 결론이었습니다. 부모인 내가 구하는 것을 내 자녀도 구한다는 걸 아시기 바랍니다.

어느 초등학교 학급에서 착한 어린이 투표를 했는데, 두 표를 받은 아이가 착한 어린이가 됐답니다. 우열을 가리기 힘들 만큼 다 착했을까요? 아닙니다. "네가 무조건 일등 해야 해"라는 말을 듣고 자란 아이들이 모두 다 자기 이름을 써내고 딱 한 명만 다른 아이 이름을 써서 두 표가 된 것입니다. 이게 우리나라의 현실입니다. "꼭 이겨야 해"라는 말을 듣고 자란 아이들의 현실입니다. 요즘은 내신이 중요해서 아이들끼리 수업 시간에 필기한 노트를 빌려주지 않는다고 합니다. 살벌하게 공부합니다.

부모 말을 잘 들어야 하지만, 모든 교육은 하나님 말씀에서 시작됩니다. 효도도 거기서부터 시작됩니다. 살로메가 엄마 말 잘 듣다가 영원히 멸망할 말에 순종했습니다. 자녀를 예수 믿게 하는 일보다 더 좋은 교육은 없습니다.

세브란스병원의 김복남 전도사가 사역을 하느라 바쁠 때 자녀가 "엄마가 나한테 해 준 게 뭐가 있어!" 하며 불평을 해서 "이놈아! 내가 예수 믿게 해 준 것보다 더 좋은 게 뭐가 있냐!"고 소리 질렀다고 합니다. 여러분은 그럴 자신이 있습니까? 애가 상처받았다고 하면 엄마가 무조건 잘못했다고 하지는 않습니까? 당연히 잘못한 일은 회개해야 하지만 부모로서 확신도 있어야 합니다.

착한 자녀는 부모의 죽음을 준비하지 못합니다. 최고의 환경에서 예쁘고 말 잘 듣는 살로메를 키우며 예수도 없이 죽어 가는 왕족 가정이 얼마나 많은지 모릅니다. 이때 살로메가 어미의 명을 거역했으면 얼마나 좋았겠습니까. 내 자녀가 착하고 예뻐서 좋습니까, 공부 잘해서 좋습니까? 자녀가 속 썩여서 나를 예수 믿게 하니 참 감사하구나, 생각해 본 적 있습니까? 가출도 하고 공부도 못해서 부모로서 바라는 것이란 오직 아이가 예수 믿는 것밖에 없다고 하니 얼마나 감사합니까. 하나님 앞에 애통의 눈물을 흘리게 하는 자녀가 심히 아름다운 자녀입니다.

어느 부모가 공부 잘하고 예쁜 자녀에게 눈물 흘리면서 "네가 예수만 믿으면 소원이 없겠다" 이러겠습니까. 부모 속을 어지간히 썩이는 자녀라야 "네가 오직 예수만 믿으면 소원이 없겠다"고 말할 수 있는 것입니다. 그래서 속 썩이는 자녀야말로 축복의 통로입니다.

◆ 내가 죄책감으로 두려워하는 것은 무엇입니까? 가난이 두려워서 돈에 타협하고 주일성수 대신 돈을 벌고 있습니까? 재미없게 사는 것이 두려워서 쾌락에 무너졌습니까? 두려움 때문에 헛맹세를 남발하지는 않는지 돌아보기 바랍니다. 예수가 없는 배우자와 자녀를 감싸고돌며 구원의 기회를 낭비하고 있지는 않습니까?

무리가 지지하는 삶을 살다가 죽어야 합니다

헤롯이 요한을 죽이려 하되 무리가 그를 선지자로 여기므로 그들을 두
려워하더니_마 14:5

헤롯은 요한을 죽이려 하지만 무리는 요한을 선지자로 알고 지지합
니다. 이처럼 무리가 지지하는 삶을 살다가 죽어야 합니다. 이스라엘 백성
은 요한을 돈 많고 똑똑한 사람으로 기억하지 않았습니다. 요한이 헤롯의
죄를 지적했기에, 그것을 기억하고 선지자로 여겼습니다.

하나님 외의 것을 사랑하는 것이 간음인데, 요한은 "당신이 하나님
보다 사랑하는 헤로디아 때문에 망하려느냐"고 담대하게 꾸짖었습니다
(마 14:4). 둘이 아무리 행복하게 잘사는 것처럼 보여도 하나님이 없으면
권세와 재력으로 이렇게 악하게 산다는 것을 알았기에 요한이 담대하게
책망했습니다. 악한 것을 악하다 할 때 무리가 선지자로 여겼습니다.

요한처럼 꾸짖으려면 삶이 따라야 하고 은혜가 충만해야 합니다. 제
가 성도들에게 "아이가 대학에 떨어져도 복입니다"라고 말하면 "목사님
이 우리 애 떨어진다는 이야기를 왜 합니까?" 하면서 기분 나빠합니다.
하물며 결혼에 대해 옳지 않다는 충고를 어떻게 하겠습니까. 불신결혼이
얼마나 힘든지, 이혼으로 인해 얼마나 많은 상처가 대물림 되는지를 제가
삶으로 겪었기 때문에 말할 수 있는 것입니다.

입시에 대해서도 그렇습니다. 16년간 재수생 큐티 모임을 인도하면
서 쉽게 대학에 합격한 아이들은 믿음과 멀어지고, 대학에 떨어진 아이들
이 말씀을 더욱 사모하는 걸 보았기 때문에 떨어지는 것이 복이라고 말합
니다. 그래서 "붙으면 회개하고 떨어지면 감사하라"는 메시지를 외치는

것입니다.

내가 복음을 전할 때 헤롯 같은 사람이 나를 지지해 주면 좋겠지만 그러지 않습니다. 이 땅에서 가진 것이 많고 누리는 게 많은 사람이 천국에 관심이 있겠습니까? 헤롯이 죄를 지적받고 요한을 죽이듯이 가진 게 많은 사람은 자기 것을 잃을까 봐 두려워서 복음을 거부합니다.

천국 복음을 듣고 지지하는 사람은 헤롯이 아니라 무리입니다. 그렇다고 헤롯처럼 환경이 좋으면 나쁜 사람, 환경이 힘들면 좋은 사람 이런 게 아닙니다. 환경이 어떻든 자기 삶에서 구원 때문에 애통한 사람에게는 천국이 임합니다. 그런데 그 애통한 사람 중에 기득권층보다 일반 대중이 많더라는 겁니다. 그래서 돈과 권세를 가진 헤롯이 아니라 무리가 지지하는 삶을 살다 가는 것이 천국으로 가는 죽음을 준비하는 인생입니다.

◆ 누군가의 잘못을 지적하기 위해 요한처럼 삶으로 본을 보이고 있습니까? 입시에 합격하고 승진을 하고 성공을 해도 하나님을 떠난 삶은 죄라고 지적할 수 있습니까? 헤롯처럼 잘나가는 사람에게 주눅이 들어서 복음을 못 전하고, 무리는 무시가 돼서 복음을 안 전합니까? 이 땅에서 누릴 게 많아 천국에 관심이 없는 사람보다 환경이 어려운 사람에게 천국 복음을 전하며 그들이 지지하는 삶을 살고 있습니까?

비참한 죽음이라도 받아들여야 합니다

10 사람을 보내어 옥에서 요한의 목을 베어 11 그 머리를 소반에 얹어서 그 소녀에게 주니 그가 자기 어머니에게로 가져가니라 12 요한의 제자들

이 와서 시체를 가져다가 장사하고 가서 예수께 아뢰니라_마 14:10~12

하나님도, 무리도 선지자로 알고 위대하게 여긴 세례 요한을 목 베어 소반에 얹게 한 사람은 정염(情炎)에 불타는 한 여인의 어린 딸이었습니다. 주의 일을 하다가 재물도 없이, 자식도 없이 비참한 개죽음을 맞는다면 누가 주의 일을 하겠습니까. 우리는 죽을 때도 너무 아름답게 죽고 싶습니다. 모나코의 왕비 그레이스 켈리는 죽을 때 화장을 하고 전 세계에 아름다운 모습을 보여 줬습니다. 그렇게 아름답게 죽을 수도 있겠지만 그렇게 못 죽을 수도 있습니다.

예수님도 세례 요한을 얼마나 옥에서 꺼내 주고 싶으셨겠습니까. 요한이 아니라 헤롯이 죽어 마땅하지만, 천국은 세상과 다릅니다. 세례 요한이 죽음으로써 천국이 나타나게 되었기 때문입니다. 그러므로 우리의 상식을 무너뜨리고 죽는 모습까지도 하나님께 맡겨야 합니다.

중요한 것은 요한의 죽음이 비참해도 그 죽음이 예수께 아뢰졌다는 것입니다. 언제 어떻게 죽어도 괜찮습니다. 예수께 아뢰지는 죽음, 예수 그리스도를 믿음으로 구원받은 죽음이라면 모든 이들에게 천국을 증거하고 갈 수 있습니다. 남들보다 일찍 가도, 아프게 가도 비참한 죽음이 아니라 아름답고 숭고한 죽음이 될 수 있습니다.

예수님은 돌에 맞아 죽은 스데반을 이 땅에서 구해 주지 않고 천국에서 영접하셨습니다. 베드로는 한 번의 설교로 3,000명을 전도했지만, 스데반은 한 번의 설교로 즉시 돌로 쳐 죽임을 당했습니다. 그러나 스데반이 죽음으로 하나님을 증거했기에 그 현장에 있던 사도 바울이 전도되어 이방 선교의 문을 열었습니다. 스데반의 설교가 세계 복음화의 시초가 된 것입니다.

헨리 나우웬의 책『거울 너머의 세계』에 이런 글이 있습니다.

"내가 죽음에 대해서 배운 사실은 우리는 다른 사람들을 위해 죽음으로 부르심을 받는다는 것이다. 내가 어떤 식으로 죽느냐 하는 사실이 많은 사람에게 영향을 준다는 것이다. 만일 내가 분노와 쓴 뿌리 속에서 죽어 간다면 나는 내 뒤에 남게 될 가족과 친구들을 혼란과 죄책감과 부끄러움과 연약함 속에 처하게 할 것이다.

만일 내가 죽음의 문턱에서 지금까지의 삶에 대해 감사한다고 말할 수 있다면, 용서하고 싶고 용서받고 싶은 열망을 가질 수 있다면, 또 나를 사랑했던 사람들이 여전히 기쁨과 평안 속에서 자신들의 삶을 이어갈 수 있으리라는 소망으로 가득할 수 있다면, 나를 부르시는 예수님이 어떻게든 나의 삶과 관련이 있었던 모든 사람도 인도해 주실 것이라고 확신할 수 있다면, 그렇게만 할 수 있다면 나는 그동안 전 생애를 통해서 나타낼 수 있었던 것보다 훨씬 더 많은 참된 영적 자유를 나의 죽음을 통하여 나타낼 수 있게 될 것이다.

우리는 죽음을 통하여 다른 사람들을 죄책감으로 묶어 놓을 수도 있고 자유로이 감사할 수 있는 상태에 놓아둘 수도 있다. 이 둘의 차이는 바로 하나는 생명을 주는 죽음이고, 다른 하나는 그저 죽는 것이라는 점이다."

양화진 선교사 묘지에 가면 이름 없는 묘비가 많습니다. 6·25전쟁으로 비석이 훼손되고 손실되었기 때문입니다. 이 먼 나라까지 와서 풍토병에 걸리고, 콜레라로 죽고, 돌에 맞아 비참하게 죽은 선교사들이 그곳에 묻혔습니다.

스물넷에 한국으로 와 처녀로 죽은 루비 켄드릭 선교사의 무덤에는 "만일 나에게 천 개의 생명이 있다 할지라도 나는 그 모든 것을 한국에 주겠노라"고 새겨져 있습니다. "나는 웨스트민스터 사원보다도 한국 땅에 묻히기를 원하노라"고 새겨진 헐버트 선교사의 묘비도 있습니다. 그들의 값진 죽음으로 지금 우리나라가 이렇게 부유해졌습니다. 이름도 빛도 없이 죽어 간 그들의 사랑 때문에 지금 우리가 이렇게 살고 있습니다.

한 집사님의 나눔을 소개합니다.

욥기 1장을 큐티하던 날 아침에 친정어머니가 천국에 가셨습니다. 딸이 억울하고 불쌍하게 사는 것 같아 늘 안타까워하시던 친정어머니에게 형편이 핀 모습을 끝내 못 보여 드려 후회할 줄 알았는데 그러지 않았습니다. 원도 한도 없이 예배를 많이 드렸기 때문입니다.

갈 때마다 귀가 잘 안 들리셔서, 매번 목이 쉴 정도로 큰 소리로 엄마와 예배를 드렸습니다. 엄마는 1984년부터 교회에 다니셨지만, 세상 욕망이 너무 많고 성격도 강하여 쉽게 변화되지 못하셨습니다. 그런 엄마를 붙들고 진을 빼면서 늘 5분이라도 예배를 드렸습니다. 일류 학교를 나오셨어도 말씀이 들리지 않던 엄마였습니다. 급할 때를 대비해서 항상 예배 끝에는 단문으로 복창하며 엄마를 연습시키곤 했습니다.

"하나님 용서해 주세요.

(며느리에게) 미안하다, 수고했다, 고맙다.

(사람들에게) 축복한다, 예수 잘 믿어라.

자식은 다 소용없다. 하나님만 의지하자."

엄마는 돌아가시기 전 엄청난 육신의 고통을 겪으시고 마지막 2년은 침대에서 내려오지도 못하셨습니다. 그래도 그 고통보다 더 귀한 것이 구원이기에 연민으로 대하지 않았습니다. 오직 엄마가 변화되지 않는 것만 안타까워, 안 믿는 사람이 보기에 엄마를 괴롭히는 것처럼 보일 정도로 소리를 고래고래 지르며 함께 예배드렸습니다. 그런데도 예배를 싫다고 하신 적은 없습니다. 돌아가시기 전날 아침, 제가 아주 잠깐 자리를 비웠는데 옆에서 간호하시는 분이 엄마가 눈물을 흘리시며 "미안하다"를 연발하셨다고 전했습니다.

엄마의 상태가 위급해졌을 때 급히 큐티 말씀으로 예배를 드리며 평생 못한 말을 했습니다. 반말로, 애절하고 친근하게 엄마를 부르며 말했습니다. "엄마, 앞으로 이 땅에서는 평생 못 부를 이름 엄마! 엄마, 이 좋은 예수 믿을 수 있게 엄마 배 속으로 날 낳아 줘서 너무 고마워. 근데 엄마, 내가 너무 못되게 굴어서 미안해. 엄마, 엄마도 병원에 오니 외할머니 생각이 난다고 했듯이 내가 아파 보니 자식이고 남편이고, 엄마만큼 나를 생각하고 애절히 걱정해 주는 사람이 없는 걸 알았어. 요즘 내가 아픈 데가 너무 많아. 그렇지만 어떡해, 엄마가 먼저 천국 가셔서 나 위해서 기도해 줘."

천국의 시민권을 붙들고 있으니 걱정하지 마시라고, 엄마 지금 너무 잘하고 있다고 말해 주었더니 너무 뚜렷하게 "아멘" 하시고 다음 날 새벽에 가셨습니다.

천국은 착해져서 가는 게 아니라 하나님을 의지하는 마음으로 간다는 것, 그리고 사람마다 믿음의 분량이 있음을 늦게 깨닫고 엄마에게 너무 많은 걸 강요했나 싶어 회개했지만, 그보다 예배 대신 떼돈을 드리고 (없어서도 못 드리고 필요하지도 않으신데), 육적인 기분이나 좋게 해 드리느라 타협하고 세상 얘기만 했다면 지금 얼마나 후회할 뻔했나 싶습니다.

죽으면 육적인 것은 티끌도 못 가져갑니다. 대신 천국에서 살기 위한 연습만 가져가지요. 그런데도 인간은 죄인이라 아직도 쓸데없는 일에 아등바등 살아갑니다. 큐티 말씀에서 욥이 극한 고통 중에 자기의 생일이 없었으면 하고 한탄하는데 저는 친정어머니를 보내며 이 좋은 예수 믿게 나를 낳아 주셔서 고맙다고 했습니다.

그렇습니다. 믿음은 각자의 분량이 있습니다. 서두에 인용했듯이 기도 많이 해서 사고에서 살아난 것도 그분의 믿음이고 그냥 데려가신 것도 믿음입니다. 저의 어머니도 새벽기도 다녀오시다가 뺑소니 사고로 돌아가셨습니다. 벌써 50여 년 전인데, 아직도 범인을 못 잡았습니다.

사고 현장에 이니셜이 새겨진 군 모자가 있었지만 범인 잡는 데만 시간을 보내며 원망하지 않았습니다. 사람을 치어 죽이고 도망간 그 사람은 죄책감으로 얼마나 두렵겠습니까. 그게 바로 헤롯의 인생 아니겠습니까.

새벽기도 가실 때마다 교회 화장실 청소를 하느라고 몸뻬 차림이던 어머니의 시신 아래 '30대 여인'이라는 푯말이 적혀 있었습니다. 화장도 안 하고 초라한 차림새로 가셨지만 돌아가실 때 모습이 얼마나 아름다웠는지 30대 여인으로 착각한 것입니다. 목숨을 앗아간 사고였건만 외상도 없었습니다. 그 모습을 보고 예수 안 믿을 사람이 없었습니다. 나중에 믿겠다고 미루시던 아버지가 어머니의 그 모습을 보고 그 주부터 눈물을 흘리면서 교회에 나가셔서 장로님으로 돌아가셨습니다.

세상적으로는 호강 한 번 못 하고 돌아가셨지만, 하나님께서 자녀들에게 열매를 보여 주셨습니다.

죽음은 누구에게나 공평하게 찾아옵니다. 여러분은 어떻게 죽음을 준비하겠습니까?

주님이 오늘 나를 부르시더라도 내 죽음은 나의 삶으로 기억될 것입니다. 여러분은 어떻게 기억되길 원합니까?

예수님이 우리를 오라고 하시면 "아멘, 주 예수여 오시옵소서" 하며 가야 하는데, "나 안 죽어" 하며 발악하는 사람이 얼마나 많은지 모릅니다. 그런데 우리는 예수님을 붙잡을 수 있다는 것이 얼마나 감사합니까. 하나님의 영광을 나타내는 우리의 삶과 죽음이 되기를 바랍니다.

◆ 나의 죽음은 어떤 모습입니까? 나의 죽음이 예수께 고해지며 하나님을 부인하는 이들에게 천국을 보여 주는 죽음입니까? 원망과 한탄으로 두렵고 아픈 죽음입니까? 장례식, 묘지, 묘비를 준비하는 것이 죽음을 준비하는 것이라고 착각합니까? 나와 가족의 영혼 구원에 힘쓰며 죽어도 죽지 않는 죽음을 준비하고 있습니까?

•••

　중요한 것은 요한의 죽음이 비참해도
그 죽음이 예수께 아뢰졌다는 것입니다. 언제 어떻게 죽어도 괜찮습니다.
예수께 아뢰지는 죽음, 예수 그리스도를 믿음으로 구원받은
죽음이라면 모든 이들에게 천국을 증거하고 갈 수 있습니다.
남들보다 일찍 가도, 아프게 가도 비참한 죽음이 아니라
아름답고 숭고한 죽음이 될 수 있습니다.

　•••

말씀으로 기도하기

죽음은 누구에게나 공평하게 찾아옵니다. 세상 권세를 가진 헤롯은 사람이 두렵고 죽음이 두려워서 죄책감에 시달리고, 음욕이 절제가 안 되고, 헛맹세를 합니다.

미모를 가진 헤로디아는 딸 살로메를 이용해서 세례 요한의 목을 벱니다. 이 땅에서 많은 것을 가졌어도 죽음의 문제가 해결되지 않으면 결국에는 멸망받을 인생입니다. 세례 요한처럼 비참하게 죽음을 맞아도 선지자로 여겨지는 인생이 있습니다. 구원의 복음으로 죽음을 준비할 때 남은 가족에게 선지자로 여겨지며 아름답게 기억되는 죽음이 될 것입니다.

죽음을 두려워하지 말아야 합니다(마 14:1~4, 6~9).
헤롯처럼 죄책감과 음욕과 헛맹세에 사로잡혀 죽음을 두려워하는 모습이 있습니다. 외모와 부유한 환경을 갖추고 살로메처럼 말 잘 듣는 자녀로 키워도 믿음이 없이는 서로가 멸망만 구하는 것을 알았습니다. 두려움이 아닌 믿음으로 자녀를 양육하며 영혼 구원으로 죽음을 준비하게 하옵소서.

무리가 지지하는 삶을 살다가 죽어야 합니다(마 14:5).
돈과 권세를 가진 헤롯보다 죄를 지적함으로 무리의 지지를 받은 요한의 삶을 따르기 원합니다. 그러기 위해 삶의 본을 보이며 힘들고 어려운 사람들에게 복음으로 찾아가게 하옵소서.

비참한 죽음이라도 받아들여야 합니다(마 14:10~12).

요한처럼 비참한 죽음을 당해도, 병으로 죽고, 사고로 죽어도 죽음은 누구에게나 공평한 것임을 알았습니다. 어느 때에 어떤 일로 죽음을 당하든지 예수께 아뢰지는 죽음을 맞기 원합니다. 모든 이들에게 천국을 보여 주는 죽음이 되기를 간구합니다.

우리들 묵상과 적용

20년 동안 근무하던 전 직장에 존경하는 선배가 있었습니다. 능력을 인정받아 승진도 빨랐고 특유의 유머로 주위 사람들을 즐겁게 해 많은 사람이 좋아했습니다. 그런 분이 지방의 영업국장으로 발령받아 근무하던 중 부하직원의 금전 사고로 부득이 회사를 떠나야 했습니다.

이후 그 선배는 사업을 시작하여 회사 근처에 사무실을 열고 저희는 자주 만남을 가졌습니다. 2000년에 제가 명예퇴직을 하고, 회사를 그만둔 다음 날 집에 있으려니 마음이 심란했는데 선배가 저의 허탈한 마음을 알고 전화를 하여 점심을 사 주면서 위로해 주었습니다.

그렇게 만날 때마다 저를 즐겁게 하던 선배가 어느 날 암에 걸렸다는 소식을 들었습니다. 그때는 별로 심각하게 생각하지 않았고 수술 후 상태가 좋아져서 제가 새로 근무하는 회사에 찾아오기도 했습니다. 그런데 암이 재발하였고 재수술로도 상태가 좋아지지 않았습니다. 제가 문병을 갔더니 저에게 기도해 달라고 하였습니다. 믿음이 없는 분이었기에 예상하지 못한 일이었습니다. 저는 당시 선데이 크리스천으로 믿음의 수준도 낮았고 어디 가서 기도를 해 본 적도 없어서 기도해 주지 못했습니다.

얼마 후 전화가 걸려왔습니다. 힘없는 목소리로 "그동안 고마웠고 나는 어려울 것 같으니 잘 있으라"고 유언을 남겼습니다. 저는 뭐라고 말씀드릴 수 없어 전화기를 붙잡고 눈물만 흘렸습니다. 그리고 선배는 다음 날 세상을 떠났습니다. 죽음을 예상하며 전화로 마지막 인사까지 했는데, 저는 할 수 있는 것이 아무것도 없었습니다.

세례 요한은 헤롯이 그 동생의 아내를 취한 것에 대해 바른말을 했다가 옥에 갇히고 죽임을 당했습니다(마 14:3~10). 그의 죽음이 억울한 것 같아도 제자들이 예수께 아뢰었다고 합니다(마 14:12). 죽어서 안타까운 것이 아니라 예수께 아뢰어지는 구원의 사건이었습니다. 존경하는 선배의 죽음을 겪으며 미리 복음을 전하고 예수께 고하지 못한 것이 아직도 애통합니다. 그리스도인이라고 하면서 문병 가서 기도해 주지 못한 것과 영혼을 구원시키지 못한 것이 너무나 안타깝습니다.

이제는 말씀을 듣고 행하는 사람이 되어 하루하루의 삶을 통해 저와 이웃의 영혼을 사랑하고, 죽어 가는 영혼을 살려 내는 구원의 일꾼이 될 것을 다짐합니다. 구원의 일을 하는 것이 가장 멋진 죽음의 준비임을 알고 어디서나 복음을 전하겠습니다. 내가 전도해야 할 사람들에게 문안하고 그들을 위해 기도하는 그 한 사람이 되기를 소망합니다.

영혼의 기도

하나님 아버지, 죽음을 잘 준비하고 싶습니다. 저희 어머니가 죽음을 잘 준비해서 제가 예수를 믿게 되었는데, 제가 죽은 후에 자녀들이 어떻게 될까 생각해 봅니다. 세례 요한이 되기보다는 헤롯처럼 죄책감과 두려움, 음욕과 헛맹세가 있으며 문제 부모인 면이 많은 것을 고백합니다.

　말씀을 달게 들으면서도 적용하지 못하는 것을 불쌍히 여겨 주시고, 무리가 지지하는 삶을 살아야 하는데 아직도 일류병이 있고 끼리끼리 놀고 싶은 마음도 있는 것을 불쌍히 여겨 주옵소서.

　그러나 분명한 것은 세례 요한이 비참한 죽음을 당했어도 천국의 확신으로 두려워하지 않았다는 사실입니다. 내 부모가 어떻든지 나를 낳으셔서 내가 이 땅에서 예수를 믿었다면 무조건 감사의 대상인 것을 알게 하여 주시고, 구원 때문에 부모님을 사랑하고, 듣든지 안 듣든지 복음을 전하는 저희가 되기를 원합니다.

　믿음에는 분량이 있지만, 예배에는 지나침이 없는 줄 아오니 내 부모 형제가 예수 믿게 하기 위해서 삶으로 보여 주고 잘 죽어지기를 원합니다. 이 땅의 모든 사람에게 영향을 끼치는 구원의 죽음을 맞기 원합니다. 예수님 이름으로 기도하옵나이다. 아멘.

하나님 아버지,
영육 간에 먹을 것을 줄 수 있는 우리가 되기 원합니다.
예수님의 방법이 무엇인지
말씀하여 주옵소서. 듣겠습니다.

우리들교회가 사랑이 많다고 해서 왔더니 여기에도 사랑이 없더라고 말하는 분이 계십니다. 맞습니다. 교회가 그리스도의 몸이지만 부족함이 많습니다. 다만 교회는 그것을 보고 느끼는 곳입니다. 사랑이 없다는 것을 보는 게 잘못이 아닙니다. 문제는 사랑이 없다고 말하는 사람은 많지만, 정작 그 문제를 해결하는 사람이 없다는 것입니다.

우리들교회에서는 "말씀으로 인생이 해석되었다"는 말을 많이 합니다. 해석은 해결로 이어집니다. 우리가 제자로 부름을 받았는데 제자는 어떤 사람입니까? 해결하는 사람입니다.

사랑이 필요하면 사랑을 만들고, 음식이 필요하면 음식을 만들고, 정의가 필요함을 알았으면 정의를 행하는 자가 되어야 합니다. 우리는 종종 지도자나 목사에 대해 불평하지만, 예수님은 "너희가 먹을 것을 주라" 하고 말씀하십니다. 너희가 해결하는 사람이 되라는 것입니다. 그러면 어떻게 해결자가 될 수 있습니까?

286

사람을 보는 안목이 있어야 합니다

지금 예수님 앞에 만 명에서 이만 명이 넘는 사람들이 모였습니다. 믿음 좋은 사람, 그저 말씀 들으러 와 본 사람, 부자, 빈자, 똑똑한 사람, 배우지 못한 사람, 건강한 사람, 병든 사람…… 정말 다양한 사람들이 모였습니다. 그런데 이들을 어떻게 예수님이 분류하셨는지 주님의 분류법을 보겠습니다.

첫째, 버리고 떠나야 될 사람이 있습니다.

예수께서 들으시고 배를 타고 떠나사 따로 빈 들에 가시니 무리가 듣고 여러 고을로부터 걸어서 따라간지라_마 14:13

헤롯이 세례 요한을 죽였습니다. 예수님이 이 소식을 듣고 떠나가십니다. 버리고 떠나야 할 사람, 헤롯이 있습니다. 누가복음 13장 32~33절에서 예수님은 헤롯을 '여우'라고 표현하십니다. 유일하게 쓰인 이 '여우'라는 표현은 구제할 길이 없는 사람을 지칭합니다. 그러나 예수님은 헤롯이 두려워서 떠나신 것이 아닙니다. 예수님의 사명이 끝날 때까지는 헤롯이 예수님을 죽일 수 없다는 것을 전하고 떠나셨습니다.

예수님의 탄생과 공생애를 지나서, 바울이 로마에서 전도할 때까지도 헤롯 가문은 대대로 적그리스도 역할을 합니다. 바벨론의 느부갓네살부터 로마의 네로에 이르기까지, 통치자들은 항상 그리스도를 대적했습니다. 왜 그렇습니까? 권력자들은 권력을 쥐기 위해 수많은 전쟁과 피 흘림을 치르면서 그 자리에 올라가지 않습니까. 그런데 예수님은 가진 자나 안 가진 자나, 귀신 들린 자나 병자나 똑같이 여기라고 하시니 그 말이 얼마나 듣기 싫겠습니까. 지위, 권세 다 가지고도 예수 잘 믿고 싶지만, 인간이 100% 죄인이라 이런 본성을 넘어서기가 참 어렵습니다.

그래서 예수님도 떠나실 수밖에 없는 사람이 있습니다. 헤롯이 주님을 거부한 것 같지만 주님이 헤롯을 버리셨습니다. 애정이 있어야 싸움도 하는데, 이제 주님은 회개의 기회를 놓친 헤롯에게서 등을 돌리십니다. 살고 싶은 대로 살라고 내버려 두는 것이 버리는 것입니다. 지금 배우자가, 부모가 잔소리하면서 교회 가라, 큐티해라 한다면 그것은 애정이 있기 때문입니다. 그게 지겨워서 떠나면 멸망밖에 없습니다.

싸우지 않고 아무 소리 없이 가만히 있으면 버린 줄 아십시오. 울어 줄 때, 바가지 긁어 줄 때가 행복한 줄 아십시오.

둘째, 불쌍히 여기고 고쳐 줘야 할 사람이 있습니다.

각종 기적을 베푸시는 수많은 사역 중에도 휴식을 위해 빈 들로 가시는 예수님입니다. 그런데 거기까지 무리가 쫓아옵니다. 가장 공적인 사역은 메시아로서의 사역이고, 구원을 위한 일이 최고의 일입니다. "너무 힘들어서 좀 쉬어야겠다" 하는 게 안식이 아니라, "아버지께서 일하시니 나도 일한다"면서 구원을 위한 일을 하시는 것이 예수님에게는 가장 큰 안식이었습니다.

> 예수께서 나오사 큰 무리를 보시고 불쌍히 여기사 그 중에 있는 병자를 고쳐 주시니라 _마 14:14

세례 요한을 구해 주지 않으시고 헤롯을 떠나신 예수님이 무리에게는 곧바로 기적을 행하십니다. 헤롯을 피해 도망친 것처럼 보이고, 세례 요한을 살릴 능력이 없는 것 같아도, 예수님이 모든 것을 할 수 있음을 보여 주십니다. 그리고 새로운 문제를 던지십니다.

특별히 불쌍히 여기는 사역을 우리에게 보여 주십니다. '불쌍히 여긴다'는 것은 '창자가 끊어지듯 아파한다'는 의미입니다. 복음 전파의 밑바닥에 불쌍히 여기는 마음이 있어야 합니다. 무리가 착해서가 아니라 배고파했기 때문에 먹이셨습니다. 아무런 조건 없이 영육 간에 배고파하면 무조건 먹이십니다.

헤롯과 세례 요한은 모두 학벌과 문벌이 좋았습니다. 세례 요한은 대제사장 집안으로 의롭기까지 했습니다. 헤롯이나 세례 요한 같은 대단한 사람과 교제했다는 것이 예수님을 빛내 줄 수도 있습니다. 그러나 예수님의 결론은 목자 없는 무리를 불쌍히 여기는 긍휼사역입니다. 큰 무리 중에서도 예수님의 손길이 닿는 사람은 병자입니다. 우리 인생의 결론이 이렇게 되기를 바랍니다. 나의 모든 학력과 권세, 소유를 가지고 불쌍한 사람을 위해서 가야 합니다.

큐티를 열심히 하던 자매가 오늘은 동창 모임에서 꼭 전도하리라 마음먹고 보무당당하게 나갔더니, 한 친구가 좋은 집에 좋은 차에 명문대에 간 아이들 자랑을 늘어놓더랍니다. 자기는 고물차 타고 다니는 것도 감지덕지하는데, 그 이야기를 듣는 순간 주눅이 들어서 복음 전하는 것도 다 잊어버리고 왔답니다.

아무리 잘나가도 예수가 없으면 불쌍한 사람인데, 말씀을 들어도 우리의 가치관이 바뀌지 않으니 늘 옷과 차와 집에 눈이 가려집니다. 그리스도를 모르는 사람이 가장 불쌍한 사람입니다. 많이 배웠든 못 배웠든 소유가 넉넉하든 못하든 하나님을 떠난 인생이 불쌍한 사람들입니다. 그들을 찾아가서 영적, 육적으로 먹이는 것이 예수님을 따르는 제자의 삶입니다.

몸이 병들고 마음이 병들어서 고침이 필요한 사람이 있습니다. 예수님은 큰 무리 중에서도 고침이 필요한 사람들을 보는 안목이 있으셨습니다.

외적인 것에 주눅 들지 않고 구원받지 못한 사람들을 불쌍히 여기게 되면 그중에 고침이 필요한 사람들이 보이기 시작합니다. 어떤 아픔이 있어서 어떤 처방을 가지고 다가가야 할지 지혜가 생깁니다. 무슨 전문적인 처방이 아니라 내가 은혜를 받고 살아난 말씀, 내 고난을 해석해 준 말씀을 가지고 다른 아픈 사람들을 찾아가게 되는 것입니다.

♦ 내가 버려야 할 사람, 불쌍히 여기고 고쳐 줘야 할 사람은 누구입니까? 외적인 조건에 주눅 들어서, 또는 무시가 돼서 복음을 전해야 할 불쌍하고 병든 사람을 외면하지는 않습니까? 말씀을 묵상함으로 사람을 분별하고 힘들고 아픈 사람을 찾아갈 지혜를 달라고 기도합시다.

제자들의 대안

저녁이 되매 제자들이 나아와 이르되 이 곳은 빈 들이요 때도 이미 저물었으니 무리를 보내어 마을에 들어가 먹을 것을 사 먹게 하소서 _마 14:15

제자들은 우선 안 되는 것, 즉 이 곳이 빈 들이고, 때는 저물었고, 먹을 것이 없다는 것부터 이야기합니다.

16 예수께서 이르시되 갈 것 없다 너희가 먹을 것을 주라 17 제자들이 이르되 여기 우리에게 있는 것은 떡 다섯 개와 물고기 두 마리뿐이니이 다_마 14:16~17

구약에서 이미 모세가 만나를 주었고 엘리사가 보리떡 스무 개로 많 은 이들을 먹였는데, 그 모세와 엘리사보다 더 위대한 예수님이 내 앞에 계신데도 제자들은 안 된다고 합니다. 광풍을 이기고 귀신을 쫓아내는 능 력을 보고 놀라운 말씀을 그렇게 듣고도 예수님이 변화산에 계신 동안 산 아래 제자들은 귀신 들린 사람을 고치지 못했습니다. 나중에 그 이유를 제자들이 묻자 예수님은 너희가 믿음이 없어서 그렇다고 하셨습니다.

우리가 아무리 큐티를 하고 기도를 해도 믿음이 없어서 안 고쳐집니 다. 해결책이 되지 못합니다.

제자들이 합당한 이유를 열거하며 "우린 줄 수 없다"고 합니다. 그러 면 로마가 대안입니까? 헤롯이 대안입니까? 왕과 방백이 대안입니까? 마 을로 가면 됩니까? 제자들이 예수님과 똑같이 빈 들과 석양, 배고픈 군중 을 보았으나 해결책을 제시하지 못합니다.

현실 파악 없이 무조건 믿는 것은 미신이고, 현실만 보고 믿는 것은 상식입니다. 예수를 믿는다는 것은 미신과 상식을 초월해야 합니다. 그러 므로 이때 우리가 무엇을 믿는지, 누구를 믿는지가 관건입니다. 그런데 이것을 구분하지 못해서 구원받지 못합니다. 암이 상식으로 고쳐집니까? 아이가 아픈데 미신으로 고쳐집니까? 오직 복음만이 우리를 구원합니다.

사역을 하면서 말씀의 깨달음을 주실 때 반드시 육적인 필요도 주시 는 것을 봅니다. 하나님과 가깝지 않기 때문에 우리의 문제가 해결되지 않는 것입니다. 돈이 안 벌린다고 고난이 무조건 축복이라고 합리화하면 안 됩니다. 돈이 안 벌릴 때는 '내가 정말 하나님과 친한가'를 생각해 보기 바랍니다. 하나님과 가까운 사람은 열등감이 없고, 열등감이 없는 사람은 돈이 따라오게 되어 있습니다. 하나님을 사랑하는 사람은 절대 굶기지 않고 하나님이 친히 책임지십니다. 그런데 제자들은 예수님과 같이 있으면서도 불평불만에 안 될 이유만 내세웁니다.

제자들은 속으로 '지금 식사해야 하는데 먹을 것도 없이 왜 앉으라고 그러셔?', '황량한 빈 들에 앉으면 떡이 나와 밥이 나와?' 했을 것입니다. 그러나 믿음은 분석이 아니라 순종입니다. 예수님이 가져오라고 하시니 부족해도 가져가면 되고, 예수님이 명하셨으니 잔디 위에 앉기만 하면 됩니다. 그다음 먹이는 것은 예수님이 하십니다. 내 생각과 분석을 내려놓고 최소한의 순종만 하면 됩니다. 지금 내가 할 일에 최소한의 순종을 하면 가정과 나라가 살아납니다.

◆ "비전도 없고 사랑도 없는 이 남편과는 살 수 없다", "주일에 일을 안 하면 수익을 낼 수 없다", "세금을 제대로 내면 영업을 할 수 없다"라고 나름대로 타당하고 합리적인 이유를 대면서 불평하고 주님의 능력을 불신합니까? 당장 해결될 것 같지 않아도 예수님을 신뢰함으로 잔디 위에 앉는 최소한의 순종을 하고 있습니까?

예수님의 대안

18 이르시되 그것을 내게 가져오라 하시고 19 무리를 명하여 잔디 위에 앉히시고 떡 다섯 개와 물고기 두 마리를 가지사 하늘을 우러러 축사하시

고 떡을 떼어 제자들에게 주시매 제자들이 무리에게 주니_마 14:18~19

배고픈 무리를 위한 예수님의 첫 번째 대안은 감사입니다.

그간 보고 들은 게 아까울 정도로 부정적인 눈으로 바라보는 제자들의 불신앙도 불쌍히 여기시고, 보리떡 다섯 개와 물고기 두 마리를 가져온 아이의 순종도 보시는 예수님이십니다. 그래도 제자들이 주님 곁에 꼭 붙어 있으니까 "내게 가져오라" 하십니다. 이것이 복입니다.

제자들이 안된다던 떡 다섯 개와 물고기 두 마리, 바로 그 오병이어로 시작하십니다. 누군가의 최소한의 순종에 축사하는 예수님이십니다. 이 작은 것으로 일하실 선하신 하나님을 신뢰하셨습니다. 칠흑같이 어두운 밤, 빈 들과 같은 환경에서도 감사할 것이 있습니다. 문제가 해결되지 않아도 예수님처럼 미리 감사할 수 있습니다.

우리가 가진 오병이어는 무엇입니까? 병든 아내, 학력 없는 자녀, 돈 없는 남편입니까? 도저히 안된다고 하는 거기에서 감사하면 하나님이 시작하십니다. "대체 왜 나는 돈도 없고 집도 없고" 하면서 불평하고 있습니까? 없는 가운데서도 내가 건강한 것 하나, 예수 믿게 된 것 하나에 감사하십시오. 안되는 사람의 특징은 감사가 없다는 것입니다. 우리에게 감사할 조건이 얼마나 많은지 모릅니다. 내가 감사할 때, 주님이 시작하십니다!

예수님의 두 번째 대안은 믿음으로 행하는 것입니다.

하나님이 원하시는 일이므로 우리는 행합니다. 예수님이 떡을 떼어 제자들에게 나누어 주라 명하셨습니다. 그리고 예수님은 오병이어를 나눠 주기 좋게 소그룹으로 앉히셨습니다. 오병이어가 그저 외적인 음식인 것 같지만, 거기서 내적인 의미를 보기 원하셨습니다. 기적을 베풀기 전에 '너희가 하나 되라'고 하시는 겁니다. 공동체가 연합하면 나눠 줄 것만 있는 인생이 됩니다. 부부가, 가족이, 교회 공동체가, 직장과 나라가 하나 되면 소도 잡고 말도 잡습니다. 실직을 해도, 부도가 나도 부부가 연합하면 서로 존경하고 존경을 받습니다.

무리가 공동체로 나누어 앉지 않았다면 2만 명이 서로 떡을 받겠다고 하며 압사했을 것입니다. 주님이 우리에게 은혜를 주시고자 공동체에 들어가라고, 소그룹 모임과 구역에 속하라고 하시는 겁니다. 혼자만 은혜 받겠다고 하면서 무질서하게 교회를 휘젓고 다니면 안 됩니다. 예수님은 질서를 원하십니다.

또한 예수님이 할 일을 다 하고 축사하신 것처럼, 우리도 내 할 일은 다 하고 하나님의 은혜를 구해야 합니다. 내게 주어진 책임과 역할에 최선을 다하되 그 결과가 하나님의 은혜에 있음을 믿고 감사해야 합니다.

20 다 배불리 먹고 남은 조각을 열두 바구니에 차게 거두었으며 21 먹은 사람은 여자와 어린이 외에 오천 명이나 되었더라_마 14:20~21

예수님이 제시하신 대안의 결과는 풍성함입니다. 하나님은 항상 풍성한 결과를 주십니다. 때로는 덕을, 때로는 인내를, 때로는 절제를 때마다 최선의 것으로 주십니다. 세상 것은 자꾸 퍼 주다 보면 언젠가 없어지지만, 영적 깨달음이 있는 사람은 주고 또 주어도 나누어 줄 것이 있습니다.

제가 평신도 시절 큐티 모임을 인도할 때 매주 '다음 주엔 무슨 말을 하나' 걱정이 많았습니다. 하지만 영혼 구원을 위해 힘을 쏟고 정성을 기울였더니 놀랍게도 전하고 전해도 전할 것이 또 나왔습니다. 사람을 살리려는 마음만 있다면, 영적인 것은 절대 고갈되지 않습니다.

주님은 우리의 최소한의 순종에 기름을 부으시고 낮고 천한 우리를 통해서 역사하십니다. "나는 가진 것이 없어, 도울 것이 없어"라고 한다면 도울 것 없는 그 자체로 다른 이들을 도우십시오. 아무것도 아닌 그것으로 우리 가정을 살려야 합니다. "내가 어떻게 주님의 일을 해?"라고 하지만 주님은 남은 조각을 열두 광주리에 차게 거두셨습니다.

실제적이고 구체적으로 오병이어 사건의 증거를 남기신 이유가 무엇이겠습니까? 우리에게 떡을 주시는 까닭이 잘 먹고 잘살다가 배탈 나라는 게 아니라 거두어서 남 주라는 것입니다. 풍성한 은혜는 넘칠 때 더욱 아껴야 합니다. 뒤처리를 잘해야 합니다. 돈이 생기면 우리는 먹고 쓰고 일류를 향해 달려가느라 뒤처리를 못 합니다. 주님은 낭비하지도 않고 마무리도 잘 하십니다. 예수 믿는 우리도 주신 것을 꼼꼼히 마무리해야 합니다.

1979년 138세의 찰리 스미스는 미국의 플로리다 주 바토우에서 세상을 떠났습니다. 그의 138년 인생은 참으로 고통과 고난으로 점철된 삶이었습니다. 흑인 노예였던 부모에게서 태어나 자신도 평생 노예로 살았으며, 온갖 학대와 멸시를 당하며 자랐습니다. 자라서는 미국의 남부와 서부를 전전하며 매를 맞고 모욕과 굶주림, 질병으로 죽을 고비를 스무 번 이상 넘기며 138년을 살다가 임종을 맞이했습니다.

그런데 그가 임종 시 방문한 목사 앞에서 이렇게 기도했다고 합니다. "하나님 아버지, 내가 흑인으로 태어난 것을 감사드립니다. 노예 신분도 감사합니다. 매를 맞고 모욕을 당한 것도 감사합니다. 고통스러운 노예 생활에도 감사드립니다. 다른 무엇보다도 138년간 항상 내 곁에 계셔 주신 하나님께 감사드립니다."

저는 이런 감사야말로 먹을 것을 나눠 주는 삶이라고 생각합니다. 로마의 카타콤 지하 감옥 속에서 초대교인들이 300년간 햇볕 한 줌 못 보고, 자식을 낳고 손자를 낳고 그 손자가 손자를 낳으면서 믿음을 지켰습니다. 그들이 일평생 지하 감옥의 삶에서 해방되지 못했어도 그들의 순종 때문에 거대한 로마가 무너졌습니다. 그리스도인을 핍박하던 로마가 기독교를 국교로 인정하는 역사가 일어났습니다. 오병이어의 기적이란 이런 것입니다.

다음은 우리들교회 어느 지체의 간증입니다.

어머니는 먹고살 것이 없던 시절에 한 입이라도 줄이려고 첩으로 들어가 살았습니다. 본처인 큰어머니가 아기를 못 낳으니 자손을 잇기 위해 들어간 첩살이였는데, 금방이라도 죽을 것만 같던 큰어머니는 어머니가 작은댁으로 들어가자 갑자기 건강해져서 아이를 쑥쑥 잘 낳았습니다. 그러니 어머니는 대접도 못 받고 먹을 것이 없어서 무청과 시래기로 목숨을 연명했습니다.

하도 먹을 것이 없어 쌀을 좀 얻으러 가면 큰어머니가 흙바닥에 패대기를 치면서 어디 감히 쌀을 가져가냐고 호령하곤 했습니다. 사람들은 수군거리고 가난과 설움으로 괴로워서 어느 수녀님께 상담을 했더니 "질투하지 마라"고 했답니다. 어머니는 이 말을 듣고 더욱 죄책감에 시달리며 살아야 했습니다. 어머니에게서 태어난 저 역시 무시와 무학, 가난 속에서 남편을 만나 결혼했습니다.

그러나 결혼생활은 탈출이 아니라 불행의 연속이었습니다. 남편의 끝없는 외도와 구타, 그리고 가난을 견딜 수 없어 수없이 이혼하려 했지만, 사람들이 '그 어미에 그 딸'이라고 할까 봐 이혼녀는 되기 싫었습니다. 가진 것도, 배운 것도, 외모도, 믿음도, 용기도 없어서 그냥 살았습니다.

이제 더는 못 살겠다 할 때마다 아기가 생겼고, 사글셋방에서 아기를 부둥켜안고 살면서 늘 죽음만을 생각했습니다. 교회에서도 상담을 하면 "기도가 부족하다", "성경을 읽어라"는 말뿐이니 도움이 되지 않았습니다.

그러던 중 큐티 모임에 참석하게 되었고, 비로소 하나님을 새롭게 만나 숨이 쉬어졌습니다. 시편 16편 말씀을 통해 하나님이 저에게 줄로 재어 준 구역이 아내의 자리이고 엄마의 자리임을, 그 자리가 너무나 귀하고 아름다움을 깨닫게 되었고, 신명기 8장 말씀을 통해 나를 낮추시며 거룩한 나라에 합당한 거룩한 백성으로 삼기 위해 이런 사건을 주신 것이 깨달아졌습니다. 자만과 교만, 무지와 어리석음, 남편에게 지혜 없이 대한 것을 깨우치고 회개하게 되었습니다.

말씀을 들으니 '가정을 지키기 위해 내가 희생할 만한 가치가 충분히 있다'는 생각이 들어서 오랫동안 이혼을 갈등하던 마음을 완전히 접었습니다. 어떤 각오로 살아야 할지 깨달아지자 주님이 주시는 기쁨과 평안이 솟아났습니다. 고난이 축복이고 능력임이 해석되고 영적으로 산소가 공급되기 시작했습니다. 큐티 모임의 나눔이 모두 저에게 들려주는 칭찬과 격려 같았습니다. 그렇게 어렵던 성경이 눈에 들어오고, 아무것도 갖춰지지 않은 삶이 내게 얼마나 큰 유익인지, 남편이 훈련의 도구로 얼마나 쓰임받고 있는지를 깊이 깨달았습니다.

옛날이나 지금이나 분명 첩의 자녀로 태어나 숨죽이고 아파하며 사는 분들이 있을 텐데, 그런 분들과 마음을 같이하고 서로 위로하며 가자고 이 어려운 오픈을 하게 되었습니다.

지금 저는 행복합니다. 남편의 안타까운 모습, 걸핏하면 학교에 가지 않는 힘든 막내가 있어도, 결혼생활 30여 년 동안 이사를 수십 번 다니고

500만 원짜리 셋방에 살아도 감사합니다.

주신 평강을 유지하고 늘 옳으신 하나님을 믿으며 거룩하신 뜻에 쓰임받기를 원합니다. 사람들의 편견과 고정관념, 무시하는 말과 시선에서 하나님이 보호해 주시기를 기도합니다. 하나님이 내 아버지가 되심을 믿습니다.

저는 이런 사람만이 먹을 것을 줄 수 있다고 생각합니다. 이분이 큐티 모임에 오신 지 오래되었는데, 그때부터 지금까지 남편이 아무리 돈을 안 주어도 말씀을 적용함으로 한 번도 돈을 꾼 일이 없습니다. 초등학교 학력이 전부인 이분은 그때부터 공부해서 중등, 고등 검정고시를 보고, 지금은 4년제 신학대학을 졸업하여 전도사님으로 사역하고 계십니다. 나이도 많은 분이, 힘든 공부가 안식이었다고 합니다. 무시당할 수밖에 없는 모든 환경을 극복해 내셨습니다.

우리 집안에 어떠한 조상의 저주가 있다 해도, 단 한 사람이 오병이어의 헌신으로 순종하기만 하면 그 모든 사슬이 끊어질 줄로 믿습니다. 자기가 원해서 첩이 된 것도 아니건만 그 어머니의 설움은 얼마나 컸겠습니까. 그러나 그것을 자기 죄로 여기며 슬퍼하고 애통해했기에 결과적으로 하나님이 자녀에게 놀라운 복을 주셨다고 생각합니다.

가정은 지켜야 할 가치가 있다는 것을 믿고, 온전히 자신을 내어 드리는 전도사님, 이 한 사람 때문에 하나님이 온 가정을 쓰실 것을 믿습니다.

◆ 오늘 감사할 제목은 무엇입니까? 부족하고 형편없어 보여도 날마다 받은 복을 세어 보며 감사함으로 오병이어의 기적을 경험하십니까? 영적, 육적으로 배고픈 우리 가정에 주님이 기적을 행하시도록 내가 해야 할 최소한의 순종

은 무엇입니까? 내 생각과 계산을 내려놓고 믿음으로 행했을 때 하나님께서 풍성하게 응답하신 간증이 있습니까? 어떤 희생이 있어도 가정은 지킬 가치가 있다는 간증에 공감합니까? 하나님께서 주신 가정을 지키기 위해 내가 드려야 할 오병이어는 어떤 것인지 구체적으로 적어 봅시다.

말씀으로 기도하기

예수님이 빈 들에 있는 무리를 보시고 "너희가 먹을 것을 주라"고 하십니다. 영육 간에 먹을 것을 주려면 사람을 보는 안목이 필요합니다. 버리고 떠날 사람, 불쌍히 여길 사람, 먹여야 할 사람, 고쳐야 할 사람을 분별해야 합니다. 우리는 늘 합리적으로 불가능을 이야기하지만, 예수님은 불가능해 보이는 오병이어로 무리를 배불리 먹이고 남게 하십니다.

사람을 보는 안목이 있어야 합니다(마 14:13~14).
헤롯처럼 가진 것이 많아서 복음을 거부하는 사람을 떠나기 원합니다. 그들이 가진 것에 기웃거리거나 주눅 들지 말고, 하나님을 모르는 것이 불쌍한 것임을 알고 애통함으로 복음을 전하게 하옵소서. 몸과 마음이 병든 이들에게 말씀의 처방을 가지고 찾아가게 하옵소서.

제자들은 대안은 불평불만에서 비롯됩니다(마 14:15~17).
나를 살리신 구원의 은혜를 경험하고도, 내 생각으로 주님의 능력을 제한하고 불평하는 것을 회개합니다. 내 생각과 계산을 내려놓고 부족해도 주님 앞에 가지고 나아가며 당장 해야 할 일에 최소한의 순종을 하기 원합니다.

예수님의 대안은 감사와 믿음으로 행하는 것입니다(마 14:18~21).

떡 다섯 개와 물고기 두 마리에도 감사하며 믿음으로 행하시는 예수님의 대안을 따르기 원합니다. 허락하신 모든 것에 감사하며 믿음으로 행할 때, 나를 풍성하게 먹이시고 다른 이들에게도 나눠 주는 인생이 되게하실 것을 믿습니다.

우리들 묵상과 적용

어릴 적부터 의사가 되고 대학교수가 되어 부와 명예를 얻겠다는 야망을 키웠고, 어른이 되어 그 꿈을 이루었습니다. 그러나 대학 시절부터 친구들과 어울려 다니며 음란함이 몸에 배어 결국 꽃뱀 사건에 얽혀 해임을 당했습니다. 처음에는 저의 처지가 인정이 안 되어 억울하다는 생각밖에 없었습니다. 힘든 시간을 보내던 중 교회 공동체로 인도되어 예배와 양육 훈련에 참여하면서 제가 악한 죄인이라는 것을 깨달았습니다.

그럼에도 제 가슴속에는 여전히 부와 명예에 대한 정욕이 남아 있습니다. 불명예스럽게 대학교수 자리에서 물러났지만, 열심히 돈 벌어 저의 건재함을 보여 주고 싶은 욕심이 있습니다. 그래서 틈만 나면 재테크 관련 서적을 읽고 직장에서는 늦게까지 일을 합니다. 그러다 보니 말씀 보는 것과 소그룹 예배 준비에 소홀해지고, 공동체 앞에서 저의 수치스러운 과거에 대해서 반복적으로 얘기하는 것도 싫어졌습니다. 가족과 어울리거나 대화하는 시간도 많지 않고, 어쩌다 같이 시간을 보낼 때는 제 방식을 고집하고 강요합니다. 내가 좋아하는 운동을 해야 하고, 내가 먹고 싶은 음식을 먹으러 가야 하고, 예배도 내가 원하는 시간에 드려야 합니다. 아내는 가끔 노래방을 가고, 저와 차 한 잔 마시고 싶어 하고, 화려한 옷을 입고 싶어 합니다. 하지만 저는 노래방에 가는 것을 좋아하지 않고, 아내가 화려한 옷을 입고 다른 사람들의 눈에 띄는 것이 싫습니다.

지난 주일 저녁에 저의 이런 태도로 인해 아내와 다투었습니다. 아내도 많이 지쳤는지 조목조목 얘기하는데 틀린 말이 하나도 없습니다. 하지만 저는 지기 싫어서 처자식 먹여 살리려고 저녁 늦게까지 일을 한다며 생색을 냈습니다. "예배 안 빠지지, 주일에 봉사하지, 이렇게 하면서 어떻게 시간을 내느냐, 나도 피곤하다"며 아내를 오히려 궁지에 몰아넣었습니다.

하나님이 빈 들에 있던 저를 말씀으로 먹이고 회개하게 하셨는데도 저는 다시 세상적인 정욕에 사로잡혀서 말씀을 소홀히 하고, 제가 받은 은혜를 다른 사람들에게 나눠 주는 것에 소홀했습니다. 예수님이 다섯 개의 떡과 두 마리의 물고기를 가져오라 하시고 그것으로 오천 명이 넘는 사람들을 배불리 먹이셨습니다(마 14:18~21). 이제는 빈 들에 있는 지체들을 먹이고 살리는 일에 미천한 저의 간증이 쓰임받기를 바라며 저를 온전히 예수님께 바치기 원합니다. 무엇보다 부족한 저 때문에 빈 들에 거할 때가 많은 아내와 아이들을 잘 섬기고, 그들의 필요를 먼저 돌아보는 남편과 아빠가 되기를 원합니다.

영혼의 기도

하나님 아버지, 부부, 부모와 자녀, 공동체로 연합되어 나누어 줄 것만 있는 인생이 되게 하여 주옵소서. 사람을 보는 안목을 주시기 원합니다. 버리고 떠나야 할 사람, 불쌍히 여겨야 할 사람, 고쳐 주어야 할 사람, 먹을 것을 줘야 할 사람을 분별하게 하여 주시옵소서.

제자들처럼 불가능만 열거하며 대안이 없다고 하는 제 모습을 불쌍히 여겨 주시고, 이제는 예수님의 대안을 따라 감사하고 믿음대로 행하게 하옵소서. 그리하여 결실이 풍성해져서 나도 먹고 남도 먹이는 인생이 되게 하여 주시옵소서.

주님, 저는 오병이어를 가지고 감사하지 못합니다. 보이는 것이 없고, 가진 것이 형편없어서 감사하지 못합니다. 그러나 오랫동안 흑인 노예로 살았던 찰리 스미스가 흑인 노예로 태어나 감사하고, 매 맞고 노동한 것에 감사하고, 그 무엇보다 138년간 항상 하나님이 함께해 주신 것에 감사했듯이, 저도 물 가운데로 가도 불 가운데로 들어가도 감사함으로 하나님이 베푸실 기적을 누리길 원합니다.

제가 할 수 없는 것을 주님이 아시니, 하나하나 최소한의 순종을 할 때 영적, 육적으로 굶주렸던 가정이 살아나는 복을 주시옵소서. 나눠 줄 것만 있는 인생이 되도록 복 주시옵소서. 예수님 이름으로 기도하옵나이다. 아멘.

바람이 그치는지라

마태복음 14:22~36

하나님 아버지, 우리에게 찾아온
고난의 바람이 그치기를 원합니다.
말씀하여 주옵소서. 듣겠습니다.

공부를 잘해서 가족에게 기쁨을 안겨 주던 A집사님의 딸이 중학교에 들어가더니 우울증에 걸렸습니다. 2년 동안 학교를 거의 못 다니다가 외국에 가게 됐습니다. 본래 공부도 잘하고 교회도 잘 나오고 큐티도 열심히 하다가 갑작스러운 우울증과 시험 강박으로 학교를 못 가는 것이었기에 그냥 속을 썩이는 문제아와는 차원이 다른 문제였습니다. 부모가 모두 엘리트로 대기업의 외국 주재원으로 10년을 살다 왔고, 남부러울 것 없는 환경에 이 딸마저 자랑거리였는데 폭풍이 몰아친 것입니다.

인생에는 여러 바람이 있습니다. 외도의 바람, 술바람, 춤바람, 부도의 바람, 질병의 바람, 낙방의 바람……. 큰 광풍에서 미풍까지 수없는 바람과 소용돌이가 있습니다. 바람 중에 가장 큰 광풍은 자녀의 광풍이 아닌가 싶습니다. 배우자, 부모가 속을 썩여도 자식 아픈 것과는 비교가 안 된다고 모두가 입을 모아 말합니다. 그런데 이 바람은 왜 오는 것입니까? 이 바람이 어떻게 그칠 수 있을까요?

예수님이 주시는 바람입니다

예수께서 즉시 제자들을 재촉하사 자기가 무리를 보내는 동안에 배를
타고 앞서 건너편으로 가게 하시고_마 14:22

바람은 왜 올까요? 우리 인생에 오는 모든 바람은 예수님이 주시는
바람입니다. 예수님이 바로 이 바람의 진원지입니다. 앞장에서 오병이어
로 수많은 사람이 떡을 먹은 사건을 보았습니다. 제자들이 예수 믿다가
떡 벼락 돈벼락을 맞았습니다. 보잘것없는 물고기 두 마리와 보리떡 다섯
덩이가 없어지지 않고 수많은 사람을 먹이고도 남는 걸 보고 제자들이 그
자리에서 떠나기가 쉬웠겠습니까? '앗, 돈이 계속 생기니까 위험하다!'라
고 스스로 경고할 사람이 있겠습니까? 주님은 이것이 위험하다고 보시고
"즉시 재촉하사" 제자들을 건넛마을로 보내십니다.

주님은 나보다 내게 필요한 것을 더 잘 아시지만, 그것을 일부러 끊
으실 때가 있습니다. 내가 세상적으로 천년만년 잘살고 싶어서 돈과 자녀
의 학력과 명예를 끊지 못하면 주님이 나를 재촉해서 다른 곳으로 보내십
니다. 아무리 말해도 눈치를 못 채니 환경으로 조여 오십니다.

서두에서 말한 집사님은 모든 점에서 완벽했지만 그것에 감사하지
못했습니다. 공부 잘하는 아이를 일등만 시키려고 안달했습니다. 아이도
강박증이 있었지만, 엄마인 집사님도 강박증에 시달렸다는 생각이 듭니
다. 큐티도 공부를 남들보다 잘하라는 목적으로 시켰습니다. 물론 큐티한
유익은 있었지요. 그래서 예수님께서 이 가정에 자녀의 광풍이 몰아치게
하셨습니다.

이 바람은 훈련을 위해 필요합니다. 바람이 오자 제자들은 혼비백산

하여 건강한 그리스도인의 모습을 보여 주지 못했습니다. 이제 예수님이 떠나셔도 강한 자가 되어야 하기에 이 제자들을 훈련하기 위해 주님은 바람을 허락하셨습니다.

> 23 무리를 보내신 후에 기도하러 따로 산에 올라가시니라 저물매 거기 혼자 계시더니 24 배가 이미 육지에서 수 리나 떠나서 바람이 거스르므로 물결로 말미암아 고난을 당하더라_마 14:23~24

무리를 보낸 후 따로 기도하신 주님은 제자들이 고난당할 것을 염두에 두셨을 것입니다. 그러나 주님은 제자들의 훈련을 위해 혼자 계십니다.

주님이 가라고 해서 물질을 포기하고 갔는데, 막상 가니 거스르는 바람이 있습니다. 주님이 가라고 했으니 갔고, 거기서 바람이 오면 그 바람에 순종하는 일이 주의 일입니다. 그런데 우리는 "괜히 왔다!"고 합니다. 주님이 주시는 것은 선하지 않은 것이 없는데 명예와 부귀가 올 때는 아무도 부당하다고 안 하다가 고난이 오면 부당하다고 아우성을 칩니다. 그래서 주님은 물질을 주시면서도 마음 졸이시고, 고난을 주시면서도 노심초사하십니다.

A집사님도 외국 생활을 하다가 한국으로 들어와 크고 좋은 교회 놔두고 오직 말씀 때문에 우리들교회로 왔는데 자녀 광풍이 왔습니다. '고난이 축복'이라는 말도 듣기 싫고 '괜히 왔다' 싶고 예배도 다 거슬립니다.

> 25 밤 사경에 예수께서 바다 위로 걸어서 제자들에게 오시니 26 제자들이 그가 바다 위로 걸어오심을 보고 놀라 유령이라 하며 무서워하여 소리 지르거늘_마 14:25~26

지금 제자들을 보십시오. 하루 전에 오병이어라는 엄청난 기적을 경험해 놓고도 사건이 오니 주님을 유령이라고 하며 소리 지릅니다.

A집사님이 우리들교회에 와서 큐티도 잘 하고 훈련도 잘 받았지만 딸이 아픈 광풍이 오자 주님을 보고 유령이라고 소리 질렀습니다. 사건이 일어나면 '아, 이것이 실전이다. 이제 나를 제자 삼으시려는구나' 하고 확신하며 감사하면 되는데 말입니다. 하긴 제자들도 유령이라고 놀라는데 우리야 얼마나 더 오해를 하겠습니까.

제자들에게 이 고난은 너무 컸습니다. 모든 것을 잊을 만큼 공포의 사건이었습니다. 그런데 그 공포의 대상은 물결도, 폭풍도, 어두움도 아니었습니다. 바로 유령의 모습으로 오신 주님이었습니다. 제자들은 대부분 어부 출신입니다. 이런 광풍을 한두 번 당해 본 게 아니었습니다. 그래서 힘들어도 자신들이 할 수 있다고 생각하고 노를 저었습니다. 그때는 무섭다는 소리를 안 했습니다. 그런데 유령이 나타나니까 그 실체가 주님인데도 불구하고 오해하고 무서워합니다. 도대체 설명도 이해도 안 되는 두려움이 임했습니다. 바다에서 만난 유령은 도저히 이해할 수 없는 사건입니다. 그러나 이 공포의 사건 속에 계신 예수님을 봐야 합니다.

주님을 믿고 가는 인생은 앞으로 어떤 사건이 올지 걱정할 필요가 없습니다. 물 가운데서도, 불 가운데서도 침몰하지 않는다고 약속하셨기 때문입니다. 내가 손을 놓더라도 위급하면 주님이 택한 자인 나를 잡아 주십니다. 그런데 잡아 주시는 시간이 밤 사경입니다. 그 전에 오셔도 안 되고, 그 후에 오셔도 안 됩니다. 칠흑같이 어두운 사경, 이때가 복된 시간입니다. 더 이상 어두워질 수 없는 흑암이지만 이때가 지나면 새벽이 시작됩니다.

A집사님은 3년이 되도록 딸 이야기를 하지 못하다가 마침내 고백했

습니다. 남편이 또다시 발령을 받아 온 가족이 외국으로 나가게 되어서 중학생인 딸이 외국인학교 시험을 보아야 했습니다. 시험 강박증 때문에 학교도 못 다닌 아이가 여러 사람 앞에서 간증도 했으니 다 해결된 것 같았습니다. 외국인학교 입학시험을 앞두고 딸이 직접 교회 홈페이지에 나눔을 올렸습니다.

요즘 큐티를 하면서 욥이 저와 너무나 비슷하다고 생각합니다. 겉으론 의롭고 믿음이 있어 보이지만 저는 불평불만이 주특기이고 늘 죽음을 생각합니다. 저는 예전에 예배 시간에 앞에 나가서 저의 간증을 한 적이 있습니다. 그때 "하나님 한 분만으로 만족하겠습니다. 인생이 너무 짧은데 구원을 위해 살아야겠습니다"라고 고백했습니다. 하지만 돌이켜 보면 그것은 인정받기 위한 고백이 아니었나 합니다.

저는 대인기피증 때문에 학교, 교회 등 모든 공동체에서 벗어나서 생활했습니다. 수련회에도 불참한 지 오래되었고 교회 일이나 모임도 나가지 않았습니다.

목사님 설교를 들으며 열심히 필기했지만 말씀이 하나도 들리지 않았습니다. 말씀을 보아도 내 말씀이 되지 않고 전혀 감사하지 못했습니다. 감사하면 생각이 바뀌고 우울증도 낫는다고 하는데 저는 자아와 자존심이 너무 세서 하나님이 들어올 틈이 없었습니다.

'외국에 가면 나의 고난도 끝날 테니 이제 열심히 공부해야지' 했는데 매일매일 사탄에 속아 넘어가며 살고 있습니다. 한국에서 학교를 제대로 안다닌 것이 잘못이었습니다. 그 후로 적응력이 더 떨어졌기 때문입니다. 조금만 스트레스를 받으면 주저앉으려고 합니다. 외국인학교 시험을 앞두고 있는데 저는 이미 포기 상태입니다.

학교도 가기 싫고 대학도 가기 싫고 공부가 세상에서 제일 싫다는 생각이 듭니다. 제가 가장 원하는 것은 오직 침대에 눕는 것입니다. 포기하면 편안해진다는 것을 알기에, 포기하기 위해 일부러 몸이 아팠으면 좋겠다는 생각도 합니다. 공부만 하려고 하면 무기력증이 생기고 멍해져서 집중이 전혀 되지 않습니다.

제가 100% 죄인이라는 것은 알겠는데 더 이상 진전이 없습니다. 저는 굉장히 유별난 성격입니다. 잘하는 것도 없는데 잘하는 것처럼 포장하고 삽니다. 사람들과 섞이지도 못하고 혼자 상처만 받습니다. 남의 고통을 보아도 눈물 한 방울 나오지 않고, 저만 아는 이기적인 사람입니다. 거기다 완벽주의 성향 때문에 다른 사람을 판단하고 미워합니다. 그러고는 매일 저 자신을 정죄합니다.

제가 이렇게 속을 썩이니 '우리 가족 중 나만 빼고 다 구원되겠구나, 나는 살 가치가 없는 사람이구나'라는 생각이 듭니다. 자존감은 바닥이고 공부는 포기했습니다. 저에게는 이제 아무 소망이 없습니다. 아무것도 모르겠습니다. 어떻게 해야 하나요?

집사님의 딸이 큐티 나눔에서 이렇게 소리를 질렀습니다. 아이 엄마가 보기에는 얼마나 밤 사경에 나타난 유령 같았겠습니까. 도대체 이해가 안 되었을 것입니다. 그런데 오늘 주님이 즉시 안심하라고 하십니다. 기도하면서 우리를 보고 계십니다. 나는 손을 놓았지만, 주님은 '즉시' 손을 잡아 주십니다.

예수께서 즉시 이르시되 안심하라 나니 두려워하지 말라_마 14:27

주님은 제자들이 노를 저어 온 그 길을 폭풍을 헤치고 그대로 따라 오셨습니다. "나다, 안심하라, 두려워 말라"고 하십니다. 평소에 신뢰하던 사람이 엄마라면, 엄마가 "나야 나, 엄마야" 하는 소리에 얼마나 안심이 되겠습니까? 들으면 안심이 되는 지체, 내가 힘들 때 소리 질러 부를 수 있는 신뢰할 만한 지체를 만들어야 합니다. "나야 나", "나니 두려워하지 말라"고 말해 줄 지체가 필요합니다. A집사님이 잘한 게 있다면 계속 떠날까 말까 고민했어도 교회 공동체에 3년을 묶여 있은 겁니다.

> 28 베드로가 대답하여 이르되 주여 만일 주님이시거든 나를 명하사 물 위로 오라 하소서 하니 29 오라 하시니 베드로가 배에서 내려 물 위로 걸어서 예수께로 가되_마 14:28~29

베드로가 여전히 긴가민가하니까 예수님이 오라고 하셨습니다. 그런데 오라고 응답받고 갔더니 어떻게 됐습니까?

> 바람을 보고 무서워 빠져 가는지라 소리 질러 이르되 주여 나를 구원하소서 하니_마 14:30

바람을 보고 무서워서 빠져 갑니다. 발을 딛자마자 빠진 것도 아니고 물 위로 걸어서 주님께로 가다가 바람을 보고 빠진 것입니다.

> 예수께서 즉시 손을 내밀어 그를 붙잡으시며 이르시되 믿음이 작은 자여 왜 의심하였느냐 하시고_마 14:31

예수님만 쳐다볼 때는 갈 수 있습니다. 예배드릴 때는 모든 것을 할 수 있을 것 같습니다. 하지만 금세 예수님처럼 갈 수 없기에 우리에게는 훈련이 필요합니다. 겪을 것 다 겪어 가면서 훈련되어야 합니다. 베드로 의 말은 이렇게 바꿔 볼 수 있습니다. "나도 빨리 목사님처럼 큐티 잘하게 해 주세요!" 그러나 영적인 것은 하루아침에 되는 게 아닙니다. 훈련의 과정이 필요합니다.

어떤 분이 남편의 외도 문제로 우리들교회에 왔습니다. "내 삶의 결론이야" 하면서 몇 번 예배를 드렸습니다. 목장에서는 "상대 여자는 가만 놔두고 집사님이 열심히 큐티하고 양육받고 예배드리고 목장 잘 참석하면 남편은 하나님이 책임지신다"고 처방했습니다. 처음 며칠은 처방대로 하는 듯 싶었으나 어느 순간 오만가지 생각이 다 들었나 봅니다. '내가 이러고 있으면 안 되지. 휴대폰을 추적해서 그 여자 찾아가 머리끄덩이를 잡아야지', '흥신소에 부탁할까?', '지금 화장하고 집에서 남편을 기다려야겠다……'. 차츰 목장에도 안 나오고 예배도 빠졌습니다. 어쩌다 남편이 집에 들어오면 주일에도 그 남편이랑 놀러 갔습니다. 남편의 바람 사건에서도 예수님만 바라보면 되는데 도무지 못 합니다.

한 자매가 결혼 전에 파혼이 되어 우리들교회에 왔습니다. 상대가 너무 미워 견딜 수가 없고, 사건이 도대체 이해가 안 되는 광풍이었습니다. 그런데 죄를 회개하고 하나님께 돌아와야 할 사람은 '바로 나'라는 청천벽력 같은 메시지가 자매의 귀에 들렸습니다. 광풍 속에서 말씀을 듣고 해석을 받았습니다.

그렇게 1년 반을 청년부 공동체에 가만히 붙어 있으니까 갑자기 신랑감에게 다시 만나고 싶다는 연락이 왔습니다. 그래서 그날 말씀대로 큐티를 하면서 "나와 다시 만나기 원한다면 내가 모든 것을 오픈한 우리들

교회에 와서 자존심을 다 내려놓고, 공동체 생활을 하라"고 했습니다. 그랬더니 신랑감이 순종하고 와서 양육받고 공동체의 축복 속에 결혼했습니다.

하나님의 뜻이 아니면 내가 난리를 쳐도 도망가고 하나님의 뜻이면 가만히 있어도 돌아옵니다. 주님만 보고 가면 되는데 우리는 자꾸 바람을 보고 세상을 보다가 빠져 버립니다. 그래서 시간이 걸려야 합니다. 지금은 물에 빠질 수밖에 없는 작은 믿음이라도 끊임없이 훈련받으면서 가는 것이 성도의 인생입니다.

◆ 나에게 찾아온 바람을 누구 때문이라고 원망합니까? 그 바람이 나를 훈련하기 위해 주님이 주신 바람인 것을 깨닫습니까? 소리 지를 수밖에 없는 무서운 사건에서 돈과 사람을 향해 허무한 도움을 구합니까? 나를 도우실 주님께 소리 지르고 '나니 안심하라'는 주님의 음성을 듣고 있습니까? 내 소리를 듣고 달려와서 안심하라고 말해 줄 믿음의 지체가 있습니까? 고난 가운데 주님만 바라보면 살아날 텐데 고난 자체만 열심히 묵상하면서 포기와 낙심으로 빠져가고 있습니까?

어떻게 바람을 이길까요?

바람을 이기려면 기도하는 삶을 살아야 합니다. 십자가를 앞에 두신 주님에게 중요한 것은 제자 양육이므로 예수님은 이것을 위해 하나하나 모범을 보이십니다. 돈을 벌었을 때, 망했을 때, 부도가 났을 때, 대학에 떨어졌을 때 내가 어떠한 태도를 보이는지 자녀들이 다 보고 배웁니다.

무리의 열광을 받는 중에 따로 기도하기가 쉽지 않습니다. 그러나 예수님은 제자와 무리를 따로 떼어 놓고 산에 가서 제자들을 위해 기도하셨습니다(마 14:23). 기도가 끝나도 그 자리에 홀로 계셨습니다. 고독을 느껴 봐야 내 문제에 직면할 수 있습니다.

무리가 열광해도 따로 산에 올라가는 고독의 시간을 경험해 보지 않은 사람은 장기적으로 남을 도울 수 없습니다. 고독이 내 자리를 지키게 하고, 내가 얼마나 죄인인지를 알게 해 줍니다. 믿음은 하나님과 나 사이에 메우려야 메울 수 없는 구멍이 있음을 인정하는 것입니다. 내가 할 수 있는 것이 없음을 인정하는 고독의 영성을 배우는 것입니다.

32 배에 함께 오르매 바람이 그치는지라 33 배에 있는 사람들이 예수께 절하며 이르되 진실로 하나님의 아들이로소이다 하더라_마 14:32~33

바람을 이기기 위해 하나님의 임재를 누려야 합니다. 기도할 때와 떠날 때를 아시는 우리 주님이 배에 함께 오르시니 바람이 그쳤습니다. 내가 할 수 있는 것이 없다고 부르짖으면, 주님이 "믿음이 작은 자여" 하며 잡아 주십니다(마 14:31).

그런데 믿음 작은 제자들이 예수님께 절하며 "하나님의 아들이로소이다"라고 고백합니다. 왜 그랬을까요?

예수님은 고향 사람들의 믿음 없음으로 인해 그곳에서 능력을 행하지 않으셨습니다. 고향 사람들은 믿음이 '없고' 제자들은 믿음이 '작다'고 하셨습니다. 헤롯도 예수님을 세례 요한의 유령쯤으로 보았고, 제자들도 광풍 속에 걸어오시는 예수님을 유령으로 보았습니다. 그런데 왜 제자들의 배에 함께 오르셔서 바람이 그치게 하셨을까요?

저는 이 제자들이 충성되고 주님을 깊이 사랑했기 때문이라고 생각합니다. 주님도 제자들을 사랑하셨습니다. 사랑과 사랑이 아닌 것은 이렇게 차이가 납니다. 제자들이 예수님을 어떻게 사랑했습니까?

오병이어의 기적을 경험하고 그 자리를 떠나기 쉽지 않은데 제자들은 순종해서 그 작은 배에 몸을 싣고 떠났습니다. 순종했을 때 고난이 찾아와 바람이 거슬러도, 돛을 반대로 돌리면 쉽게 갈 텐데도 주님이 건너편으로 가라고 하시니 꾸역꾸역 갑니다. 주님을 사랑하기 때문입니다. 그래서 제자들과 헤롯은 하늘과 땅 차이입니다.

아무리 지식과 교양이 있고, 말씀을 달게 듣고 가책을 받았어도 헤롯은 주님을 사랑하지 않기 때문에 결코 순종하지 않았습니다. 그러나 형편없는 나는 제자로 삼으셨기에 버리지 않고 데려가십니다. 베드로처럼 이상한 소리나 하고 소리 질러도 나를 제자 삼으셨기에 부족해도 함께 가십니다.

제자들이 무식하고 보잘것없었지만 주님을 비방하고 비판하고 죽이려 한 적은 없었습니다. 그런데 고향 사람들, 서기관과 바리새인, 헤롯은 주님을 정죄하고 비판하고 죽였습니다. 아무리 겉모습이 멋지고 대단해 보여도 모두 판단대학교 정죄학부 비판학과 출신들입니다. 베드로가 예수님을 저주하고 세 번 부인했어도, 입으로 하는 부인과 온몸으로 부인하는 것의 차이를 주님은 아십니다.

내 옆에 주님이 계시기만 하면 바람이 그칩니다. 우리 모두가 주님이 끝까지 보호하시는 제자가 되기를 바랍니다. 하나의 사건이 올 때마다 "예수님은 정말 하나님의 아들이셔", "이 사건을 통해 하나님이 살아 계신 걸 깨달았습니다"라는 고백을 하기 바랍니다.

34 그들이 건너가 게네사렛 땅에 이르니 35 그 곳 사람들이 예수이신 줄을 알고 그 근방에 두루 통지하여 모든 병든 자를 예수께 데리고 와서 36 다만 예수의 옷자락에라도 손을 대게 하시기를 간구하니 손을 대는 자는 다 나음을 얻으니라_마 14:34~36

바람이 그치는 걸 맛보지 않으면 예수님의 소문이 날 수 없습니다. 나의 모든 사건마다 사람들에게 예수님을 전해야 합니다. 손을 대는 자마다 나음을 입는 것처럼 먼저 자기 속의 바람이 그친 자들이 바람을 당하는 이들에게 손을 대서 바람이 그치기를 선포해야 합니다.

자녀 광풍으로 소리를 지른 A집사님에게 하나님이 어떻게 손 내밀어 주셨는지 소개하겠습니다. 외국에서 새롭게 시작할 기회를 주셨다고 할렐루야 하면서 기뻐했는데, 외국인학교 입학을 준비하려니 힘든 일들이 많았습니다.

딸은 중학교에 와서 심각한 우울증으로 정상적인 생활이 불가능했습니다. 외국인학교 입학을 준비하면서 난감하고 괴로웠습니다. 외국인학교가 별로 없어 대기자가 너무 많고, 이에 따라 학교는 우수한 학생을 유치하려 했습니다. 유학원을 운영하는 집사님에게 자문을 구했더니, 아팠다는 걸 증명하기 위해 병원 진단서를 제출하되 'mental problem'은 가장 꺼리니까 다른 병명을 표기하라고 했습니다.
'예수 믿는 사람으로서 거짓말하면 안 되는데……' 갈등이 생겼습니다. 종합병원의 의사인 시동생에게 부탁할 수도 있었으나 내키지 않았습니다.
남편은 먼저 인도에 가서 게스트하우스에 거처를 정했는데, 마침 그 주인 아주머니가 저희가 가려던 학교의 학부모 회장이었습니다. 최대한 성의껏 입학서류를 갖추라면서 어려서 미국에서 학교를 다녔다는 것과 상장, 추천서를 첨부하라고 일러 주었습니다. 준비한 서류를 갖추던 날의 큐티 본문 말씀은 "딸아 안심하라 네 믿음이 너를 구원하였다"였습니다(마 9:22). 자기소개서를 쓰는 날에 다시 말씀을 주셨습니다. "감추인 것이 드러나지 않을 것이 없고 숨은 것이 알려지지 않을 것이 없느니라"며 두려워하지 말라고 하셨습니다(마 10:26). 딸은 평소 자기 실력보다 못 치른 시험 성적으로 학교를 지원해야 했습니다. 그러나 말씀에 순종해 솔직히 아팠다고 말하기로 했습니다. 입학 담당자에게 서류를 제출하면서 상담을 하는데 좋은 성적표와 분야별로 준비한 임명장, 상장에 대해서는 묻지 않고 왜 중학교 2학년 성적은 형편없냐고 물어보더랍니다. 아이가 너무 공부를 잘하고 싶어 해서 'burn out' 했다고 설명했더니, "그런 학생들을 잘 안다. 현재는 성적이 바닥을 쳤지만 잠재력과 가능성이 높을 거다" 하면서 서류에 병명이 아닌 'burn out'이라고 적더랍니다. 그렇게 해서 딸아이는 공부를 하나도 하지 않고 편안한 마음으로 시험을 봐서 그 학교에 입학했습니다. 결국 하나님이 인도하셔서 아이가 시험에 붙고 학교에 다니게 되었습니다.

또 집 문제도 선하게 인도해 주셨습니다. 전세로 사는 집은 가격이 계속 뛰고, 예전에 사 둔 재개발 대상의 집은 날로 값이 떨어지던 어느 날 큐티로 이 문제를 물었습니다. 또 외국으로 떠나기 전에 집을 장만하려던 문제도 큐티로 물었습니다. 그날 본문 말씀은 "이방인의 길로도 가지 말고 사마리아인의 고을에도 들어가지 말고 오히려 이스라엘 집의 잃어버린 양에게로 가라"였습니다(마 10:5~6). 지도로 찾아보니까 가버나움에서 예루살렘은 남쪽이었습니다. 문맥상으론 다른 데 이사 가지 말고 여기 강남에 있으라는 건가, 아리송한 채로 다음에 또 묻기로 했습니다.

그러다 6년이 넘게 속 썩이던 재개발 지분이 구역 지정을 받게 되었는데 그날 큐티 말씀은 "내가 너희에게 곡식과 새 포도주와 기름을 주리니 너희가 이로 말미암아 흡족하리라"였습니다(욜 2:19). 비수기에 재건축으로 지정되는 바람에 전세로 살던 집을 아무도 보러 오지 않는 상황에서 "너는 너의 고향과 친척과 아버지의 집을 떠나 내가 네게 보여 줄 땅으로 가라"는 말씀만 따라서 해외로 이삿짐을 먼저 부쳤습니다(창 12:1). 외국으로 떠나는 날엔 "다니엘아 갈지어다…… 너는 가서 마지막을 기다리라"는 말씀을 주셨습니다(단 12:9, 13). 이때까지는 정말 아무것도 뜻대로 된 것이 없었습니다. 집이 팔리지도 않았고 살던 집이 계약된 것도 아니었습니다. 그래도 말씀만 붙잡고 움직였습니다.

저는 예정보다 3일 늦게 출발하게 됐습니다. 그런데 왜 이렇게 끝까지 지체시키시나 했더니 생각지도 않게 장막을 허락해 주셨습니다. "주신 이도 여호와시요 거두신 이도 여호와시오니"(욥 1:21). 그날 본문 말씀이었습니다.

아파트 값이 천정부지로 올라서 지금은 시기가 적절하지 못하다고 생각해 이미 포기한 상태였는데 말씀대로 남쪽인 수지에 양도소득세 문제로 급매로 나온 집을 주셨습니다. 그 후 골칫거리였던 재개발 지분도 바로 팔아 주셨습니다. 아이가 외국에서도 학교에 못 다니게 될 것 같은 긴박한 상황에서 "하나님을 보리라 내가 그를 보리니"라는 말씀으로 최악의 컨디션에서 좋은 성적으로 합격하게 해 주셨습니다(욥 19:26~27). 알고 보니 주변에 불합격한 아이들이 더 많았습니다. 주님께서 일하신 것입니다.

날마다 말씀이 육신이 되어 찾아오시는 주님의 음성을 듣기 원합니다. 아직도 딸이 두려워하는 가운데 상처가 온전히 치유되지는 않았지만, 주님께서 친히 일하실 것을 기대합니다. 딸은 지금 치열하게 하나님을 만나기 위해 말씀 보고 기도하고 찬양합니다. 이제 예배가 삶이 되었습니다. 이 아이의 눈물의 기도가 저희 집 가득히 울려 퍼지고 있습니다.

이제는 딸의 상처가 치유되어 이 땅에서 천국을 누릴 수 있는 날이 머지 않은 것 같습니다. 딸의 바닥을 친 성적표는 재산 목록이 되었고, 저는 그로 인해 견고해졌습니다. 딸아이에게 찾아온 우울증의 고난으로 아이의 모든 삶이 바뀌었고, 그로 인해 좁고 협착한 길로 갈 수 있었다고, 아이가 이렇게 죽을 것 같은 고난으로 하나님을 만났노라고 고백할 수 있기를 바랍니다.

A집사님이 떠나지 않고 계속해서 말씀으로 인도함을 받았기에 광풍에서 살아난 간증을 할 수 있었습니다. 이제 딸도 말씀을 보기 때문에 희망이 있습니다. 우리의 소망이신 주님께 기도하면 주님은 절대로 놓지 않고 잡아 주십니다. 밤 사경, 흑암 중에 어떤 사건이 올지라도 주님은 우리를 잡아 주십니다. 집사님의 바람처럼 딸의 상처가 치유되어 천국을 누리는 날이 곧 올 것입니다. 그리 아니하실지라도, 우울증과 무기력의 광풍 속에서도 천국을 누리는 믿음을 하나님께서 주실 것입니다.

내게 찾아온 매서운 바람 속에 예수님이 계십니다. 너무 두려워서 "주님!" 하고 소리만 질러도 "나다, 안심해라. 두려워하지 마라" 말씀해 주십니다. 연약해도, 믿음이 작아도, 주님께서 나를 잡아 주시고 바람을 그치게 하십니다.

내게 찾아온 바람과 그 바람 속에 만난 주님을 간증할 때 나로 인해 다른 사람들도 나음을 얻게 될 것입니다. 부족해도 예수님을 사랑하기에 열심히 따르는 제자들처럼, 믿음과 소망을 가지고 예수님을 사랑하면서 걸어갈 때 광풍 속에서도 천국을 맛보며 참된 평안을 누릴 수 있습니다.

◆ 광풍의 사건 속에서 따로 기도하며 하나님의 임재를 경험하고 있습니까? 주님이 나의 바람을 그치게 하셨습니까? 그 은혜를 간증하며 바람에 흔들리는 다른 지체를 돕습니까?

말씀으로 기도하기

예수님의 말씀을 듣고 떠나온 길에서 제자들이 바람을 만납니다. 예수님을 믿는 우리에게도 바람이 찾아옵니다. 그리고 그 바람은 예수님이 주신 것입니다. 나를 제자 삼으시고 훈련해 가시려고 바람으로 찾아오십니다. 무서운 바람 속에서도 예수님만 바라보면 빠지지 않습니다. 내가 고난당하는 것을 아시고 안심하라, 두려워 말라고 하시는 주님의 음성을 듣기 바랍니다. 어지러운 고난의 바람 속에서도 잠잠히 기도하며 하나님의 임재를 구할 때 바람을 이길 수 있습니다. 내 손을 잡아 주신 주님을 간증하며 다른 힘든 사람들을 도우십시오. 내가 겪은 바람으로 다른 사람이 나음을 얻게 하는 것이 이 땅에서 천국을 누리는 인생입니다.

예수님이 주시는 바람입니다(마 14:22~31).
나에게 찾아온 무서운 바람의 사건을 예수님이 주셨다고 하시니 감사합니다. 나를 훈련하시는 주님의 뜻을 알고, 사건을 바라보지 말고 주님만 바라보게 하옵소서.

바람을 이기기 위해 기도해야 합니다(마 14:32~33).
무리가 따르는 중에도 기도하러 가시는 예수님처럼 시끄럽고 어지러운 바람 속에서도 기도하며 하나님의 임재를 구하게 하옵소서.

바람이 그치면 예수님을 전해야 합니다(마 14:34~36).

나의 바람을 그치게 하신 은혜를 간증하며 고난 속에 있는 다른 이들을 돕기 원합니다. 오늘도 주님 앞에 나아가서 아프고 힘든 모든 것이 나음을 얻게 하시고 어떤 환경에서도 천국을 누리는 인생, 천국을 보여 주는 인생을 살게 하옵소서.

우리들 묵상과 적용

개인 회생을 신청한 지 거의 1년이 지나면서 이제 그 막바지에 이르렀습니다. 얼마 전에 채권자 집회를 위해 법원에 다녀왔습니다. 법원에서 정해 준 대로 절차를 밟는 과정에서 마지막으로 채권자들에게 이의가 있는지를 확인하는 자리였습니다. 이것이 끝나면 회생 절차가 시작되고 법원에서는 인가결정문을 내어 줍니다. 인가결정문이 나와야 지금까지 걸려있던 제약들이 풀립니다. 그래서 모든 절차가 끝나고 어서 그 결정문이 나오기를 기다리고 있습니다.

개인 회생을 신청할 때 듣기로는, 인가결정문이 보통 열흘에서 한 달 사이에는 나온다고 했습니다. 채권자 집회에 갈 때만 해도 길어야 한 달만 지나면 당장의 어려움이 사라지고 한숨 돌릴 수 있을 것이라고 생각했습니다. 그런데 법원에 가서 보니 요즘은 두세 달이 걸린다고 합니다. 그 말을 듣자 잠시 낙심이 되었습니다. 제가 운영하는 한의원의 사정이 예전보다 나아지면서 당장에 개선하고 보완해야 할 일들이 있는데, 그렇게 할 수 없게 되었습니다. 저뿐만 아니라 직원들과 환자들까지도 지금의 불편한 상황을 한두 달 더 겪어야 하겠기에 한숨이 나왔습니다.

다른 사람들은 몇 달 만에도 끝나는 일이 거의 1년이 되도록 끝나지 않으니까 바람이 거스르는 물 가운데에 있는 것처럼 마음이 답답합니다 (마 14:24). 지금과는 비교할 수도 없이 힘들고 앞이 캄캄한 시간도 지나왔는데, 그 막바지에서 오히려 더 조바심이 나고 안달이 나는 것 같습니다. 제자들을 고난의 바람으로 훈련시키셨듯이, 이 모든 일을 하나님께서 주관하신다고 믿고 또 그렇게 인정을 하면서도 순간순간 뛰쳐나가고 싶어집니다(마 14:24). 말씀이 있고 공동체가 있어서 이렇게까지 버틸 수 있었고 또 회복되었는데 아직도 되었다 함이 없습니다.

열흘이든 한 달이든 두세 달이든, 어떤 상황에서도 즉시 손을 내밀어 붙잡으시며 살리시는 하나님인데(마 14:31), 열흘에서 한 달이면 하나님의 은혜로 살고, 두세 달이면 은혜만으로는 못 살 것처럼 근심하고 염려합니다(마 14:31). 저의 작은 믿음을 보시고 "왜 의심하느냐" 꾸짖으시는 주님의 음성이 들리는 듯합니다(마 14:31). 눈앞에 보이는 현실에 요동하는 저의 믿음 없는 모습을 보게 하십니다. 저의 불신을 회개하며 주께서 허락하신 광풍이 믿음의 시련이 되어 온전한 인내를 이루기 원합니다. 마음이 조급해질 때면 그날의 말씀을 다시 붙들면서 의심하고 불평하는 말을 거두겠습니다. 그리하여 부족함이 없는 주의 사람이 되기를 소망합니다.

영혼의 기도

하나님 아버지, 제자들이 두려웠던 것은 광풍도 어두움도 아니고 유령의 모습으로 오신 주님이었습니다. 아무리 무서운 광풍이 와도 그 속에 예수님이 계신 것을 알기 원합니다. 이해 안 되는 사건일수록, 설명이 안 되는 사건일수록 그곳에 예수님이 계십니다.

제자들이 주님을 사랑하여 오병이어의 기적을 경험하고도 물질도 포기하고 주님을 따라간 것을 보았습니다. 바람이 거슬러도 주님을 따라간 그 순종과 충성을 주님은 기억하십니다. 그러므로 광풍 가운데 있더라도 "안심하라 나니 두려워하지 말라 믿음이 작은 자여" 하시며 손잡아 주실 주님을 기대합니다. 함께 배에 오르신 주님 때문에 바람이 그칠 줄 믿습니다.

오늘도 여러 가지 광풍으로 주님 앞에 엎드립니다. 주님의 옷자락에라도 손을 댈 때 나음을 얻는 줄 믿사오니 광풍 속에 있는 내 옆의 식구들 손을 붙잡고 기도합니다. 고쳐 주옵소서. 바람이 그치게 하옵소서. 바람은 나의 훈련을 위해 오는 것이고 예수님이 바람의 진원지라고 하시니 두려워하지 않고 그칠 것을 믿고 광풍 속에서도 천국을 누리게 하옵소서. 나와 같은 사건을 겪는 사람에게 손을 대서 주님께 나오게 하는 놀라운 역사가 일어나게 하옵소서. 예수님 이름으로 기도하옵나이다. 아멘.

천국을 누리라

초판 발행일 ㅣ 2011년 2월 9일
개정증보2판 발행일 ㅣ 2023년 12월 11일
지은이 ㅣ 김양재

발행인 ㅣ 김양재
편집인 ㅣ 김태훈
편집장 ㅣ 정지현
편집 ㅣ 김윤현 진민지 고윤희
디자인 ㅣ 디브로㈜

발행한 곳 ㅣ 큐티엠
주소 ㅣ 경기도 성남시 분당구 판교공원로2길 22, 4층 큐티엠 (우)13477
편집 문의 ㅣ 070-4635-5318 **구입 문의** ㅣ 031-707-8781
팩스 ㅣ 031-8016-3193
홈페이지 ㅣ www.qtm.or.kr **이메일** ㅣ books@qtm.or.kr
인쇄 ㅣ ㈜정현씨앤피
총판 ㅣ ㈜사랑플러스 02-3489-4300

ISBN ㅣ 979-11-92205-61-8

Copyright 2023. QTM. All rights reserved.

이 책은 저작권법에 따라 보호 받는 저작물이므로 무단 전재와 복제를 금합니다.
이 책에 실린 글과 그림, 사진의 모든 저작권은 큐티엠에 있으므로
큐티엠의 사전 서면 동의 없이 복제 내지 전송 등 어떤 형태로도 사용할 수 없습니다.

잘못된 책은 구입하신 곳에서 바꿔드리며, 책값은 뒤표지에 있습니다.

큐티엠(QTM, Quiet Time Movement)은 '날마다 큐티'하는 말씀묵상 운동을 통해
영혼을 구원하고, 가정을 중수하고, 교회를 새롭게 하는 일에 헌신합니다.